政、道德

政治權力必須具有正當性，人民對它才有服從的義務。在俗世化了的現代世界中，正當性的根據來自道德理由。在正當性的問題上，政治與道德是密不可分的。周保松從自由主義的觀點來探討這個政治道德的問題。他提出了自由人的平等政治作為自由人值得追求的政治理念。書中的論辯及説理，能激發我們對政治作更深入的探討，也能讓我們對政治與人生有更深入的了解。

——**石元康**（香港中文大學哲學系退休教授）

本書以慎密的邏輯、簡潔的語言有力地推翻了政治現實主義、犬儒主義和價值懷疑主義。作者書翰如流，狠批時弊，為捍衛眾生的基本道德權利樹立了行為典範。我們若能蕭規曹隨，時刻要求政治必須講道德，則眾志成城，庶幾乎它朝結束腐敗國家的宿命，讓自由人的平等政治帶給世人美好的人生。

——**關信基**（香港中文大學政治與行政學系榮休講座教授）

政治哲學是古老的學問，在當代哲學中亦為一門顯學，自由主義則是這顯學中的主流。 這書闡明了政治哲學何以重要，政治為何離不開道德，亦深入淺出地論證自由主義的政治道德觀。此書既能為初學者帶來深切啟發，專家學者亦能從中裨益。

——**陳祖為**（香港大學政治與公共行政學系教授）

作為公共領域中的思想者，周保松的特色是「純真」兼「較真」：他直面現實，但拒絕看透世情；他用追根究柢的詰問，表達對不同意見的尊重態度；對於美好人生，他則毫無赧顏地抱持著嚮往與信心。

——**錢永祥**（中央研究院研究員）

《政治的道德》既是一本對自由、平等、民主仍有懷疑者的必讀之書，也是一本對自由、平等、民主已有堅定信仰者的必讀之書。在此書中，懷疑者將看到不得不然的理性論證，信仰者將看到目前最深刻的一套詮釋。

——**謝世民**（國立中正大學哲學系教授）

此書是一部自由主義政治哲學，深入淺出地討論了它的內涵和根本問題，以及作者認為它之所以能夠成立和值得推行的理由。在中國，自由主義不乏信徒和宣揚者，但學理的探討和論證卻難得一見。我認為，關心中國政治的人無論基本傾向如何，都應該細讀此書。

——**陳方正**（香港中文大學中國文化研究所前所長）

如果讓我選出當今中國自由主義學者中最講道理而且道理講得最好的幾個範例，周保松毫無疑問當屬其中之一。他筆下的自由主義平和甚至親切，自信但不張揚，兼有精心的論證和對自身價值預設的自覺，同時深諳中國社會現實而又洋溢著規範性思考必備的天真和樂觀。不僅在中國語境中，而且可以籠統地說，周保松對自由主義的整合及闡發準確而充分地呈現了自由主義政治的道德觀及其感召力所在。同時，恰恰因其準確而充分，這一圖譜還為自由主義的批評者提供了最值得審視和回應的文本。

——**慈繼偉**（香港大學哲學系教授）

在當今中國的思想論辯中，周保松的聲音鮮明有力而引人注目。他的自由主義左翼論述是一種關於政治的道德哲學：主張具有道德和理性能力的個人構成了政治社會，肯認自由平等的公民享有被國家公正對待的基本權利，強調只有基於道德理由的權力才能獲得統治的正當性，而這一切只有在一個自由民主和法治的政體結構中才可能實現。他的政治哲學論說獨具風格，既是卓越的智識努力，也是對公民實踐的熱忱邀請。

——**劉擎**（華東師範大學政治學系教授）

政治實踐背後都有自覺或不自覺的理念，香港和台灣正在努力建設較堅實的民主文化，中國大陸也在呼喚著憲政改革和締造公平正義的制度，三地皆有必要較真的追問各自的政治理念。周保松教授的《政治的道德》一書為中文的政治哲學論爭提供了重要的思想資源，而他推崇的羅爾斯式自由主義左翼，以其對公平正義的重視，對自由平等的兼顧，更是振聾發聵，對此我是很認同的。

——**陳冠中**（作家）

政治的道德

從自由主義的觀點看

·增訂版·

周保松 著

香港中文大學出版社

■ 邊城思想者系列

《政治的道德：從自由主義的觀點看》（增訂版）
周保松 著

國際統一書號（ISBN）：978-962-996-664-5（精裝）
978-962-996-678-2（平裝）

出版：中文大學出版社
香港 新界 沙田・香港中文大學
傳真：+852 2603 7355
電郵：cup@cuhk.edu.hk
網址：www.chineseupress.com

■ BORDERTOWN THINKER SERIES

Political Morality: From a Liberal Point of View (expanded edition, in Chinese)
By Chow Po Chung

ISBN: 978-962-996-664-5 (hardcover)
978-962-996-678-2 (paperback)

Published by The Chinese University Press
The Chinese University of Hong Kong
Sha Tin, N.T., Hong Kong
Fax: +852 2603 7355
E-mail: cup@cuhk.edu.hk
Website: www.chineseupress.com

Printed in Hong Kong

獻給　錢永祥先生

目 錄

三 平等之於正義

四 左翼之於右翼

五 個體之於群體

六 覺醒之於公民

增訂版序

本書誕生於2014年7月。其後的9月，香港發生雨傘運動。再其後，有不少朋友告訴我，這書的蹤影常在佔領區出沒。這是意料之外的事。現在這書要出增訂版，我遂將全書通校一次，並加入新寫的幾篇文章，合成一輯，取名「覺醒之於公民」。與此同時，我也特別為增訂版寫了一篇長文〈自由主義左翼的理念〉，作為全書總結。就篇幅來說，較初版增加了近三分之一。

過去這一年，因為雨傘運動，我對政治哲學有了許多新體會。9月22日罷課第一天，我在中大新亞書院圓形廣場為各大專院校的罷課學生做了一場演講，題為「民主實踐與人的尊嚴」，三千同學出席。9月23日下午，我在添馬公園為參與「罷課不罷學」的同學做了另一場講座，題為「論自由」，結果來了上千同學。9月24日下午，我再次和二十多位中大同學回到政府總部，準備在草地講授羅爾斯的政治哲學，最後吸引了四百多位市民圍坐旁聽，直到維港華燈初上始散。在這樣的公共空間和學生及市民這樣討論政治哲學，是我從沒有過的經歷。我首次體會到，政治哲學是一種公共哲學。我同時意識到，作為哲學人，我對我的家園有新的要盡的責任。

雨傘運動期間，我最喜歡做的一件事，就是下班後，從中大坐火車轉地鐵去到金鐘，再在麥當勞買一杯咖啡，然後在干諾道中天橋靜靜坐上一兩小時，看著下面自修室的同學在燈火中靜靜溫習，聽著更遠處的「大台」隱隱傳來的演講，偶爾我也會躺下來，在地上睡一會兒。又有的時候，我會遇見多年未見的老朋友舊學生，我們會彼此問候，互相鼓勵。即使在當時，我已知道這些並非尋常。12月11日警察清場時，我沒有過多的傷感和遺憾。種子已經種下，只要我們用心愛護，總有一天，水泥地上也會開出花。我們要有這樣的信心。

在準備增訂版的過程中，中文大學出版社的余敏聰先生給我許多協助，我要在此致以最大的謝意。我也感謝我的父母和妻子翠琪在過去一年給我的信任和支持。四歲女兒見我終日伏案工作，有時會抱怨爸爸為甚麼不多陪她。可靜，對不起。最後，我要謝謝雨傘運動中無數我認識和不認識的正直的香港人。謝謝你們。

是為序。

2015年6月1日

於香港中文大學忘食齋

自序
我們非如此不可

每個公民，每個自由平等的公民，都有要求得到國家公正對待的權利。[1]這不是乞求，而是人作為社會成員最基本的道德權利；也不是施捨，而是國家對待公民的基本責任。人一旦意識到這項權利並努力捍衛這項權利時，國家便不能只靠暴力來統治，而必須訴諸道德理由來向公民證明其統治的正當性。我們所擁有的權利，使得我們可以堂堂正正地參與政治事務，理直氣壯地批評和監督政府。政治的道德性，來自於我們視自身為道德存有，並堅持站在道德的觀點去理解和要求政治。當我們在生活中充分實踐這項權利時，我們就不再是政治上的異鄉人，而是國家的主人，並以平等的身份去推動社會的道德進步。就此而言，要求正義的權利，是自由主義政治道德觀的起點。但個體為甚麼擁有這項權利，因而使得政治必須要講道德？如果要講的話，那個道德的觀點的實質內容又是甚麼？這是本書致力要探討的問題。

二

我認為，政治必須講道德，和我們在現代社會如何理解自我與政治的關係息息相關。第一，我們理解自身為具有理性反思能力和道德實踐能力的自由人。這兩種能力的正常發展，使得我們成為有自由意識、道德意識和主體意識的獨立主體。第二，打從出生起，我們便無可選擇地活在國家制定下的制度當中。這些制度深遠地塑造、影響甚至支配了我們每個人的人生。也就是說，個體擁有自由，國家擁有權力。獨立自由的個體遂有權利問：國家憑甚麼統治我？我為甚麼有義務要服從國家？國家不能說，因為且僅僅因為它擁有權力。國家必須提出合理的理由說服我們，為甚麼它的統治具有正當性。否則，國家就是不尊重我們，我們就有不服從的理由。

從此觀點看，當我們思考政治時，最值得我們關心的，不是權力本身，而是權力的行使如何才能具有正當性。而正當性的基礎，必須是公民經過反思後得到合理認可的道德理由。有了以上認識，本書從第二部份開始，即著手證成一種自由主義的政治道德觀。我的思路是：自由民主政體的基礎，是由一組基本政治價值支持，這些價值包括自由、權利、平等、民主、憲政、法治、容忍和正義等。自由主義賦予這些價值特定內涵，再將它們系統地整合起來，形成完整的思想體系，並將之應用於制度。[2]

我在本書主要的工作，是從概念上分析這些政治價值的確切意義，理解它們在公共生活中的位置，證成它們的道德合理性，從而呈現出這樣一幅自由社會圖像：主權在民，公民享有一系列由憲法保障的基本權利，普及而平等的民主選舉，政治與宗教分離，教育和社會職位競爭上的機會平等，以市場作為經濟生產及商品交易的主要媒介，健全的社會福利保障及多元的文化生活選擇等等。

在這幅圖像背後，我認為有著這樣的道德信念：作為政治社群的平等成員，每個公民合理正當的權利和利益，必須受到國家充分的保障和尊重。而合理正當的基礎，則須扣緊我們對人的理解及相應的幸福觀(conception of well-being)來談。自由主義對人的理解，最根本一點就是視人為獨立自主的個體，有能力和有意願去建構、規劃和追求自己認為值得過的人生，並在此意義上能夠對自己的生命負責。與此相應的幸福觀，就是自由自主乃構成美好人生不可或缺的條件。

我們由此推出，國家最重要的責任，就是要盡最大努力確保平等公民能夠過上自由自主的生活。政治上的民主參與，社會文化生活的多元選擇，經濟領域中市場的角色及其限制，以及社會資源分配應有的正義原則等，都和重視人的自主性密不可分。這是一種自由主義(liberalism)的觀點。[3]但為了和放任自由主義(libertarianism)作出區分，人們有時也會將其稱為自由主義左翼或自由左派，藉此彰顯其自由與平等並重的特點。亦因此故，我直接稱之為自由人的平等政治。[4]

二

讀者須留意，我在為上述自由主義觀點辯護時，我不是在一個去脈絡去歷史的世界建構一個政治烏托邦，然後將它套用在我們的社會。恰恰相反，我認為自由主義如果值得追求，必然是因為它能夠合理解釋我們承受的不公和苦難，同時能夠合理回應我們對正義社會的期待。亦因為此，本書每篇文章都有清楚的現實指向，並有意識地介入中國當下的思想論爭。也許正因為此，本書部份文章在過去幾年已引起了相當多的討論。[5]我在這裏無法細述每篇文章的現實關懷和理論意義，以下只集中談兩點，藉此說明本書的旨趣。

所謂政治必須要談道德，是說當我們去評價政治制度時，必須要從一個道德的觀點去衡量制度能否公正地對待所有受影響的人。這個立場當然預設了政治是可以談道德且應該談道德的。這種想法經常受到政治現實主義、價值懷疑主義和犬儒主義者的質疑。他們認為，政治要麼談不了道德，要麼不應該談。談不了，因為道德只是個人的主觀喜好或政治利益的包裝，沒有任何客觀性和真實性可言；不應談，因為政治活動本質上只有權力和利益，希望用道德來約束政治，是範疇錯置，是天真和不成熟。

這種質疑如果成立，政治道德的說法便會受到極大挑戰，甚至政治哲學本身的規範性也難以建立。更嚴重的是，如果這種觀點成為主流，更有可能出現「自證預言」的後果，即你如此預期政治，政治就會如你所預期般出現，因為我們自己就是這個世界的參與者，結果是帶來政治社群批判性的喪失和公民實踐能力的弱化。[6] 原因很簡單：社會的進步改良，其動力必來自社會成員對現狀的批判，而任何批判皆必須基於某種政治道德。如果現實主義和犬儒主義泛濫，即意味著愈來愈多公民根本不相信道德批判的可能和可取，因而也就不會基於這些批判而進行任何社會行動，甚至還會嘲弄其他公民的實踐。

我在書中花了不少篇幅回應和反駁這些質疑，這裏我想特別強調幾點。第一，我們必須意識到，我們是活在一個道德語言、道德規則和道德情感交織而成的規範世界。我們在這樣的世界成長，因此道德在最深的意義上構成和界定了我們的自我。我們可以有不同的道德觀，但卻幾乎不可能擺脫道德的視角去理解自我和評價世界。[7] 第二，我們的理性反思能力和道德自主能力，使得價值批判成為可能，也使得道德的普遍性成為可能，更使得我們能夠免於各種虛假意識形態的支配。第三，既然道德構成我們的自我，它就不可能只是外在約束，而必然會以相當根本的方式走進我們的生命，直接影響我們的生活質量。就此而言，道德實踐和幸福人生既非對立，亦非割裂，而是彼此關係緊密。[8] 正因為此，自由主義對正義制度的追求，其終極目標是希望每個公民能夠在這樣的社會活得好和活得有尊嚴。

如果以上所説成立，那麼我們每個人在生活中基於合理理由所做的道德判斷，以及基於這些判斷而做的道德行動，以及在這些判斷和行動中產生的道德情感，就不可能被理解為可有可無，或純屬個人主觀喜好，或只是虛假意識形態，或必然只能適用於某個特定文化。我們絕大部份人每天在生活中具具體體的實踐，在在彰顯我們的道德主體性，也在在説明政治現實主義、道德懷疑主義和價值犬儒主義之不可能有效解釋我們真實的存有狀態和我們所期望過的公共生活。

三

本書另一個重點，是嘗試挑戰過去二十多年來中國思想界一個頗為根深柢固的論爭範式，就是所謂的左派與右派之爭。這裏的右，常被視為是自由主義的同義詞；至於左，則是和自由主義針鋒相對的一種立場。於是，人們形成這樣一種看法：左派要平等而右派要自由；左派擁抱國家而右派擁護市場；左派追求參與式的直接民主而右派主張代議式的間接民主；左派重視社會正義而右派反對社會福利；左派贊成結果平等而右派追求機會平等。[9] 至於所謂中間派，則是兩邊都要一點，同時兩邊都做一點妥協，但背後卻沒有任何原則性的理由。

我認為這樣的標籤，雖然能帶來討論上的一些便利，同時卻是問題重重，尤其是嚴重曲解了自由主義的道德基礎。原因很簡單，如果自由主義真的被詮釋為一套不重視平等和社會正義的理論，那它不僅嚴重背離自由主義傳統，同時也會在理論上沒有任何道德吸引力。過去數百年來，無論在理念上還是實踐上，自由主義一直視平等為核心價值，並以此作為它的主要政治綱領，包括法律面前人人平等、一人一票的民主選舉、公民平等的信仰自由和言論自由、男女社會地位及工作待遇上的平等、種族和膚色平等，教育和就業上的機會平等。這張清單可以一直數下去，而民主社會其中一個重要成就，正是在不同領域努力推動平等理念的實現。

我們因此可以說，自由主義不僅在爭自由，也在爭平等；不僅在爭某部份人的自由，也在爭所有人的自由；不僅在爭某個領域的平等，也在爭公民在不同領域都能得到國家平等的尊重。背後的基礎，是「人人生而平等」這個現代最深的道德信念——這個從洛克、盧梭、康德直到當代的羅爾斯、德沃金等自由主義者努力捍衛的信念。是故，左派和右派之爭，根本不應視為平等與自由之爭，而應視為「要甚麼樣的平等」和「要甚麼樣的自由」之爭。如果右派拱手將平等讓給左派，甚至對平等的理念避之則吉，那麼他們將難以證成自己所追求的政治目標，同時無法回應今天中國政治、經濟和社會領域出現的巨大不平等和不公正。

問題馬上來了：如果自由主義真的重視平等，為甚麼竟可以容忍資本主義市場經濟制度導致的巨大貧富不均，以及由此而來的其他領域上的嚴重不平等？例如富人較窮人擁有更大的政治話語權，更高的社會地位，更優的教育機會等等。資本主義的發展令大部份資源和財富集中在極小部份人手上，已是全球普遍現象，並已在各國激起極大民憤。如果自由主義和資本主義捆綁在一起，並無條件擁抱放任市場，那麼它如何還能夠聲稱自己重視平等和正義？這是真實而迫切的問題。今天自由主義在世界各地成為批判聲討的對象，與此有極大關係。

某些相信自由至上的放任自由主義者(libertarians)直率地認為，這樣的不平等是經濟自由的代價，不得不如此，我們必須接受。也就是說，自由和平等是不相容的價值。自由主義既然選擇了自由，那就必須犧牲平等，國家不應用任何手段去干預市場或進行財富再分配。我在本書第四部份指出，持有這種立場的人並不如他們自己想像的那麼「自由至上」，因為他們沒有看到，在一個以私有財產權為基礎的商品社會，金錢是使人能免於法律限制而去做許多事的必要條件，因此富人其實較窮人享有更多的自由。如果放任自由主義真的重視人的自由，並希望所有人能夠具備基本的經濟條件去實現這些自由，它就沒有理由接受市場萬能，並以自由之名反對任何的資源再分配。[10]

以羅爾斯為代表的自由主義左翼，對此問題有著完全不同的思路。羅爾斯的問法是：如果我們視社會為自由平等的公民共同參與的一場公平合作，那麼怎樣的資源分配原則才能被所有合作者合理接受？羅爾斯的答案是，在保障了公民的基本自由及公平的機會平等後，只有在對社會最弱勢的人最有利的情況下才能容許不平等分配。[11]基於這組正義原則，既然不受約束的資本主義只會導致貧者愈貧、富者愈富，窮人不能在經濟合作中受益最大，那麼自由主義自然不應接受這樣的制度，而應另謀其他出路，例如他所稱的財產所有民主制(property-owning democracy)或自由社會主義制(liberal socialist regime)。[12]我們由此可見，羅爾斯從來不覺得自由主義有必要無條件支持資本主義。對他來說，既然正義是社會制度的首要德性，那麼首要的問題必然是：從自由平等的觀點看，怎樣的社會才是最公正的社會？自由和平等從一開始就不是對立的非此即彼的關係，而是共同構成正義社會的道德基礎。

去到這裏讀者大概會明白，為甚麼我認為前述的那種「左右」二分的框架站不住腳，因為它根本無法套用到像羅爾斯這樣的正義理論上面，而羅爾斯卻是當代公認的最重要的自由主義哲學家。更為重要的是，那種以放任自由主義為理論基礎的右派觀點，既難在理論上自圓其說，亦難以回應人們對資本主義的許多批判，因此難以建立起它的道德吸引力。我認為，自由人的平等政治才是中國自由主義更值得追求的目標。

四

政治哲學思考，離不開我們的時代以及時代帶給我們的挑戰。我們活在一個自由受到諸多限制，基本人權欠缺保障，政治迫害時有發生，貧富懸殊極為嚴重，貪污腐敗已成常態，倫理規範失序，不同領域形形色色的不平等普遍存在且壓迫宰制無處不在的時代。只要對人的生存狀態有一份基本關切，我們都能見到，在今天中國，無數實實在在的個體正在受到許多不公正的對待，這裏面有苦難有屈辱有貧困有歧視和有做人基本尊嚴的喪失。在制度暴力面前，個體如斯脆弱。更教人悲哀的，是人們對於暴力和不義漠然，甚至習慣性地視個人權利的犧牲乃社會發展和國家利益的必要代價。我們遂不僅被制度壓迫，還被意識形態加諸我們的世界觀所桎梏。

如何找到一個道德基點，去理解和批判這些社會不公，去證成一種更合理的政治制度，去拓寬我們的道德想像，是我的哲學思考的起點，也是我的政治關懷所在。我懇切希望讀者見到，這本書努力為之辯護的價值和制度，如果值得追求，絕對不是因為它們源於何處，而是因為它們能在多大程度上回應我們的苦難，以及在多大程度上給予我們知性力量和道德勇氣去迎難而上，努力求變。

我是不是過度理想主義？我們的世界真的會因為我們的道德較真而有變好的可能嗎？這樣的哲學努力，對於我們的公共政治文化又有甚麼價值？錢永祥先生最近在他的新作《動情的理性：政治哲學作為道德實踐》一書開首，引用了羅爾斯晚年一段意味深長的說話來回答此問題。[13] 我謹以這段說話為本文作結，同時向羅爾斯和錢永祥先生致敬。

> 爭論一般性的哲學問題，不可能是政治的日常課題，但是這不表示這些問題無足輕重，因為我們認為答案是甚麼，會塑造公共文化與政治實務的各種態度。如果我們認為，正義而且秩序妥當的民主社會之不可能，乃是理所當然的常識，那麼這些態度的品質與格調就會反映該一常識。威瑪憲政體制之所以敗亡，一個原因就是德國的傳統菁英竟然沒有人支持該一憲法，或者願意合作讓該體制運作。他們不再相信一個像樣的自由主義的國會體制有其可能。這種體制過時了。從1930年到1932年，這套體制先是只能指望接連幾任威權主義取向的內閣政府。但隨著這些政府由於缺乏民意的支持漸入頹勢，興登堡總統終於被迫求助於既擁有民意支持、又被保守派認為可以控制的希特勒。……
>
> 二十世紀的幾場戰爭，以及其極端的暴力與節節上升的破壞性……尖銳地提出了一個問題：政治關係是不是只能聽命於權力與強制？如果一種在合理的意義上正義並且能夠馴服權力為己所用的社會並無可能，而人類雖然不是無可救藥地犬儒、

> 自我中心，但大體上並無所謂道德，我們大可以借康德的話追問：人們在這個世界上活著值得嗎？我們的假定必須是：一個在合理意義上正義的政治社會是可能的，而這種社會要可能，人類必須要具備一種道德本性，當然不是完美的道德本性，但是這種本性要能夠了解、遵行，並且在足夠的程度上認同一套關於權利與正義的合理的政治觀，願意支持由這套政治觀的理想與原則所引導的社會。……本書行文在許多讀者看來抽象而且不食人間煙火，部份原因在於我的這種關注……。
>
> 對此，我無意辯解致歉。[14]

是的，我們不必為此致歉。更重要的是，人具備一種道德本性，這不是假定（assumption），而是事實。這個事實，由我們當下每一個人每一天的道德實踐來證實和呈現。我們活著的世界，由我們組成。我們在道德上較真，在政治上執著，我們的世界就有變得更加公正更加美好的可能。我們沒理由悲觀。我們非如此不可。

注釋

1 本書中，我會互換使用「正義」和「公正」來指涉英文中的justice。

2 當然，這裏說的是一種理論建構，而不是說真實政治一定會按著這樣的思路來發展。事實上，政治哲學很多時不是在憑空創造一個新的理想的政治秩序，而是在對既存秩序的理解、反思和批評的基礎上，逐步發展出新的政治想像。

3 在中國，很多人會將自由主義籠統地稱為右派。我認為這是很不好的一個標籤，因為這個詞實在有太多的含混歧義，根本無法反映和體現自由主義的價值。

4 讀者應該不難觀察到，我的觀點深受當代自由主義哲學家羅爾斯的影響。John Rawls, *A Theory of Justice* (Cambridge, Mass.: Harvard University Press, revised edition, 1999).

5 本書大部份文章，都是率先發表在《南風窗》，然後再轉發至其他網絡平台。以我粗略估計，專門回應的文章大概已有30篇之數。至於在微博上的討論，則更是不計其數。

6 「自證預言」(self-fulfilling prophecy) 的説法，來自 Robert K. Merton, *Social Theory and Social Structure* (New York: Free Press, 1968), p. 477.

7 這裏的道德觀 (conception of morality) 是指特定的、實質的道德理論。道德的視角 (moral perspective) 是指從一種道德規範的角度 (即應不應該、好不好、對不對、是否有義務等) 來判斷和評價事物。我在這個問題上，很受以下一書啟發。Samuel Scheffler, *Human Morality* (New York: Oxford University Press, 1992), pp. 29–51.

8 讀者宜留意，我這裏不是主張，公正和幸福在概念上是合一的，也不是認為在任何社會條件下，公正和幸福都能處於一種契合及和諧的狀態。我是指出，如果我們對於道德或廣義一點的實踐理性在社群生活及個體行為中的角色有恰當認識，那麼我們會見到，兩者之間其實是有緊密的內在聯繫。

9 類似的二分還可以一直繼續下去，例如對待美國的態度，對於文革和毛澤東的評價，對於中國模式和普世價值的爭論，對於中國加入全球資本主義生產體系的看法等等。

10 讀者宜留意，這只是放任自由主義其中一個支持資本主義的論證。事實上，放任自由主義完全可以訴諸一種它認為合理的平等觀去為資本主義辯護，例如機會平等，又或平等的自我擁有權 (right to self-ownership) 等。

11 Rawls, *A Theory of Justice*, p. 266.

12 羅爾斯認為，從他的正義原則所推導出來的，不是目前西方的福利國家模式，因為這個模式只是保障所有公民的基本需要得到滿足，但卻仍然可以容許極大的財富不平等。Rawls, *A Theory of Justice*, p. xv.

13 錢永祥，《動情的理性：政治哲學作為道德實踐》(台北：聯經，2014)，頁 1–2。

14 John Rawls, *Political Liberalism* (New York: Columbia University Press, expanded edition, 2005), pp. lix–lx. 這是錢永祥先生的譯文。

致謝

這本書的出現，多少是個意外。三年前，我答應為時事雜誌《南風窗》每月供稿一篇，談政治哲學。我當時的想法，是盡可能用淺白明晰的語言，將自由主義一些基本理念介紹給中國讀者。想不到，最初幾篇文章出來後，已即時引起相當大的迴響，促使我對自由主義作出更深入更有系統的論述，並在微博上和網友展開直接交流。這些經驗加深了我對許多哲學問題的認識，也改變了我對哲學應該怎麼做，以及哲學作為一種公共實踐意義何在的理解。

可以說，這三年是我的哲學人生的分水嶺。當初起步的時候，我並沒想到沿途會遇到這麼多美好的風景，也沒想過會走出這本書來。我很感激這樣的機遇。在寫作過程中，我得到許多人的幫忙。在付梓之際，我想向他們一一道謝。

首先，我要感謝《南風窗》的編輯田磊和趙義先生。沒有田磊最初的邀請，就不會有這本書。由始至終，兩位編輯對我每期寫甚麼、怎麼寫、寫多長、何時交稿，沒給過任何壓力，同時在有需要時則盡最大努力為我的稿子護航。實在很難找到比這兩位更好的編輯了。

我要多謝劉擎、周濂、謝世民、陳冠中、許紀霖、高全喜、劉蘇里、張煥萍、張寧、張鐵志、崔衛平、郭于華、梁曉燕、陳映芳、羅永生、梁文道、葉蔭聰、鄧偉生和杜婷等師友。本書不少文章，無論是在發表前還是發表後，都受過他們的評點，並引發過不少相關討論。我尤其要感謝錢永祥和陳宜中先生，他們對我的文章的重視和肯定，與及就我的觀點提出的非常較真的討論，每次都讓我收穫良多。如果我這幾年在哲學思考上有點滴進步，相當大程度上是受益於與這些師友之間無間斷的坦誠的思想交流。

我要多謝石元康先生和陳方正先生。沒有石先生，我當年不會進入政治哲學之門，不會對自由主義產生興趣，不會選擇羅爾斯作為研究對象。這幾年，我和陳先生有不定期的午餐聚會，談歷史談政治談文化談哲學，常常一談數小時而不知時光過去，十分愉快。兩位先生對自由主義及自由社會都有不少批評。如何有效回應這些批評，多少構成了本書基本的問題意識。我也要多謝關信基、慈繼偉、陳祖為先生一直以來在學術上對我的關懷和鼓勵。

我要多謝三位在英國時教過我的老師John Charvet、G. A. Cohen和Ronald Dworkin教授。我回香港已12年，Cohen和Dworkin也先後在2009年和2013年離世，但他們對我的影響，卻是歷久而彌新。他們對平等的重視，以及認為如果一種政治價值真的對我們重要，那麼它必然會以某種方式走進我們生命的想法，是貫穿本書的基本立場。在倫敦Charvet家中一群同學喝酒抽煙聊哲學的日子，在UCL政治哲學研討會看Dworkin舌戰群哲的時光，在牛津All Souls College聽Cohen抽絲剝繭分析羅爾斯的片段，雖然早成過去，但那份哲學情懷卻一直留了下來，並成了一個座標，教我知道甚麼是政治哲學的境界，同時鼓勵我努力前行。

我要多謝犁典讀書組的朋友，尤其是陳日東、鄧小虎、曾瑞明、周漢杰、李敏剛和郭志等。本書許多觀點，都是在讀書組長年累月的討論中慢慢形成。我也要多謝新浪微博的網友。數不清的夜晚，我和這些網友在微博上進行嚴肅認真的哲學討論。我在這些交流中，慢慢學習如何運用公共理性在公共領域就公共議題進行公共討論，體會良多。我更要多謝這些年來我教過的許多學生。他們的困惑，他們對政治哲學的熱情，他們對我教學上的支持，都給了我許多寫作的動力。

我要感謝本書編輯楊靜。從最初的出版構思，到中間漫長的寫作，再到後期的編輯設計，楊靜都給了我很多支持。這本書能夠以如此美好的形式呈現，主要是她的功勞。我也要多謝關仲然和胡語桐同學為本書所做的校對工作。

本書是香港特別行政區政府研究資助局資助的研究計劃「中國語境下的自由平等政治」(Project ID: CUHK443311) 研究成果之一，我要在此多謝研究資助局對此計劃的支持。

我要衷心多謝我的家人。為了令我能夠安心寫作，內子翠琪在自己繁重的教研工作之餘，承擔起照顧家庭的大部份責任，並與我一起面對生活中的各種風浪。沒有她的愛和關懷，我不可能在這樣平靜安穩的狀態下思考寫作。我也要多謝悉心照顧我們女兒的阿姨Widi。我更要多謝我的父母。從小至大，我一直都在一條不那麼主流的路上行走。沒有他們的信任支持關愛，我不會如此毫無顧慮地走自己想走的路。

我還要多謝我的女兒可靜。三年前我開始寫作本書第一篇文章時，可靜才半歲不到。數不清的日子，可靜會用她的小手將我從工作中拖出來，陪她唱歌跳舞玩遊戲，還要指揮我做這做那。那是我最快樂的時光。可靜終會長大，終會讀到這些文字，終會明白爸爸今天所作的努力，都是為了她及像她這樣的小朋友，能夠活在一個自由公正有愛的社會。老實說，爸爸沒有信心，但我們必須努力。

最後，我鄭重將此書獻給中央研究院的錢永祥先生。我的哲學觀點，我的價值堅持，我的生命情懷，皆受錢先生影響至深。所有和錢先生交往過的人，相信都會有我類似的感受。不過，最重要的，是我想藉此機會，謝謝錢先生數十年來為中文政治哲學的發展所作的貢獻。

2014年6月

一　道德之於政治

1. 政治道德之必要

讓我們從最基本的事實談起。我們一出生，便活在國家之中。國家制定各種制度，從最根本處規範我們的生活，並要求我們無條件服從。就此而言，制度一方面約束了我們的自由，另一方面也建立起社會秩序，使得我們能夠和平地活在一起。面對這種境況，對於活在其中且有反思意識和價值意識的個體，就可以很合理地問：從道德的觀點看，這個制度為甚麼值得我們服從？擁有無上權力的國家，其統治正當性(legitimacy)的道德基礎又在哪裏？我們可以稱此為自由人的政治道德之問。我認為，這是整個現代政治的核心問題。

一

政治必須以道德為基礎，說的是制度的安排和權力的行使，必須滿足某些道德規範。這些規範不是源於暴力、謊言和恐懼，而是基於自由理性的個體能夠合理接受的道德理由。只有這些理由得到公民廣泛的認可這樣的國家才足以稱為具有正當性的政治共同體。然而不少人卻認為政治的本質，是爭權奪利爾虞我詐，是區分敵我階級鬥爭，是不談對錯只論權術。所以，以道德來要求政治，其實誤解了問題的性質，是不務實不成熟的表現，結果往往是好心做壞事。我們無法否認，這些現象都存在於現實政治當中。但問題是，這真的是政治的根本關懷嗎？我不這樣認為。理由如下。

第一，實然不等於應然。我們不能說，因為現實政治充滿各種的惡，所以這些惡就是合理的，並視之為政治生活的起點和終點。恰恰相反，正正因為我們意識到這些是惡，我們才努力希望通過制度去保障人的權利福祉，避免個體受到壓迫宰制。第二，一部東西方政治思想史，從孔子、孟子、柏拉圖、亞里士多德，到洛克、盧梭、康德和馬克思，再到今天林林總總的政治理論，儘管觀點不同，卻都共同關心怎樣才能建立起公正、理想的政治秩序，使得每個人都能受到合理對待。這些政治道德的建構，一方面能有助於我們更好地理解自身的道德判斷和道德情感，另一方面也實實在在地推動人類社會的政治進步。例如啟蒙運動以降，自由、平等、民主和人權這些理念，便是推動許多社會政治變革的重要動力。第三，人們會基於這些理念而行動，即說明人不是純粹的自利者，而是有能力和有意願與其他人合理地活在一起。試觀察一下我們的日常生活：當我們面對不合理的制度而作出思想上的批評和行動上的抗爭時，即意味著我們已進入政治道德的思考和實踐。我們視自身為有反思能力的道德主體，並願意對規範我們的制度作出價值評估。我們甚至可以說，人不能離開道德的觀點而活。道德的觀點，在最深的意義上，影響我們的身份認同，限定我們看世界的方式，並規範我們如何與他人和平共處。

所以，如果有人將道德和政治割裂，並將政治簡單化約為權力和利益的爭奪，這既不符合事實，同時矮化了人和貶低了政治。但當這種觀點被視為自明的事實並為愈來愈多人接受時，遂可能出現可怕的自證預言：道德從政治退場，大家覺得政治沒有是非對錯可言，道德的觀點遂在公共生活中失去力量，自利冷漠犬儒反而成了面對政治時的普遍態度。結果是，人心日益敗壞，權力日漸腐化，維繫政治社群的道德紐帶日趨崩解，人們不再對政治能夠變好抱有任何信心，也不覺得自己有參與政治的權利和義務。最後剩下的，恰恰是最初所預期的暴力和欺詐。

二

既然政治制度離不開道德的觀點，那麼這個觀點的內容應該是甚麼？這牽涉到具體的道德論證，本書各章會逐一探討。現在讓我們先回到一個更為根本的問題：到底在怎樣的處境中，政治才會出現？

政治會出現，因為我們想活在一起，而活在一起能為我們帶來許多好處。例如通過分工和合作，我們可以有更好的物質生活，更安全的社會環境，更豐厚的文化資源和更健全的社群關係。如果我們每個人都是單獨地活在孤島之中，便不會有政治的必要。但活在一起，人卻難免會有衝突，因為人總希望自己在合作中分得更多資源，但資源卻總是有限。更重要的是，人是多元的。作為獨立個體，在正常環境下，每個人都會有自己的利益、信念和追求。

在這樣的背景下，我們的集體生活遂恆常處於這樣的狀態：不同個體有不同訴求，這些訴求往往彼此衝突。雖然有衝突，但又希望活在一起，我們於是需要政治。政治的目的，是要找到一些方法，協調人與人之間的合作，解決可能出現的爭端，建立起一個穩定的、具正當性的政治秩序。[1] 這些方法，通常是一組一組的規則。這些規則，形成我們所稱的制度。在現代國家，憲法往往就是最高的規則，並以此界定社會的基本制度。這些制度要有約束力，就需要強制性的力量支持。所以，國家最重要的特徵，是它能在自己管治的範圍內，有權力制定和執行法律，並擁有壟斷性使用武力的權利。[2]

由此可見，政治離不開權力，因為需要有武力來維持制度。無政府的自然狀態不是最自由的狀態，而很可能是強者壓迫弱者、無法可依無理可言的戰爭狀態。所以，即使從保障自身利益的角度出發，我們也有理由接受制度的必要性。但政治卻不可能是赤裸裸的權力，因為政治正是希望透過制度來建立秩序，擺脱以暴力方式來解決紛爭。故此，政治的核心問題，不是如何取得和行使權力，而是權力如何才具正當性。也就是説，我們不只是需要制度，更需要公平公正的制度，並確保行使權力的人得到合理的授權監督。

三

為甚麼我們要如此在乎制度的正當性？因為制度對我們影響深遠。我們一出生，就活在制度當中。制度決定了我們享有多少自由，擁有甚麼機會，分得多少資源，承擔甚麼義務，以至過上怎樣的生活。[3] 更重要的是，我們不是自足的個體，並帶著既有的人生觀和世界觀從自然狀態走進國家。相反，我們自我的形成，人格的建立，用甚麼語言觀念來理解世界，以至最細微的對生命的感受，都和我們在怎樣的制度環境下成長有關。沒有所謂中立的制度。制度總是以這樣那樣的方式來約束、模塑和引導我們的人生。就此而言，政治在我們生活的不同環節，具有絕對的優先性。例如市場和家庭，都是從屬於政治，而非獨立於政治，因為市場制和家庭制本身就是由國家來界定。在中國，我們曾經沒有私有財產和市場經濟，也曾經不是一夫一妻制。而這些制度一變，我們每個人的命運就必然跟著改變。

既然一個國家的制度如此無可逃避如此無處不在，對我們每個人的生命影響如此深遠，同時又以如此強制的方式要求我們服從，那麼作為有自由意識和價值意識的獨立個體，作為重視一己生命且在乎自己活得怎樣的主體，政治就不是「要不要」的問題，而是「要怎樣」的問題。

而我們的發問，不是從階級、政黨、民族或形形色色的集體的角度來問，而是從「我」這個第一身的角度來問，而「我」是活在當下有思想有情感有道德能力且對生命有追求的實實在在的個體。這個我，面對巨大的國家，看似渺小，但作為自由人，我並不是天生就注定要受到別人的統治。我總可以有正當的理由問：如果國家不能好好保障我的自由福祉，不能令我活得有尊嚴，不能助我實現人的潛能，並活出屬於我的人生，那我為甚麼要服從？國家又憑甚麼來統治我？這是國家必須回答的問題，而其給出的理由，必須是道德理由。這正是盧梭當年在《社會契約》一書中所說，只有國家將「力量轉變為權利，服從轉變成責任」，權力才有正當性可言。[4] 這個轉變的過程，正是建構和證成政治道德的過程。

四

如果以上所說有理，那麼今天甚囂塵上的種種政治現實主義觀點就站不住腳，因為他們鼓吹的恰恰是一種將政治和道德割裂，然後視政治純粹為權謀利益之爭的活動。在這種觀點下，政治和絕大多數沒有權勢的我們是不相干的，它只是屬於少數權力精英的秘密遊戲。我們既不能指望參與和影響政治，也不應對政治作出任何道德批判。而當愈來愈多人接受這種論調，「有權就有理」(might is right) 遂變成常識公理，整個公民社會遂愈來愈失去道德批判性。說得不客氣點，對公民來說，相信政治現實主義是一種「自我去勢」，去掉的是建設更好更公正的政治共同體的想像力和行動力。

既然政治離不開道德，那麼不同的政治理論，不管甚麼派別，就有必要將辯論聚焦於此。一個合理的政治理論，必須回答以下問題：政治權力的正當性從何而來？公民該享有怎樣的權利和義務？社會財富應該如何公平分配？政府怎樣做才算給予每個公民平等的關懷和尊重？我認為，在這個社會大轉型的時代，不同理論都有責任將自己的立場，好好論述和論證出來，並在公共領域以理由說服我們，為甚麼他們所描繪出來的政治社會，值得我們追求。只有政治道德論述日益豐厚，我們才能逐步拓寬我們的政治想像，建立起公共說理的政治文化，提升公民的社會參與意識。只有在這些條件下，社會轉型才有可能朝著合理的方向發展。

最後，或許有人說，即使以上所說都有道理，現實政治的衰朽腐敗卻實在教人無奈厭倦。剛去世的捷克著名異見作家哈維爾曾在1986年的一篇文章這樣寫道：「一切向錢看的生活充斥著整個社會。人們覺得在政治上受了欺騙，被玩弄了，因此對政治避而遠之。對一切政治思想都感到厭倦。他們每天都能親身體驗到在冠冕堂皇的詞句下掩蓋著多麼蒼白的事實。」[5] 是的，這多少也是我們今天的處境。但是我們也知道，我們不應停留在這樣的狀態。當我們渴望遠離政治逃避政治時，政治一直存在，一直影響我們的生存，一直是我們活得好活得有尊嚴的必要條件。正因為此，我們必須重視政治道德。

注釋

1 這個想法，來自於John Rawls, *A Theory of Justice* (Cambridge, Mass.: Harvard University Press, revised edition, 1999), pp. 4–5.

2 這個對於國家的定義，參考自 Max Weber, "Politics as a Vocation," in *From Max Weber: Essays in Sociology*, ed. H. H. Gerth and C. Wright Mills (London: Routledge, 1991), p. 78. 但須留意，對於甚麼是構成權力正當性的基礎，韋伯並沒有特別從道德的觀點去考慮。他認為，只要被統治者相信在位者是有統治權威的，正當性問題即已解決。至於人們相信的理由本身是否合乎道德的要求，並非韋伯要關心的問題。在這點上，我和韋伯有很不同的看法。我認為，既然正當性是一規範性概念，背後的理由必須也是(或以某種方式被理解為)規範性的理由。

3 這點可參考 Rawls, *A Theory of Justice*, p. 7.

4 Jean-Jacques Rousseau, *The Social Contract and the Discourses*, trans. G. D. H. Cole (London: Everyman's Library, 1993), p. 184.

5 哈維爾，〈論《七．七憲章》的意義〉，收於《哈維爾文集》，崔衛平譯。

2. 較真的政治

這個學期我教的一門政治哲學課，學生坐滿200人的課室，熱鬧得很。我在第一課上說，政治離不開道德。政治的終極關懷，是建立合理的制度，藉此界定公民的權利和義務，公平分配社會有限資源，妥善解決各種可能出現的紛爭，從而確保所有人能公正地活在一起。沒有道德的政治，政府將難言有正當性，社會難言有真正穩定，人與人之間難言建立休戚與共和互相信任的合作關係。

有些同學聽完，眼中充滿困惑：政治世界，真的有道德可言嗎？政治的世界，難道不就只是赤裸裸的權力爭奪和利益算計？說道德，要麼是偽善，要麼是傻瓜，要麼是徒勞。偽善也者，是認為道德只是權力的包裝，又或虛假的意識形態，專門用來欺騙無知大眾。傻瓜也者，是因為人性自利，所有人的行事動機都是為了一己利益。與自利者談道德，好聽是過於理想，不好聽是天真無知。徒勞也者，是即使我們想談道德，也將無從談起，因為道德一如人的口味，主觀相對，沒客觀理由可言，注定流於自說自話。這三種態度，問題性質並不一樣，但往往混雜在一起，並導致對政治道德整體的不信任，即認為在關乎所有人根本福祉的公共議題上，道德不可能在場。我認為這些觀點並不成立，因為它們並不能很好地解釋我們的道德經驗以及支持我們深思熟慮後的道德判斷。[1]

一

讓我從我教的這門課談起。政治哲學作為規範性的理論學科，既不易讀也談不上有甚麼即時可見的實用價值，但為甚麼會有那麼多同學選擇來讀？不少同學告訴我，因為他們覺得這個社會有太多的不公，但卻不知如何去改變，希望通過這門課找到一些答案。於是我問，所謂的社會不公是指甚麼？同學會說，例如貧富懸殊，例如政治上的不民主，例如新聞自由受到打壓等。我於是再問，這些判斷的基礎是甚麼？同學們於是提出不同理由來為自己的立場辯護，例如貧富懸殊會帶來許多社會問題，不民主制度剝奪了人的選擇權利，新聞不自由會影響人的知情權等等。討論繼續，意見紛陳，同學開始意識到不是所有理由都同樣合理或彼此相容，於是他們一方面要修正和深化自己的觀點，另一方面要回應其他同學提出的質疑。

討論到相當程度後，我往往請同學們停下來，並就剛才的討論本身做一點後設反思。例如我會問：為甚麼你要如此在乎和堅持自己的觀點才是對的？當你和他人辯論時，你如何能夠相信你所提出的道德理由，是別人也可接受甚至應該接受的？同學們很快便發覺，一旦他們對於政治對於道德如此較真，他們就不可能說自己偽善，不會形容自己為傻瓜，更不會接受自己的論證注定徒勞，因為一旦這樣，他們將無法為自己的道德判斷作出合理辯護。

道理很簡單，因為這些判斷和相伴隨的道德情感，是他們自己的，而不是別人強加的。更重要的是，這些判斷是他們經過反覆的反思和論辯後得出的，他們不會說這只是一種自欺欺人的意識形態，也不會說這只是沒有合理理由的主觀喜好，更不會說判斷的真正原因是對自己有好處。也就是說，只要我們在政治價值上有所堅持，同時相信所堅持的是有所據的，我們便已站在某個道德的觀點。這個觀點，使得我們成為道德的存有，並進入政治道德的世界。

以上討論旨在指出，許多人很容易很輕率地認為政治道德是不可能的，並抱一種懷疑的、嘲笑的、甚至自以為看透世情的態度去看待道德在政治中的角色。但只要我們站在第一身的觀點對自己的政治信念和道德情感作出反思，我們很快就會發現這樣的態度難以成立，因為我們不是那樣的人。

二

有人或會馬上說，他們覺得政治道德不可能，指的不是自己的信念，而是真實世界的現實政治。現實政治充滿爭權奪利爾虞我詐腐敗暴力，哪有甚麼道德可言？這是許多人對政治的最直接感受。

為甚麼我們會有這種感受？我認為，這種感受的表達往往不是在否定政治道德，而恰恰是站在某種道德觀點對現實政治提出批評，因為我們不是抱著一種事不關己、無可無不可的中性態度去描述一個社會現實，而是在下一個道德判斷：這樣的政治是惡的政治，應該受到譴責。好的政治，政府理應廉潔公正、尊重公民權利和關心人民福祉，並使得每個人都能夠自由發展。所以，當我們對現實政治感到憤怒時，我們是在表達一種道德情感。情感的背後，往往預設了這樣的信念：這個政治社群是屬於我們的，我們不是這個社群的異鄉人；這樣的惡的政治，不是必然的，而是人為的，因此是可以改變的；我們作為公民，有能力去共同想像和實踐一種好的政治。也就是說，對現實政治的不滿和批判，其實是在肯定政治本身是有好壞對錯可言的。

有人或會繼續說，你這樣太樂觀了。無論我們對現實政治有多強的道德要求，我們始終站在政治的外面，對政治世界沒有絲毫影響。我們可以圍觀調侃八卦，但卻不可以參與。而真正的局中人，是不會跟你談道德的。這種觀點非常流行，但卻並不合理。第一，政治的核心問題是權力的正當性問題。用盧梭的話，統治者如果不能將權力轉變成權利，服從轉變成義務，無論他有多強大也總不能持久。而在現代開放社會，國家統治的正當性不可能長期建立在暴力、恐懼和謊言之上，也不可能依賴神秘的宗教或古老的傳統，而必須訴諸道德理由來說服人民，它的制度、法律、政策及普遍公權力的行使，是值得我們支持的。否則，這個國家便會陷入正當性危機。

因此，在一個正常的現代國家，道德規範必然是權力正當性的重要基礎。但這種規範的約束力從哪裏來？為何統治者有責任向被統治者證明自己具有統治的權利？那必然是因為人民有所要求，而這些要求對統治者構成了道德壓力。試想像，如果一國之民根本不關心政府的管治成效，對政府所做一切總是毫無異議或默默承受，那麼這個政府向人民問責的壓力自然很小，權力導致腐敗的機會自然很大。

獨裁之惡，是它將政治從我們的生活中異化出去，成為支配我們卻又與我們無關的外物，並使得我們整個生命失去公共性的一面。我們在這個世界吃喝玩樂生老病死，但這個世界卻不屬於我們，並時時刻刻受到有形無形的權力宰制。久而久之，我們或會漸漸忘記，沒有公共生活的人生，是不完整的人生。我們遂對權力漠然，對苦難漠然，對惡本身漠然。但這是制度帶來的惡果，而非人本來應該有的狀態。作為政治社群平等的一員，我們理應活在政治之中而非之外。

而要打破這樣的困局，我們每個人必須在道德上較真，不犬儒不冷漠，相信公共議題皆有對錯好壞可言，並努力運用實踐理性去尋找答案。在這樣的時代，我們需要一種較真的政治。愈較真，我們愈能看到道德在公共生活中的份量和力量，愈能恢復我們生命真實良善的一面。

三

談到這裏，有人或會提出一個更根本的質疑：你以上所說，都是基於一個前提，就是人真的是個道德存有，真的在乎道德。但實際上真的如此嗎？我們見到別人貪腐而心生不滿，難道不僅僅是因為我們自己沒機會坐在那個位子？我們奉公守法循規蹈矩，難道不僅僅是因為外在的壓力而迫不得已？這樣的想法，很流行。於是，我們又回到最初的結論：自私自利才是人的本性。當人們如此聲稱時，好像在描述一個自然事實，這個事實意味著，不道德才是人的正常狀態，因為道德總會在某些時候要求我們犧牲自己的利益。既然如此，對個體來說，追求較真的政治，不僅徒然且不理性。問題是：我們真的是如此活著嗎？我們真的願意接受，我們應該如此活著嗎？我認為兩者都不是。

人作為道德存有，有四個基本能力。一，會使用道德語言；二，會使用道德語言作道德判斷；三，會根據道德判斷作出道德行動；四，會因應道德判斷和行動而產生相應的道德情感。在正常的社會環境中，我們自小就會培養出這些能力，並在日用而不知的過程中，逐漸發展成為道德人。

試觀察一下我們自己。我們每天都在做道德判斷，例如我們反對強拆、追求自由、珍惜人權、嚮往民主、抗議暴力、痛恨貪腐、譴責歧視和重視公義。我們也尊敬師長愛護家人，對朋友守諾重義，對弱者同情憐憫，甚至關心動物權益和自然生態。當我們受到不公對待時，我們會感到憤怒；受到歧視時，會感到屈辱；做了錯事時，會感到歉疚。在我們追求一己人生理想時，我們渴望得到別人的肯定，期許自己成為正直的人，希望自己從事的工作有價值有意義有道德重要性。即使在最平常的生活細節，我們也離不開道德。例如在面書和微博上和不相識的人討論時，儘管彼此意見分歧，我們也在努力學習平等待人，用心聆聽，善意溝通，用理由而不是用語言暴力令對方屈服。即使有時我們做不到這樣，我們大抵也會同意，這樣的境界值得嚮往，因為己所不欲勿施於人。

也就是說，我們從出生起，就已活在各種各樣的道德關係當中，並在這些關係中建立和肯定自我，了解和承擔對他人的道德義務，並在不懈的道德探索中尋找生命的意義。道德不是外在之物，而是我們存在的基礎。試想像，如果有人將我們的道德語言、判斷、行動和情感通通拿走，我們將無從了解自己。正是在此意義上，我們無可選擇地成為道德存有。

許多人一談起道德，就會想起道德說教或政治思想教育，因此心生抗拒。但我們要知道，反對某種道德教育的方式或某種道德教條，和反對道德本身，是兩回事。當我們批判某種道德立場時，我們其實是基於另一種我們認為更合理的道德觀點，而不是站在道德之外的虛無之境。而這種批判性，正正彰顯了人是具有反思能力和自主判斷的道德主體。因此，我們應該努力在公共領域中，發展和累積我們的道德資源。這些資源愈豐厚，愈能拓寬我們的道德想像力，愈能對政治現狀作出有力批判，也才愈能令社會有道德進步的可能。要做到這些，我們必須在道德上較真。

四

當然，即使以上所說為真，也不表示人沒有自利的一面，更不是說人不會因為自利而做出傷害他人的不道德行為。遠非如此。但人會不會道德，或在多大程度上道德，與我們活在怎樣的制度之下密切相關。在我們今天的社會，要做一個正直廉潔的人，是如此之難，但這絕非因為人性本惡，而是制度環境使得我們難以過上合理的倫理生活。在一個極度不公正的社會，選擇做個公正的人，極為不易，而這不能簡單歸咎於個人道德情操的高低。

一個理想的社會，應該是這樣的：它能讓我們自自然然做個道德的人，快快樂樂過上有德的生活。在這樣的世界，有尊重、關懷、忠誠、信任、公平、承擔、誠實、正直、惻隱、付出、自由和愛。這樣的生活，才是美好的生活。

有人或會說，你這樣將走進一個循環的道德困局：要過上有德的生活，需要公正的制度。但要建立這樣的制度，需要道德上較真的人。的確存在這樣的困局，但困局並非不可打破，因為我們不是活在一個無縫的封閉的世界，我們也不是沒有反思能力和價值信念的人。我們每個人每天的道德努力，即使看來如此微不足道，其實都是在一次又一次地完善自己，一點一滴地改變世界。我們活在世界之中，我們改變，世界就跟著改變。我們非如此不可。

注釋

1 我在這裏其實預設了一種方法論，即一種道德理論是否合理，其中一個重要的判準，是看它能在多大程度上融貫地合理解釋我們日常生活中的道德經驗以及證成一些我們經反思後仍然會接受的道德判斷。這種想法主要是受羅爾斯的「反思均衡法」啟發，見John Rawls, *A Theory of Justice* (Cambridge, Mass.: Harvard University Press, revised edition, 1999), pp. 40–46.

3. 反思性認可與國家正當性

1690年，英國哲學家洛克出版了一本書，叫《政府二論》，而第二論的副題是「論公民政府的真正起源、許可權與目的」。在這本書中，洛克做了一些重要宣稱。他說，人生而自由平等獨立，並擁有一些自然權利，包括生命、自由、健康和財產權。未經個體同意，沒有任何組織可以強迫人們離開這種完全自由的自然狀態。[1] 這就是有名的社會契約論：國家存在的唯一的正當理由，是得到人民的同意。國家並非自有永有，而是人民為了更好地保障自己的利益而自願訂立契約的結果。1776年，傑佛遜起草的《美國獨立宣言》幾乎完全沿用了洛克的思路，認為政府的首要職責，是保障人民天賦的自然權利，而政府權力必須源於人民的同意。如果政府違反契約，人民便有權起來反抗。

一

洛克的論證其實有兩部份。(1) 人擁有自然權利，這些權利保障了人的根本利益，而沒有任何法律規範的自然狀態最後會導致戰爭狀態，我們因此有理由進入國家，因為國家能更有效保障我們的自然權利，並令我們和平安全地活在一起。(2) 作為自由理性的個體，我們清楚知道前面所說的道理，因此有意識地選擇一致同意離開自然狀態，組成國家，並接受國家的統治權威。

洛克認為，在這兩個論證中，(2) 才是根本的，因為 (1) 只是幫助解釋人們為甚麼會同意，而「同意」(consent) 這一行動本身，才是構成政治義務的必要和充分條件。個人同意如此重要，因為它體現和尊重人是獨立自主的道德主體。如果政治權威是人們在平等自由的條件下自願同意的結果，政治義務遂是自己加給自己的，而不是別人強迫我們接受的，因此具有最高的道德正當性。[2]

洛克的觀點，受到不少質疑。其中最有名的批評，是認為社會契約只是一個虛構，因為歷史上國家的存在從來沒有得到人民的真實同意。相反，更多的時候是槍桿子裏出政權。也就是說，社會契約並沒有任何道德約束力。洛克不是沒意識到這個困難，因此在書中作出了「明示同意」(express consent) 和「默示同意」(tacit consent) 的區分，並認為只要人們在國家中享受到某些好處，例如擁有財產或使用道路，也就等於作出了某種默示同意，因此有義務服從國家。[3] 洛克這個辯護很難站得住腳，畢竟我們一出生便已活在國家之中，就算不喜歡也別無選擇。而即使我們享有國家提供的好處，也不表示我們已作出某種實質承諾，並因而需要承擔相應的政治義務。

這於是帶出一個問題：雖然社會契約從未在歷史上出現過，國家的存在也不是我們同意的結果，但作為自由、平等、理性的道德主體，我們經過反思後，是否仍有理由接受國家存在的合理性，並繼而追求一個自由民主的國家？我認為是可以的。這個論證過程，我稱之為「反思性認可」(reflective endorsement)。

二

讓我們從當下想起。我們已活在國家當中，同時我們具有自由意志和道德反思能力。現在讓我們問自己這樣一個問題：「我有義務服從國家嗎？國家的存在基礎是甚麼？」有人或會馬上説，這樣問沒意思，因為我們別無選擇。無論我們願意與否，都不得不受到國家的統治。實情並非如此。例如如果我們的答案是否定的，那麼我們可以努力想辦法離開這個國家。即使沒有辦法，我們仍然可以選擇做個精神上的無政府主義者。這樣我們雖然迫不得已要服從法律，但我們可以對這個國家毫無認同感，甚至做出各種消極抵抗，又或努力聯合其他人改變目前的狀態。

更重要的是，我們身在國家之中而提出這樣的問題，不管答案是甚麼，都有非比尋常的意義，因為這意味著國家的存在並非自有永有且不可質疑。相反，我們總是可以對國家進行理性反思和道德評價。這個反思過程表達出一種政治態度，即國家加諸我們身上的種種約束是需要理由的，且這些理由必須得到我們的合理接受。這實際上是一種公共證成的正當性要求：政治權力的正當性行使，必須在公共領域得到公開合理的辯護。所以，思考國家正當性問題，我們並不需要總是從自然狀態開始，而是可以直接站在當下，以一種獨立的批判的姿態作出提問。而這樣的提問之所以可能，正正肯定了我們是自由的反思性存有。

國家是甚麼呢？國家是在特定領土之內，唯一擁有制定及強制執行法律，且有權要求在其治下的每個人無條件服從這些法律的合法組織。[4] 我認為，國家存在的理由，最重要的是它使得公正穩定的社會合作成為可能。人與人的合作，會帶來許多好處，例如聯合起來以抵抗自然災害和外敵侵略，分工合作以生產更多物品，互相學習以創造知識，彼此關顧以建立社會關係，代代相繼以承傳歷史語言文化等。我們甚至可以說，我們自我的建立、人生意義的追尋，以至倫理宗教生活的安頓，都離不開政治社群。但與此同時，我們也知道，人與人生活在一起，會有許多衝突的可能，因為資源有限，因為價值和信仰的差異，也因為人性中自利和惡念的一面。

我們因此意識到，要有穩定的合作，便必須要有一套合理的制度，並且要有能力確保所有人服從這套制度。這套制度將規定我們以甚麼方式合作，包括政治權力的正當性從何而來、個人享有甚麼權利和義務、社會資源以甚麼方式分配，並在出現衝突時提供公平裁決的程序和準則等。沒有這樣的制度，我們將很難避免理性選擇理論(rational choice theory)中所談的囚犯兩難和坐順風車(free rider)的情況，甚至會陷入霍布斯和洛克所描述的戰爭狀態。故此，我們可以得出這樣一個結論：從社會合作的觀點看，有國家(即有規則且能得到有效執行)的狀態較沒有國家(即沒有規則，或有規則卻難以有效執行)的狀態要好得多。

我們須留意，這個結論不是從國家的歷史起源來談，也不是說國家的出現是人們真實簽下一紙契約的結果。但它不是虛構的，而是當下真實的我們在公共領域經過認真反思後所作的理性認可。如果這個認可在社會獲得廣泛接受，國家解體的機會就很小。事實似乎也印證這點。在各種有關國家正當性的爭論中，無論是主張改革還是革命，焦點都不在要國家還是要無政府，而是要怎樣的國家。也就是說，絕大部份人都接受國家有存在的必要，爭論的只是國家應該根據甚麼原則組織起來。

因此接著下來，我們必須回答第二個問題：從平等自由人的觀點看，怎樣的國家制度才能保證公正的社會合作？這也是當代政治哲學家羅爾斯在他的名著《正義論》中的基本問題。羅爾斯雖然明言他的理論上承洛克、盧梭和康德的社會契約論，但他的基本問題卻不是要不要國家，而是國家應該根據怎樣的正義原則來建立社會。更重要的是，他一開始便清楚告訴讀者，他的契約論是假設性的，因此他提出的正義原則的說服力並非來自立約者真實的同意，而是來自道德反思後的理性認可。

三

我認為，如果從自由平等出發，自由主義會主張，一個公正的國家最少必須滿足兩個制度要求。一，國家必須通過憲法，保障每個公民享有一系列平等的基本自由，這些自由構成人的基本權利。二，國家必須實行一人一票普及選舉的民主制度。這是今天大部份自由民主國家的立國基礎所在。

如何論證這種制度的合理性？這牽涉複雜的道德論證，但關鍵之處，繫於我們對自由和平等的理解。核心理念是：因為我們理解自身是平等的自由人，所以我們要求國家必須能提供最合理的制度和社會條件，容許每一個體都能實踐生命中重要的自由，並全面發展成為自由人。

我在這裏，特別用了「理解自身」一詞。自由與平等，不是自然之物，而是道德價值。它們不是不證自明的自然權利或先驗的普世價值，而是在政治實踐中經過反思後認可的價值。因此，這些價值能否在我們的國土生根成長並化成制度，相當程度上視乎作為實踐主體的我們如何理解這些價值的意義，以及它們對我們每個人的生命乃至對整個政治社群意味著甚麼。專制之惡之為惡，不是明明白白放在那裏，我們便能見到。自由之好之為好，同樣不是簡簡單單一說，人們便能體會。它需要我們通過對歷史的反省梳理，通過公共參與和政治實踐，通過對人性的了解和對人的生存狀態的把握，一步一步在政治共同體中生根發展。

下面我就此簡略地談談我的想法。甚麼是自由人呢？第一，一個自由的人，首先是在身體、意志、思想和行動上，不會受到他人任意支配。他有自己的獨立人格，有自己對生命的感受和追求。就此而言，每個人都是自己的主人，而不是別人的財產或工具。第二，一個自由的人，是有理性能力作出明智判斷和選擇的人。他有能力選擇自己的宗教信仰、政治信念、事業愛情並賦予生命意義，同時能對這些選擇負責。換言之，他並非僅由本能支配，而是能對自己的欲望和信念本身進行理性評價。第三，一個自由的人，還是一個有能力在道德和政治領域實踐反思性認可的人。他既可以使用道德語言與他人進行論證和對話，同時有相應的意願去遵從道德的要求。

為何我們要從這樣的角度去理解人，並如此重視自由人這個身份？這是自由主義必須回答的根本問題。回答的方式有兩種。第一種是往後問，即先對自由主義的制度安排和價值判斷作出理解和反思，然後由此追問這些制度和判斷的背後，必須預設怎樣的一種對人的理解。[5] 第二種是往前推，即直接提出正面理由來論證，為甚麼這種對人的理解是合理且值得我們重視的。這兩種方式並不互相排斥，反而常會互相印證和彼此支持，同時構成「反思性認可」的重要部份。由於這並非本章重點，所以我不打算就此展開具體論證。[6] 但我要特別強調兩點。第一，「人視自身為自由人」首先是個經驗性的事實命題，即在正常社會環境下，每個人都能夠發展出自由人的能力。第二，它同時也是道德命題，即「自由人」是構成人作為「理性的道德能動者」(rational moral agent) 的必要條件，而我們有理由視培養、發展和保存自由人的能力為人的最高利益。因為喪失這些能力，我們就很難談得上活出自己想過的有價值的人生。[7]

當我們意識到自己是自由人且極為重視這個身份時，我們同時可從一普遍性的觀點，意識到社群中其他人一樣是自由人，一樣有他們對幸福和尊嚴的追求，因此我們要求所有公民都享有平等的道德地位。[8] 在此基礎上，平等權利和民主選舉的重要，便顯得順理成章，因為這兩者正是實現平等的自由人的必要條件。權利的核心價值，是確保每個公民在社會生活的重要領域，享有自主選擇的自由。民主的基本理想，是確保每個公民享有平等的政治自由去參與國家的公共事務。

四

以上討論旨在說明，國家權威的正當性，其實並不是像洛克所說的通過一次過的真實契約來完成。一來這不是歷史事實，二來在論證上也不見得可取。我嘗試指出，政治正當性的建立，其中很重要的一個面向 (但不必是唯一)，是立足於當下的我們——自由平等的公民——在公共領域自由運用我們的理性能力和道德能力，公開提出理由，並通過持續的對話和論證，最後實現的反思性認可。國家在人民中間得到的認可程度愈高，它的正當性就愈高。

由此可見，政治權力正當性的建立，是一個持續的、無間斷的、互動的過程，而不是像社會契約論所想像的那樣，國家正當性完成於歷史的某一點，然後問題一勞永逸地得到解決。實情遠非如此。在真實政治中，正當性問題恆常存在，並會在不同層面以不同形式及在不同程度影響政府的權力行使和有效管治。更為重要的是，在一個開放多元、個人主體意識和權利意識高揚的時代，統治者不可能再靠傳統、宗教、個人魅力和種種迷惑人心的大論述來維持其統治權威，而是必須在公共領域直面公民，並訴諸合理的道德論證來贏得人民的信任和支持。

以反思性認可來建立正當性，有幾個好處。一，它是開放的，容許所有自由平等的公民一起參與。二，它是反思的，因此會確保所有論證都受到理性檢視，並滿足我們對正當性的要求。三，它是有道德約束力的，因為這是真實的公民經過真實的反思後作出的理性認可，並會通過民主投票及各種行動表現出來。四，它是有進步可能的，因為持續的公共證成的過程，會完善我們的道德判斷，培育我們的道德情感，豐富我們的道德資源，拓寬我們的道德想像。

注釋

1 John Locke, *Two Treatises of Government*, ed. Peter Laslett (Cambridge: Cambridge University Press, 1988), pp. 330–332.

2 這裏所說的「同意」，必須是真實而明確的同意。如果是假設性同意，那麼情況就會反轉過來，(一) 才是證成國家的主要理由，而「同意」本身並不構成實質的規範性力量。

3 Locke, *Two Treatises of Government*, pp. 347–348.

4 這個定義參考自 Max Weber, "Politics as a Vocation," in *From Max Weber: Essays in Sociology*, ed. H. H. Gerth and C. Wright Mills (London: Routledge, 1991), p. 78.

5 這裏所說的「理解和反思」，是一個牽涉到詮釋、建構和評價的過程，而不是一種中性描述。

6 我在本書其他章節，將有更多關於自由和平等的討論。

7 我在這個問題上，很受羅爾斯影響，因為他的整個正義理論，也是以發展自由人的道德能力作為出發點。John Rawls, *A Theory of Justice* (Cambridge, Mass.: Harvard University Press, revised edition, 1999), pp. xii–xiii. 亦可見John Rawls, *Political Liberalism* (New York: Columbia University Press, expanded edition, 2005), Lecture VIII, pp. 289–371.

8 更詳細的論證，可見〈平等的基礎〉一章。

4. 要求正義的權利

羅爾斯的《正義論》被譽為二十世紀最重要的政治哲學著作，影響了整個當代政治哲學的發展。在這本書的開首，羅爾斯做了一個很有名的陳述，聲稱「正義是社會制度的首要德性，一如真理是思想體系的最高價值」。[1] 因此，當我們評價制度時，最重要的是看它是否合乎正義。如果不公正，我們便有責任改變它，甚至推翻它。正義是個道德概念，關心的不是世界事實如何，而是世界理應如何。所以，羅爾斯實際上是在說，我們應以道德規範政治，使我們的政治社群成為道德社群，並盡最大努力確保每個人受到公正對待。問題是：為甚麼我們要如此重視社會正義？這種重視背後又體現了怎樣的道德承擔？這樣的承擔和我們的人生福祉又有甚麼關係？這是本章想探索的問題。

一

羅爾斯認為，一個正義的社會，必須體現出一種自由平等的公民公平合作的精神。也就是說，公平是正義的必要條件。但怎樣才叫公平？羅爾斯說，讓我們來做個思想實驗，設想我們進入一個被稱為「原初狀態」(original position) 的契約環境，並被一層厚厚的「無知之幕」(veil of ignorance) 遮去所有和個人相關的資料，包括我們天賦能力的高低、家庭出身的好壞，以及當下所信的人生觀宗教觀等。在這樣的環境下，我們希望通過共同商議，找到一組大家都能接受的政治原則，並以這組原則去規範社會基本制度，從而界定公民應有的權利和義務，以及社會資源的公平分配。這樣的原則，就是羅爾斯心目中最高的社會正義原則。

羅爾斯認為，經過理性考慮，在權衡各種利弊後，人們最後會一致同意他的兩條原則。一，每個公民有權享有一系列平等的基本自由，包括人身自由、思想和信仰自由、組黨結社和廣泛參與公共事務的自由等。二，在教育和工作競爭上，每個人應享有公平的平等機會，並盡可能將家庭和社會背景等任意因素的影響減到最低。與此同時，社會及經濟的發展要令所有人得益，財富的不平等分配須在對社會中最弱勢群體最有利的前提下才可被接受。[2] 這是一種自由主義式的對公正社會的想像：一方面強調個人權利優先，另一方面重視社會財富的公平分配和機會平等，而羅爾斯同時清楚意識到，社會財富分配和自由民主的實踐密不可分，因此這兩組原則不是割裂地存在，而是互相支持，構成正義社會不可或缺的部份。[3]

讀者或會馬上問，為甚麼非要將人置放在無知之幕下來進行理性商討？公平！羅爾斯認為，只有這樣，我們才能處於一個公平的商議環境，因為它確保了所有人享有相同的決定權，沒有人可以由於先天能力或後天社會地位的差異而享有任何討價還價的優勢，同時由於沒有人知道自己的真實身份，立約者遂不得不將自己放在所有人的角度來思考，而不是只考慮個人利益。羅爾斯在這裏實際上主張，社會正義的前提，是每個合作者都須享有平等的地位，每個人的利益都須受到公平考慮，以及最後得出來的原則是可以向每個人合理交代的，因而滿足反思性認可的要求。它不是一個真實的契約，故其約束力不是來自人們的真實同意，而是來自羅爾斯對自由和平等的堅持和對道德證成的要求，而這定義了他心目中的正義的觀點。[4]

二

讀者或會質疑，既然我一開始已知道無知之幕有這些道德約束，為甚麼我還要選擇進去？羅爾斯必須回答這個問題，因為這是他的整個理論的起點。如果提問者是個純粹的自利主義者，唯一關心的是自己的利益，那麼他期望的答案自然是：除非正義對我有利，否則我不會考慮。但這似乎不可能，因為正義的要求總會和自利的追求有衝突，而當衝突出現時，自利主義者並沒有給予正義優先性的理由。不過，羅爾斯並不打算說服這一類人，因為他一開始便假定，每個願意參與社會合作的人，都具有有效的正義感（effective sense of justice），因而有能力進行道德思考，並有意願服從正義。對他來說，政治哲學最重要的任務，是運用我們的實踐理性建構出合理的正義理論，並寄望這套理論一方面能充分解釋與契合我們許多深思熟慮的道德判斷和情感，另一方面可藉這套理論逐步建設起一個有序的公正社會。

但問題是在我們活著的現實世界，雖然絕大部份人不是徹底的自利主義者，且都會有相當程度的正義感，但正義感只是人的眾多動機之一，人們還有許多關乎一己利益的追求，這些追求往往和正義的要求有張力。而我們在具體處境中如何行動，也在相當大程度上受到制度以及制度中其他人的所作所為影響。如果社會存在巨大不公，同時身邊其他人也早已慣於漠視甚至違反正義，那麼對任何個體來說，如何能夠一以貫之地踐行正義，便是極大的挑戰。

所以，當羅爾斯邀請我們進入無知之幕時，他不能假定人們會自然而然接受他對平等和公平的理解，然後自然而然進入他所想像的那種理想的契約狀態，而需要提出理由，說服人們為甚麼應該站在正義的觀點看政治。[5] 這裏的「說服」，不是要將一個自利者轉化成道德人，而是通過對政治道德更深入的理解，幫助我們認識到正義為甚麼對我們如此重要。也就是說，這是一種道德人對自身的道德信念的後設反思。

三

首先，羅爾斯告訴我們，當我們思考正義問題時，必須將焦點放在社會的基本結構（basic structure），即界定和規範一個政治社群的基本制度，例如政治上的議會制、民主選舉和人權保障，法律上的司法獨立和司法覆核，經濟上的市場機制和私有財產制，社會上的機會平等和婚姻制度等。[6]

社會基本結構有兩個重要特點。第一，我們一出生便活在國家制度之中，同時被要求無條件地服從它的指令。我們既沒有不活在制度中的自由，也沒有不服從制度的自由。制度加諸於人的強制性，是我們生而作為社會存有必須意識到的現實。正如盧梭所言，我們生而自由，卻無處不在制度的約束當中。但約束本身並不必然為惡，只要這些約束具有道德上的正當性。[7]

第二，制度對每個人生命的影響極為深遠。我們享有多少自由，擁有甚麼權利，接受怎樣的教育，應得多少收入，能否受到法律公正對待，很大程度上都是制度的結果，並直接影響我們活得好不好。如果信仰是生命安頓的基礎，在一個沒有信仰自由的社會，我們的生命遂難以安頓；如果良好教育是發展人的理性能力與道德能力的必要條件，那麼在一個缺乏教育機會且同時缺乏思想學術自由的制度內，人們的潛能將難以健全發展；如果健康對每個人皆極為重要，醫療完全商品化將令那些沒能力支付昂貴費用的人活在無助痛苦之中。由此可見，制度和個人福祉直接相關。

既然制度無可避免且必然以這樣或那樣的方式影響我們的生命，那麼我們這些活在其中的人，就完全有正當的權利問：「這個制度能公正地對待每個人嗎？這個制度憑甚麼可以統治我們？」這個正義之問是人的基本權利，也是自由主義的精髓所在，我姑且稱其為「要求正義的權利」(right to demand justice)。這個權利意味著，任何國家強制性權力的正當行使，均有責任提出理由，公開回應自由平等的公民提出的正義之問。這些理由未必合理，也未必令所有人滿意，但國家有責任向公民作出這樣的承諾：所有的制度及其執行，必須以公正對待每個公民為最高準則。如果受到質疑，國家有責任提出理由，好好為自己的法律和政策辯護。我認為，這個道德要求是「正義作為社會制度的首要德性」的前提，甚至是政治哲學思考的起點。

這個權利有重大的道德意涵。第一，國家權力的主體，是人民，是實實在在獨立的公民。我們不是臣民，只能被動地受人統治支配，而是享有政治發言權和參與權，並且可以要求問責政府的道德主體。第二，充分尊重這個權利的社會，將是相當公開透明且享有高度正當性的社會，因為我們可以通過公共說理和公平程序來解決爭端和進行集體決策。第三，一個重視正義之問的國家，會讓我們感受到國家對人的尊重，因為它不是不問理由地強加其意志於我們身上，也不能動不動便以集體利益之名犧牲個人權利，而是需要認真回答每個公民提出的合理質疑。在說理過程中，公民會覺得自己是目的自身，而不僅僅是他人的手段。

由此可見，羅爾斯邀請所有人走進無知之幕去共商正義原則，本身就是肯定我們每個人都擁有要求正義的權利：不管我們的家庭出身，不管我們的階級背景，也不管我們的能力高低、樣貌美醜，我們作為道德人，就應享有站在正義的觀點去要求政治的權利。[8] 這當然是個政治理想。但這個理想是否只是一個烏托邦，關鍵之處在於我們是否願意如此理解自己，並對政治有這樣的道德要求。

四

有人或許會說，如果我在目前的不公制度中享有各種好處，但進入無知之幕卻意味著我要和他人在平等基礎上重新商量新的遊戲規則，而這對我極為不利，那我為何還要在乎這個要求正義之權？回答這類質疑，可有幾種方法。第一種是直接了當地說，既然你已承認現時制度是不義的，那麼根本就沒有任何正當理由去為之辯護。第二種回應則是，雖然你目前享有不少好處，難保他日你也有機會受到不公對待，所以為了長遠自保計，我們應該放下短暫利益而考慮正義。

這裏我嘗試提出第三種回應：沒錯，活在現有的不公體制，既得利益者的確會得到許多別人沒法得到的好處，但他們卻沒有意識到，只有活在一個公正或接近公正的社會，我們才有機會享有和實現一些更重要的價值。基本思路是這樣：這個世界有許多重要的好，是你必須進入某種道德關係才能得到的；但要進入這種關係，你必須先成為一個道德人；而要完整地發展成那樣的人，我們需要一個公正的社會制度和文化環境。換言之，長期活在一個不公正的社會，那些既得利益者看似沒有任何損失，那只是因為他們誤以為他們已見到世間所有的好同時已經得到那些好，卻沒想到在一個不公正社會中活著一個不公正的人生，其實是生命的一種缺陷。

讓我舉個很平常的例子：愛。我想所有人都會同意，愛是極重要的價值。沒有愛的人生，難言美好。愛是一種人與人的關係。我們珍惜這種關係，因為在愛之中我們體會到一些重要價值，例如付出、信任、關懷、尊重、忠誠、犧牲與互相扶持。這種關係，是一種道德關係。我們要進入這種關係並充分實現這些價值，我們必須先令自己成為有能力去愛的人。一個自利主義者是很難進入這種關係的，因為在他眼中，別人都只是滿足他自身利益的工具。他有時或許為了得到其所欲而表現出假意的愛，但他卻永遠不會毫無保留地對他人付出、信任和關懷。但人要有這樣的情感和發展出這樣的關係，卻和我們活在怎樣的制度息息相關。試想像，在一個叢林法則主導的、沒有公正可言的社會，每個人都視他人為潛在敵人，每個人都活在惶恐不安當中，人與人之間便難以建立真正的愛的關係。

同樣道理，在貧富極度懸殊、階級極度對立的社會，受苦的不僅僅是窮人，富人同樣身受其害，因為窮人會對富人充滿怨恨憤怒，富人則恆常感到不安恐懼。人們開始不再信賴規則和權威，並發起各種形式的抵制，社群也變得撕裂和不穩定，難言和諧與團結。如果富人仍然有一定的正義感，他也難以心安理得地面對朝夕相處的同胞，因為他無法向自己和他人交代自己的所得都是道德上正當的，因而良心上有所虧欠。在屬於自己的社群活得堂堂正正和心安理得，是人極深的道德心理需要。所以，在這種處境，沒有人可以真正活得好。

五

最後，讓我們來思考一下「平等」這個教人又愛又恨的價值。有人認為，平等骨子裏是出於弱者對強者的妒忌，強者是不會追求平等的。有人更認為，人的自然能力一生下來就不一樣，而由這些「不一樣」導致的政治權利、社會地位和經濟收入的不平等，是自然的，因而是合理的。如果有人以正義之名強行矯正這些不平等，那便是對強者不公平。按此思路，強者是沒有理由進入無知之幕的，因為無知之幕正是要求將人的這些自然差異暫時擱置起來。

自然能力的不平等當然是事實，但這一事實本身導致的種種政經不平等是否公正，卻需要道德論證來支持，否則我們就等於接受「有權就有理」的邏輯了。不過，這並非本文關心所在。我在這裏要問的是：活在一個每個人的人格和權利受到平等尊重的社會，對強者來說，必然利益受損嗎？

我認為並非如此，因為平等尊重本身就是一種重要的好。在這樣的道德關係中，我們尊重他人同時得到他人相同的尊重。這份對等的尊重，不是建基於權力和金錢，不是建基於種種外在競爭，而是建基於我們共享的道德人格和公民身份。在這份平等尊重下建立起來的社會，我們會感受到一份踏實的、不假外求的做人的尊嚴。這份尊嚴感對我們每個人都無比重要，同時讓我們深切體會到，在最深的道德意義上，我們「活在一起」。活在一起並不意味著我們要抹平所有差異，也不意味著我們喪失各自的獨立性，而是意味著我們活在同一個道德社群，願意肯定彼此的道德人格，並願意以一種平等相待的方式一起生活，並分擔彼此的命運。我相信這樣的公共生活，對每個人都是重要的好。

在我們今天活著的世界，對於甚麼是生命中的好，許多人往往將其理解為個人欲望的滿足，而這些欲望往往又被認為可完全獨立於道德來界定，因而必然和道德產生割裂和對立。但從上述例子，大家應可以看到，一個真正美好的人生，往往需要在一個公正的社會，實現人的潛能，找到自己的理想，建立起種種道德關係，並在這些關係中真實體會和實踐內在於這些關係的好。一旦我們具備這種視野，正義的觀點便不再是可有可無，更不是外力強加於己身的負擔，而是和我們活得好不好密不可分的構成要素。[9]

簡單總結一下。我在本章嘗試論證，我們之所以視正義為社會制度的首要德性，背後有個重要預設，就是我們作為自由平等的個體，對於國家有一個要求正義的權利。這個權利，從自由主義的觀點看，構成了思考政治道德的前提。我繼而指出，在一種恰當的對於人類福祉 (human well-being) 的理解下，肯定這種權利並努力使得我們的制度儘量變得公正，對每個活在其中的個體均極為重要。也就是說，在一個極為不公的社會，沒有人可以獨善其身且能夠活出完整的良善人生。

注釋

1 John Rawls, *A Theory of Justice* (Cambridge, Mass.: Harvard University Press, revised edition, 1999), p. 3.

2 Ibid., p. 66.

3 英文中的liberalism和libertarianism，其實是兩種不同且彼此針鋒相對的理論，但在中文中卻同譯為「自由主義」，因而帶來許多混亂誤解。在本書中，我會將前者譯為「自由主義」或「自由主義左翼」，後者譯為「放任自由主義」或「市場自由主義」。至於這兩種理論的分歧何在，本書其他部份會有更深入討論。

4 Rawls, *A Theory of Justice*, p. 514.

5 羅爾斯似乎不是充分意識到這個問題的重要性，因為他假定他是在一種「理想理論」(ideal theory) 的狀態中展開他的論證，即每個人都有充分的正義感按正義原則行事，並完全服從正義的要求。Rawls, *A Theory of Justice*, pp. 7–8.

6 Rawls, *A Theory of Justice*, pp. 6–7.

7 Jean-Jacques Rousseau, *The Social Contract and the Discourses*, trans. G. D. H. Cole (London: Everyman's Library, 1993), p. 181.

8 當然，擁有這個要求正義的權利，和正義原則的實質內容是甚麼，是兩個不同的問題。也就是說，不同的正義理論可以同時接受前者，但對於何謂正義卻可以有極為不同的見解。本章的目的，不是要證成某套特定的正義理論，而是論證我們為甚麼有權站在道德的觀點去要求政治。

9 這並不表示，正義與人的自利追求之間的張力因此便會消失，也不表示當兩者有衝突時，前者必然具有優先性。我這裏只是指出，如果正義可以被恰當地理解為一種道德意義上的好，我們便有更充分的理由去支持要求正義的權利。

二　自由之於幸福

5. 自由的價值

現代民主社會最重要的特徵，除了普及而平等的代議選舉，還有就是通過憲法保障公民享有一系列的基本自由。這些自由包括人身和信仰自由，言論思想及出版自由，集會遊行結社和組黨的自由，以及廣泛的選擇一個人生活方式的自由。這些基本自由，往往也被視為公民應享的基本權利。在這樣的以個人權利為本的社會，在不損害他人同樣權利的情況下，公民可以根據自己的意願做出不同選擇，包括自己的宗教信仰、政治立場和人生觀。

但視基本自由為最高的政治價值，並要求國家以保障個人權利為最高職責，是中國政治傳統從來沒有過的事。即使去到今天，中國思想界仍然有許多人不願意接受這種以自由為本的政治秩序。例如有人會認為，自由會帶來失序和縱欲，因為大部份老百姓並沒有能力為自己做出正確的選擇。真正好的政治，是賢人精英政治，由這些能人像家長一樣照顧好每個人的生活。又例如有人認為過多的自由會衝擊傳統、鼓吹自利、導致價值虛無和影響社會穩定，所以萬萬要不得。甚至有人乾脆認為，自由人權這些觀念，是西方基督教文化的特定產物，根本和中國傳統格格不入，因此先天地不適合中國。

我認為以上這些質疑都不能成立。但要為自由辯護，我們就有必要將自由的意涵及其價值好好言說清楚，從而彰顯出它對我們每一個體以及對整個政治秩序的價值。在本章及接下來的幾章中，我將集中探討這些問題。[1]

一

甚麼是自由？最簡單地說，自由作為一種政治價值，就是一個人能免於限制去做自己真正想做的事。自由的反面，是通過暴力、奴役、屈從、恐懼，以及種種有形無形和內在外在的手段，限制人的意志和行動，使得人無法實現自己的欲望和目標。爭取自由，就是爭取將人從種種不合理的桎梏中解放出來。

世間有形形色色的束縛，相應就有形形色色的自由。所以，自由（liberties）是個複數，不是單數。思想言論的自由，和隨便闖紅燈或吸煙的自由，雖然都是免於某些限制，但卻是不同性質的自由，不能隨意將它們作出簡單的類比或量上的加減。例如我們不會說，一個社會雖然沒有思想和新聞自由，但卻因為可以隨地吐痰拋垃圾，所以整體來說還是自由的。不是所有自由都同樣值得追求，也不是所有限制都是本質上不好。人既然要活在一起，自然得接受一些約束——只要這些約束合理且必要。因此，一個自由的社會，絕非指人人可以為所欲為，而是指這個社會能夠透過制度，保障每個公民享有某些根本而重要的基本自由（basic liberties）。[2]

如果我們留意聯合國的《世界人權宣言》和許多國家的憲法，這張自由清單往往包括人身自由和免於任意拘禁虐待的自由、思想言論和新聞自由、良心和信仰自由、集會結社和參與政治的自由，以及遷徙、擇業和擁有個人財產的自由。我們判斷一個國家是否自由國家，主要看這些被憲法視為基本權利的自由，能否落實並且受到充分保障。這些自由絕非可有可無，更不容任意犧牲，因為它們是國家的基石。我們也應留意，當我們享有這些權利的同時，也有相應的義務尊重其他公民享有同樣的自由。

二

為甚麼基本自由如此重要？這可以有許多不同理由。我這裏只談幾個方面。首先，有的自由是和人的生存狀態密切相關的，例如人身自由。試想像，如果有這樣一個國度，個體隨時會因政治觀點不同而被恐嚇被拘禁被奴役，隨時因宗教信仰不同而被羞辱被歧視被消失，那麼人就活在一個完全沒有安全感和沒有尊嚴的境況。沒有人可以為這些行為辯護，因為它們都是對個體直接的傷害，是客觀的惡。最基本的人身自由，是所有政治理論的共同底線，無關派別。沒有這條底線，人類就活在黑暗當中。

再談信仰和思想自由。或許有人說，既然明知掌權者不喜歡你有異於正統的政治觀和宗教觀，那你何必要爭這些自由？何不從這些領域撤退，然後享受那吃喝玩樂的自由？原因很簡單，因為這些領域對作為人類的我們而言不可或缺。如果從信仰撤退，即意味著將生之意義、死之歸宿、靈魂之安頓這些根本的人生問題從我們的生命切割出去；如果從政治撤退，即意味著我們放棄做亞里士多德所說的政治動物，不再通過參與公共事務實踐人之為人最值得珍惜的理性能力和道德能力；如果從思想撤退，即意味著我們放棄獨立思考。

這些領域絕非可有可無，因為人只能在這些活動中實現自己。人的生命像一棵樹，要長得健康茁壯，能力、情感、信念就必須在不同領域得到充分開展實現，並在過程中建立自我，獲得認同，並看到生命的種種可能。一個從來沒有機會參與政治的人，將永遠無法體會甚麼是集體自治，永遠不會意識到加諸其身的種種枷鎖絕非自有永有和不可改變。一個從來沒有機會獻身信仰的人，也很難在吃喝拉撒之外體悟到生命神聖敬畏的一面。愈多有助人類能力發展的領域受到限制，人就活得愈不完整。

這種缺失，不僅僅是對某一個體的傷害，而是對整個政治社群的傷害。因為當這些重要領域的大門一一關上，活在其中的人，久而久之，就會以為這些領域根本不存在，更加無從想像自己有實現這些活動的能力。難道不是這樣嗎？二千年來活在皇權統治下的國人，無論多麼聰明，就幾乎從來沒有人想像過，那個叫「皇帝」的統治者，其實可以由我們來選並由我們來換。更悲哀的是，因為我們從來沒有機會選，也就難以理解那種自由對我們到底有多大意義。我們甚至尋找種種理由說服自己，那些自由根本不屬於我們或根本不值得追求。我們遂活在一個不完整的世界，卻以為過得很好。

三

或許有人會說，不是這些領域不重要。恰恰相反，正正因為政治關乎國之興亡，信仰關乎靈魂之安頓，所以才不應給人自由。因為大多數普通人，本質上都是懦弱、自私、偏見、短視、非理性的。給予他們選擇，只會害了自身，傷了集體。所以國家有責任像家長那樣好好照顧他們，為他們做好每個決定。而管理國家的，自然是一群大公無私、為國為民的頂級精英。

這裏帶出一個根本問題：選擇，為甚麼對人如此重要？很簡單，因為我們想做自己的主人，並由自己去譜寫自己的人生。問題的關鍵，不在於那些所謂精英並非真正的精英，也不在於我的選擇必然最好，而在於我的生命屬於我，我有自己的思想和判斷，因此可以作出理性選擇並為之負責。選擇自己想走的路，活出自己的人生，是現代人最深的渴求。要滿足這種渴求，我們就必須有權為自己做決定。家長制最大的惡，在於它貶低和否定了人的自主性(autonomy)。

對自主的重視，體現在我們生活的方方面面。例如我們要求自由選擇自己的職業、婚姻、信仰和人生道路，甚至自己喜歡的政黨和政府。我們也發覺，在大多數情況下，我們總是較他人更加知道自己想要甚麼。即使我們有時錯了，只要有自由，我們仍然可以修改甚至放棄原來的決定。人總是在一次又一次選擇中學習，學習作出好的和對的決定。更重要的是，我們不僅在乎結果，也在乎選擇本身。選擇的過程，其實就是在實現人的理性能力和道德能力，並讓自己真切感受到，自己有能力去建構、追求和實現自己的人生計劃，並且為自己的生命賦予意義。

這是一種自由人的意識。我們這種意識愈強，就愈不接受別人強加其意志於我們身上，愈不接受極權專制，愈加相信自己有權利去參與和決定關乎一己和關乎公益的公共事務。它們的合理性，直接源於我們對生命、對世界和對歷史的真實感受及理性認知。人的尊嚴基於此，自由和民主之所以可貴，其理也在此。

四

討論至此，我們應可見到，基本自由之所以可貴，最主要的理由是這些自由乃實現個人自主的必要前提。而我們如此重視自主，則因為它是活出美好人生的重要條件。我們由此推出這樣的政治理想：一個公正的社會，必須使活在其中的每個人，有能力和有機會過上獨立自主的生活。這個理想，除了要求政府保障公民的基本自由，還有更深的政治含意。這包括：

在政治上，我們應該追求人人平等和集體自治的民主制度。我們可以訴諸不同理由來為民主辯護，但最重要的一點，是民主體現了這樣的信念：國家的權力來自人民。每個公民，不論男女種族膚色信仰貧富，都是國家的主人，都應享有平等的權利去參與和決定國家的未來。這是自主精神在公共領域的體現。這種精神的價值，並非基於民主會帶來甚麼好的後果，而是直接出於對人的尊重，尊重共同體中的每個成員都是理性的道德主體。

在教育上，我們應該致力培養學生成為有獨立思考、有判斷力和有主見的人。欠缺這些能力，即使我們擁有選擇的自由，也不一定能作出好的和對的決定。尤其在面對生命中的重要抉擇時，我們往往需要對自己有深入認識，對眼前不同選項的重要性作出評價，對如何有效實現這些選項作出理性估量，甚至要將這些選項放在更寬廣的意義脈絡來理解，我們才有可能作出合理正確的決定。填鴨式和洗腦式教育的最大之惡，是壓制人的自由意識，阻礙自主能力的健康發展。未經反思的人生之所以不值得過，是因為那不是你經過深思熟慮且真心認可的人生。

在經濟上，我們應該盡可能透過資源分配及社會福利，保證公民享有充足的物質條件，過上自主的生活。重視個人自主並不意味著要無條件擁護市場，因為無約束的市場必然導致巨大的貧富差距，從而導致許多窮人只能在生存邊緣掙扎，令自由自主成為天方夜譚。但我們並不因此便要求結果平等，一來這樣很可能令人們失去工作意欲，導致社會生產力創造力下降；二來可能會使那些選擇努力工作的人補貼那些選擇生活懶散的人。平等的分配，不等於公平的分配。

在文化上，我們應該致力創造和維持一個多元異質、豐富開放的文化環境。如果我們相信人性多元，每個人都會因應自己的能力、性格、喜好而作出不同選擇，那麼多元就是自主的必要條件。如果一個社會只容許一個政黨、一種宗教、一類聲音，那麼人的個性就無從發展，更談不上有真正的選擇。但我們也要小心，文化市場一如經濟市場，一樣會有壟斷和種種分配不公平，並導致許多有價值的生活方式被邊緣化和被異化。所以，我們不要迷信市場萬能，並以為政府在任何情況下都必須保持中立。

以上所述，大略勾勒出一幅我所理解的自由人的平等政治。這樣的社會，絕對不是將自由和平等、市場和正義對立起來。恰恰相反，基於對個人自主的尊重，我們主張追求平等的自由權利，民主法治的憲政，重視人的個性發展的全人教育，公平合理的社會分配，多元開放的文化生活。或許有人問，這樣的立場，到底是屬於左派還是右派？也許這並不重要。重要的是，這樣的自由社會，值得我們嚮往和值得我們為之努力嗎？這才最值得我們關心。

注釋

1 至於自由和金錢及私有財產權的討論，會留待本書第四部份作專門探討。而這部份的每一章，都是嘗試從不同的面向，來探討自由的意涵及其價值。

2 「基本自由」的想法，可參考John Rawls, *A Theory of Justice* (Cambridge, Mass.: Harvard University Press, revised edition, 1999), p. 53. 這裏我們須留意，基本自由作為一種政治價值，與自由作為一種免於外在束縛的中性描述，兩者有根本的不同，前者是道德判斷，需要實質的道德理由支持。所以，當我們說要追求自由或視自由為核心價值時，通常是指追求某種特定的得到合理證成的自由，而非泛指所有不受干預的自由狀態都是好的。

6. 消極自由的基礎

在當代中國自由主義論爭中，伯林 (Isaiah Berlin) 的〈兩種自由的概念〉影響深遠。[1] 在這篇被譽為二十世紀最重要的政治哲學論文中，伯林提出了兩個著名的命題。一，將自由區分為消極自由和積極自由，並認為自由主義應該支持前者而小心後者，因為在某些情況下，積極自由很容易導致極權主義。二，消極自由的基礎，在於價值多元論。由於價值本質上多元且無法用單一的標準作量化的比較和排序，價值衝突於是不可避免，選擇遂變得必要和重要。就我觀察，這兩個命題，深刻地影響了中國知識界對自由主義的想像，並成為理解和評價自由主義的起點。

問題是，伯林的命題能成立嗎？我認為不能。第一，離開積極自由，消極自由將難以得到恰當的理解和證成。第二，價值多元論本身並不足以為自由的優先性提供道德支持。最後，這兩個批評指向一個更深層的問題，即伯林的自由觀缺乏一套有關自由人的主體論述。缺乏這樣的論述，自由即有無根之虞。

一

根據伯林的定義，所謂消極自由，指的是一個人免受外在人為干預而行動的自由。換言之，一個人受到的束縛愈少，活動的空間愈大，他便愈自由。這些束縛可以是他人對我們身體的干涉，也可以是國家法律對我們的限制。一個被關在牢房或被政府禁止發表意見的人，自然失去了行動和言論自由。這裏的「消極」(negative)並沒有任何道德上負面之意，而是指一個人的自由狀態，純粹以他受到多少外在干預來界定，判斷的標準是有沒有人為的障礙擋著他的去路，有多少道門為他打開以及這些門開得多寬，而和他作為一個行動主體的特質、目的、利益、能力、欲望及自我實現等沒有關係。這個定義簡單易明，似乎也很符合我們的日常用法。但我們不能停在這裏，而必須繼續追問三個問題：哪方面的自由？這些自由為何重要？誰的自由？這是所有自由理論都須回答的問題。我這裏集中探討前面兩個問題。

當我們說自由是一種重要價值時，我們不可能說，所有免於外在約束的狀態都是好的。如果是這樣，最自由的狀態，理應是無政府狀態，因為國家從我們出生起，就已經通過法律和其他方式，對我們的生活作出各種強制性限制。如果我們不服從，便會受到懲罰。但我想大部份人都會同意，為了使我們能夠和平合理地生活在一起，其中的許多約束是必要的，例如我們不能自由持有和買賣槍械，不能不喜歡交稅時便逃稅。即使最自由的國度，人們的生活依然受到種種約束。我們不能簡單地視這些約束為必然之惡，又或不得已的妥協，因為在社會合作中，許多約束本身是合理的。所以，伯林將自由定義為人為約束的闕如，然後認為所有這些闕如都是好的，其實並不成立，也不應是自由主義的立場。[2]

與此同時，我們也不能將國家和法律視為自由的必然敵人。如果自由是一種政治價值，那麼就必須預設我們已活在某種制度之中，因為這些自由的內涵和界限，都是由制度界定並給予保障。許多國家的憲法，開宗明義清楚羅列公民享有甚麼權利和自由，正是明證。在古典自由主義傳統中，常常有將自由和國家對立起來的傾向，以為國家的盡頭才是自由的開始，甚至認為市場是獨立於國家制度之外的東西。這其實是概念混亂。市場可做甚麼不可做甚麼，公私領域的邊界如何界定，個體可以享有多少公民和政治權利，本身就是制度的一部份。離開制度，政治自由將無從談起。[3]

二

有了以上討論，我們當明白伯林談自由時，他不能只提供一個對於消極自由的形式定義，然後主張所有自由都值得追求。嚴格來說，這樣的定義本身並不承載任何政治價值。他必須進一步告訴我們，在這個定義之下，哪些特定的消極自由是重要的。[4] 伯林似乎並沒意識到此問題的重要性。但如果我們追問，我相信他必然會說，他所指的是自由社會中最為珍視的公民和政治自由，包括言論和思想自由，良心和信仰自由，集會和結社自由，以及在社會生活中最低限度的個人選擇自由。[5] 這些自由為何如此重要？這牽涉到價值評價。伯林需要論證，為甚麼在某些特定領域，國家不應干預個體的行動，並尊重他們的選擇。很明顯，這不再是定義問題，而牽涉到實質的道德理由。

伯林指出，在自由主義傳統中，有不同學說為自由辯護，包括自然法和自然權利、效益主義、社會契約論、康德和穆勒的政治哲學等。儘管這些學說觀點各有不同，但他們的論證最後都會對甚麼構成「人性的本質」有個說法，並認為一個社會如果不能容許一個最低度的個人自由的領域，便必將「矮化又或否定我們的本性」。也就是說，個人自由是保證人性得到正常發展的必要條件。伯林清楚意識到，要為自由辯護，離不開自由主義對人的特定理解。既如此，那甚麼是伯林的人性觀？教人意外的是，伯林對此並沒有給出進一步的說明和論證。他最後訴諸的，是有名的價值多元論（value pluralism）。以下這段原文十分重要，我先將它翻譯出來：

> 我們在日常經驗中遭逢的世界，總是得在同樣終極的目標和同樣絕對的訴求之間作出抉擇，實現了其中某些的同時卻又不得不犧牲另一些。事實上，正正由於人類這樣的處境，人們才賦予選擇自由那麼大的價值；試想像，如果他們獲得保證，在人世間某種可實現的完美狀態下，所有他們追求的目標永遠不會有衝突的可能，那麼抉擇的必然與痛苦必將不再，選擇自由的重要性亦將不再。[6]

伯林在這裏是要論證選擇自由為何如此重要。他認為，人類的價值和目標是多元的，而且這些價值和目標不一定彼此相容，甚至難以用同一把尺來做比較衡量，因此在諸多目標中作出抉擇以及承受隨之而來的犧牲，是人類永恆面對的處境。如果我們承認這個事實，我們便應該給予個體選擇的自由——即使自由不是唯一也非最高的價值。唯有這樣，我們才能更真實地面對人性，更人道地尊重每個個體的決定。換言之，由於價值本質多元，是故選擇自由必須。自由的必要和重要，並不繫於選擇的主體，而繫於價值多元且無法得到調和統一這個事實。

三

現在的問題是，價值多元論真的能夠直接推導出選擇自由的重要嗎？我對此甚有保留。首先，設想在我前面有A和B兩個選項，它們同樣終極且無法加以比較，而我只能二擇其一。在此情況下，我該如何決定？根據伯林的思路，因為沒有共同比較的尺度，我根本沒法在兩者之間作出理性評價並排出高低，因此選A或選B並無實質分別，我甚至可用擲毫來決定。

問題是這樣一來，選擇的意義何在？我們平時之所以認為選擇重要，其中一個重要原因，是因為相信選擇有助我們找到好的和對的答案。如果我一開始便知道這樣的答案並不存在，那麼由我來選或是由別人來為我選，似乎沒有甚麼分別。也就是說，多元論如果為真，非此即彼式的選擇或許變得無可避免，但伯林卻沒有告訴我們，這種選擇的價值在哪裏，以及為甚麼這樣的選擇自由必須交到每個人手上。

其次，伯林論證的另一面，是認為如果多元論為假，則選擇自由失去價值。實情未必如此。試想像在一個相當封閉的政教合一的社會，某種宗教支配了人們生活的每個環節，也成為人們做各種決定的標準。在這樣一個人們普遍相信一元論的社會，我們仍有理由支持選擇自由嗎？我認為有。正如洛克在《論宗教寬容》一書所說，真正的信仰必須得到人們真心的認可。[7] 如果我的信仰不是由我自己選擇，無論它本身有多好，對我的生命也不會產生作用。因此，選擇自由的重要性和多元論並沒有必然的內在關係。

最後，多元論不僅不能支持自由的優先性，甚至會令伯林陷入兩難。例如一個非自由主義者大可以對伯林說，我完全同意你的多元論，但既然自由只是眾多價值之一，且和其他價值不相容，而在今天的中國，國家安全、社會穩定和民族復興等都較個人自由來得重要，所以為了這些目標而犧牲部份自由（或部份人的自由）是完全合理和必要的。伯林可以如何反駁？他當然不能訴諸價值多元論，因為這個結論正是從多元論的邏輯中推導出來的，更何況伯林自己也承認，多元論本身並沒足夠的道德資源支持自由的優先性。[8] 一如康德、穆勒或羅爾斯那樣，伯林唯一可以做的，是提出實質的道德理據，論證個人自由為甚麼較這些集體目標更為重要。但伯林為甚麼不願走出這一步？

且讓我們先放下多元論，回到最基本的問題：為甚麼我們如此在乎選擇自由？再具體一點，為甚麼我們如此在乎我們要有選擇自己的信仰和生活方式的自由，甚至視之為我們的基本權利？

我相信，如果認真追問下去，我們大抵會接受以下的想法。第一，我是獨立的個體，我的生命是我的，不是別人的。第二，我希望活好自己的人生，不想一生白活。第三，要活好自己的人生，有許多條件。其中很重要的一點，是要找到既有價值同時又適合自己的信仰和人生目標，然後努力將它們實現，這三者缺一不可。第四，要知道甚麼是有價值且又適合自己的生活，我們需要在不同選項中有個認識、比較、試錯和選擇的過程。我們如此在乎選擇，恰恰是因為我們相信這些人生選項有真假好壞對錯可言，而不只是個人的主觀口味。所以，我們需要一個盡可能自由的環境，容許個體在其中善用自己的理性能力，為自己的福祉作出明智決定。第五，即使我在當下做了一個深思熟慮的決定，我卻同時知道自己有機會犯錯，又或在將來某一刻會改變初衷。所以，我希望自由選擇的環境能夠一直存在。

有人或會馬上說，既然你承認人有機會犯錯，如果有一些人較你更聰明更有經驗更有德性，因此看得更清楚，為甚麼不可以讓這些權威來幫你做決定？我當然不能說，因為在任何情況下我都較別人更知道甚麼對自己最好，又或聲稱凡是我選擇的就是對的。事實不可能是這樣。我也不能說，長遠而言，容許個體有更多選擇必然會為整體社會帶來最大好處，沒有人可以做這樣的保證。

於是，問題變得更加尖銳：在各種知識、宗教、道德和政治權威面前，為甚麼我們仍然堅持給予個體選擇的自由？一定程度的家長制，難道不是對個人和社會更好嗎？畢竟在許多時候，人是軟弱、無知、短視和非理性的。我認為，在自由主義傳統中，最強的回應這個質疑的理由是：我們要尊重個體。尊重個體甚麼呢？尊重個體是獨立自主，有自由意志，可以做選擇並為自己的決定負責的理性存有。用穆勒在《論自由》中的話，我們可以用理由來勸導和說服那些和我們觀點不同的人，但只要這些人的行動沒有傷害別人，我們便不應該強迫他們做自己不願意做的事。在關乎一己的事務上，個體是自己身體和意志的最高主權者。[9]

換言之，捍衛自由的背後，有著現代人最深的道德信念：我們視自己為自主的自由人，並希望在最大程度上做自己的主人。我們渴望活出自己的人生，而不是活著別人為我們安排的人生。我要走的路，不一定就是最好的路，不一定將來不會後悔，但因為這是我自己選的我遂實實在在感受到我的生命掌握在自己手中。這就是我所說的自由人的主體論述。沒有這樣一種自我理解，我們便難以理解也難以論證，為甚麼選擇和行動的自由在現代社會成為如斯重要的政治價值。

四

既然如此，為甚麼伯林不願意接受這樣的論證？因為這種對人的理解，正正是他所定義的積極自由的要旨所在。看看伯林自己怎麼說：「『自由』這個詞的『積極』意義，來自於個體渴望成為自己的主人這部份。我渴望我的生命和種種決定完全由我來做，而不是任何外在力量。我渴望是自己意志行動的工具，而不是他人的手段。我渴望自己是主體，而不是客體。」[10] 簡言之，積極自由要回答的問題是：誰是主人？只有當一個人完全自主地支配自己的生活時，他才享有真正的積極自由。如果是這樣，承接上面的討論，我們之所以那麼重視消極自由，之所以那麼希望擁有一片不受外在干預的空間，正是因為我們渴望做自己的主人，渴望過上自主的生活。也就是說，積極自由才是消極自由的基礎，而非價值多元論。

伯林不是沒有意識到，消極自由和積極自由的緊密聯繫。只是他從他的思想史研究中得出一個結論，就是認為西方在價值一元論的傳統下，本來主張自我主宰的積極自由，受唯心論和理性主義的影響，最後很容易會墮陷到它的反面，成為形形色色的集體主義和專制主義強制個人自由的藉口。為了避免這種情況，伯林遂努力將消極自由和積極自由作徹底切割，並另覓他途去為消極自由找基礎。

伯林於1958年發表此文時，正值二戰結束不久及東西冷戰時期，所以有很強的時代憂思和特別針對性，但我並不認為伯林的論證是成功的。一來伯林所說的積極自由的墮陷，並沒有哲學上的必然性。通過觀念的釐清和制度的確立，個人自主的理念完全可以為公民自由和政治權利提供合理的支持。[11] 二來這種切割將令自由主義承受很大的理論代價，因為它壓抑甚至放棄了承載和支撐消極自由的自由人主體。沒有這個以個人自主為核心的主體，消極自由將變得無根，更很易被批評者視為是對價值主觀主義、相對主義乃至虛無主義的認同。反思伯林，並思考如何回應這些挑戰，是中國的自由主義必須面對的問題。

注釋

1 Isaiah Berlin, "Two Concepts of Liberty," in *Liberty*, ed. Henry Hardy (New York: Oxford University Press, 2002), pp. 166–217. 這篇文章最初發表於1958年，是伯林擔任牛津的齊契利 (Chichele) 社會及政治理論講座教授的就職講辭。

2 原文："One is that all coercion is, in so far as it frustrates human desires, *bad as such*, although it may have to be applied to prevent other, greater evils; while non-interference, which is the opposite of coercion, is *good as such*, although it is not the only good. This is the 'negative' conception of liberty in its classical form." 中譯：「一種觀點認為，所有的強制，只要它壓制了人的欲望，*本身就是不好的*，儘管它可能被用來阻止其他更大的惡；與此同時，不作干預——也即強制的反面——*本身就是好的*，雖然它不是唯一的好。這是『消極』自由的概念的古典形式。」*Liberty*, p. 175, 斜體為我所加。

3 當然，這並不表示所有制度都能同樣合理地保障我們的自由。我這裏是說，就概念而言，法律一方面會約束了我們的自由，另一方面也保障了我們的自由。

4 泰勒對於這點有很好的分析。Charles Taylor, "What's Wrong with Negative Liberty," in *Philosophy and the Human Sciences: Philosophical Papers 2* (Cambridge: Cambridge University Press, 1985), pp. 211–229.

5 羅爾斯稱這些自由為基本自由 (basic liberties)。羅爾斯又認為，要證成這些基本自由之所以基本，必須扣緊人的道德能力的發展來談。John Rawls, *Political Liberalism* (New York: Columbia University Press, expanded edition, 2005), Lecture VIII, pp. 289–371.

6 Berlin, *Liberty*, pp. 213–214.

7 洛克，《論宗教寬容》，吳雲貴譯 (北京：商務印書館，1996)。

8 Berlin, *Liberty*, pp. 214–215.

9 John Stuart Mill, *On Liberty and Other Writings*, ed. Stefan Collini (Cambridge: Cambridge University Press, 1989), p. 13.

10 Berlin, *Liberty*, p. 178.

11 Adam Swift對此有很精彩的分析。*Political Philosophy: A Beginner's Guide for Students and Politicians* (Cambridge: Polity Press, second edition, 2006), pp. 77–87.

7. 選擇的重要

自由主義最基本的原則，是確保每個公民享有一系列基本自由去追求自己想過的生活。在這樣的社會，公民可以自由選擇自己的宗教信仰和生活方式，並對自己的選擇負責——只要這些選擇不傷害他人的權利或違反正義原則的要求。不少人認為，這是自由社會最大的好處，因為它容許每個人根據自己的性格喜好能力來活出自己的人生。這樣多元的社會，不僅對自己好，也對每個人好。

一

但自由主義這種制度安排，卻受到不少挑戰，尤其是文化及政治上的保守主義和精英主義。他們認為，自由主義之所以擁抱多元和自由，不是基於甚麼正面價值，而是因為它承認和接受，在關乎一己人生安頓的宗教、倫理和意義問題上，不可能有客觀的、人人接受的答案。於是自由主義唯一可做的，便是尊重人的主觀選擇，並在「人該怎樣生活」這個根本問題上保持中立。

批評者認為，自由主義在這裏，實際上接受了凡是個人選擇的，便是好的。個體的主觀喜好，成了價值判斷唯一的和最後的標準。但一旦承認這點，自由主義遂進一步滑入價值虛無主義之境，因為每個人的喜好不同，而即使同一個人的喜好也會因時因地而異。既然理性無法為選擇提供任何客觀判準，所謂生活的好與壞、高與低及對與錯，也就無從談起。政治生活的底線，遂只能調到最低：彼此尊重各自的選擇——只要這些選擇不傷害別人。這樣的底線，或許有助於和平共處，但卻絕對談不上高尚高遠。政治的目的，不再是實現人的至善本性或社群的共同利益，而只是滿足個人的主觀欲望。說得不好聽一點，這是墮落的政治。

批評者聲稱，自由主義強調的政教分離、公私領域二分、正當(right)優先於善好(good)，乃至國家對不同人生觀保持中立等，說到頭，背後其實是接受了價值虛無主義。自由主義作為現代性(modernity)的代表哲學，對虛無主義不僅不予抵抗，反以各種道德包裝暗裏承認其正當性，遂導致現代性危機。要徹底解決這場危機，便必須在理念上和實踐上拒斥自由主義。[1] 我認為，這種批評並不成立。以下我將從兩個方面來談。

二

首先，如果這種批評成立，批評者將會面對一些難以解釋的事實。我這裏集中談三點。第一，在真實生活中，極少人會是價值虛無主義者。我們從出生起，便活在道德社群之中，學會使用道德語言，和他人建立道德關係，並在生活中作出大大小小的道德判斷和道德行動。可以說，我們被拋擲成為道德人。而當我們在做道德判斷(尤其當這些判斷受到他人挑戰)時，我們必須提出辯護理由，證明自己的判斷是對的。這些理由，是我們所相信的價值。這些價值往往不是可有可無，而是我們為人處世及存在意義的基礎。它們在最深的意義上，界定我們的自我以及設定我們看世界的方式。

更重要的是，一旦我們進入這種有形或無形的道德對話，我們必須假定這些價值，原則上是對話者可以理解並能夠接受的。例如如果我相信思想自由是對的，奴役是錯的，專制是不好的，我就必須同時相信，支持我的判斷的理由，是別人可以看到並同時有理由接受的。我的信念可能會錯，但證明我為錯的，必須是更好的理由，而這些理由不能表述為純粹的個人喜好。沒有所謂限於一己的私人的道德理由，所有道德證成都有公共性的一面，而這和我們的道德語言及實踐理性的性質相關。也就是說，一個邏輯上一致的虛無主義者，不可能同時是個道德存有，因為他不能接受有任何跨主體的道德理由(或更廣義的價值理由)的存在。但事實上，我們絕大多數人都是道德存有，也理解和期許自己成為道德人。自由主義作為一套政治道德理論，自然也預設了人是具有理性能力和自由意志的道德能動者。因此，自由主義不可能接受虛無主義。

第二，如果自由主義真的直接導致了虛無主義，那麼在愈自由、愈多選擇的社會中，人們理應生活得愈失落，愈不在乎真假對錯，甚至道德愈敗壞。但實際情況並非如此。觀乎許多發展得已相當成熟，公民權利受到充分保障的自由民主社會，並沒有在道德、宗教、文化乃至生命安頓上，出現所謂虛無主義危機。恰恰相反，這些社會往往宗教發達，文化昌盛，民風良善，公民之間有很強的信任。倒是在我們這個不那麼自由沒甚麼民主的國度，自利主義、犬儒主義和叢林規則盛行，整個社會的道德規範陷於失序邊緣。那些以重建政治道德之名批判自由主義的人，當然不可能為這樣的國度辯護。既然如此，甚麼樣的制度安排，能較自由民主制更能實現他們的理想？這個問題似乎一直得不到很好的回應。

第三，我們都知道，自由主義有許多價值堅持，而且這些價值被廣泛視為普世性的，包括自由、平等、權利、民主、法治、寬容和社會公正。這些價值構成自由社會的基礎。如果自由主義接受虛無主義，它怎麼可以為這些價值辯護？這豈不是自相矛盾？有人或會說，那是因為自由主義將這些價值納入「正當」的領域，而其他價值屬於「好」的領域，前者客觀而後者主觀。這種說法毫無道理。如果虛無主義為真，那麼所有價值的客觀普遍性都將無從建立，而不會有所謂兩種領域的區分。既然自由主義聲稱它所主張的價值具有客觀普遍性，那它自然不可能接受虛無主義。

如果以上三點成立，以虛無主義之名批判自由主義，看似深刻，其實並無道理。但許多人會有以下疑惑：既然自由主義不接受虛無主義，那麼它為甚麼如此重視個人選擇？如果自由主義知道甚麼是好的生活，為甚麼還要給予個體那麼多選擇的自由？這個問題至為關鍵。以下我將指出自由主義和其他政治理論的分別，在於它對於甚麼是好的生活有其獨到之見，而不是沒有見解。

三

自由主義在乎每個人活得怎樣，並希望每個人活得好。我們甚至可以說，自由主義對整個社會制度的構想，都環繞著如何令自由平等的公民活得好、活得有尊嚴這一主題。舉例說，自由主義主張保障人的基本權利，包括人身自由、言論思想和信仰自由、集會結社和廣泛參與公共事務的自由。為甚麼呢？因為沒有人身自由，我們將活在恐懼當中；沒有思想自由，我們的知性能力將無從發展；沒有政治自由，我們將難有機會過上真正的公共生活。自由主義認為，自由所保障的這些都是好東西。又例如，自由主義主張國家有責任為所有公民提供基本社會保障，為孩子提供義務教育，為有需要的人提供醫療服務，為老弱傷殘者提供各種必要支援。為甚麼呢？因為沒有這些保障，許多人將活在貧困無助絕望之中。

批評者或許沒有留意到，自由主義在這些問題上，一點也不中立，且毫不含糊地告訴我們，活得好需要怎樣的制度和物質條件。不少人以為，自由主義主張「正當」優先於「善好」，因此體現道德正當的政治原則必然不能訴諸任何「好」的觀念，因此這些原則必然無根可尋。這是極大的誤會。政治原則的背後是一組價值，這組價值之所以值得支持，必然是因為它公正地保障及實現了人的根本利益。而這些利益之所以被理解為根本，又必然和該理論特定的對人的理解有關。也就是說，自由主義的正當原則，離不開某種對人如何才能活得好的理解。羅爾斯所說的「正當」優先於「善好」，是說經過合理證成的正義原則，將應用於社會基本制度，並以此約束人們對善好生活的追求。[2] 但這並不表示，正義原則本身不能或不應基於任何活得好的理念。

有人或會問，既然如此，自由主義為甚麼容許人們自由選擇自己的信仰和人生觀？那是因為自由主義相信，一個好的生活的重要前提，是所過生活必須得到當事人的真心認可。這裏有幾個重要的道德前設。一，我們都是自由的個體，有能力為自己的生命作出理性選擇，並對自己的選擇負責。二，我們是自己的主人，不是別人的附庸，我們希望活好屬於自己的人生。三，要活好自己的人生，很關鍵的一點，是在關乎一己生命安頓的信仰和意義問題上，必須得到我們自己的真心認可。它不是別人強加給我們，而是我們經過反思，認為值得追求並因而自願選擇的。四，這並不意味我們在任何情況下都較別人更了解自己，也不意味我們所做的選擇必然就是最好和最正確。

但正因為我們在意自己的生命，在意自己做出對的和好的選擇，也正因為我們意識到在生命歷程中，我們有機會犯錯或改變想法，我們才如此重視選擇的自由。

由此可見，不少批評者犯了一個錯誤，便是以為由於在各種選擇之間沒有所謂好壞對錯，自由主義才迫不得已給予人們選擇自由。其實恰恰相反。正正因為自由主義相信有好壞對錯，所以才如此重視選擇。這點其實不難理解。以職業選擇為例，如果所有職業的價值都是無法比較的，選A和選B是沒有分別的，那麼我們就無法解釋，為甚麼我們在選擇時會如此慎重，如此反覆比較，如此努力追問不同職業對一己生命品質的影響。

四

有人或會追問，如果有一個外在權威，它較我們所有人更清楚甚麼是好的生活，同時現實中許多人的理性能力是有限的，意志是薄弱的，為甚麼不可以由這個權威代我們做選擇，並為我們安排好生活的一切？這是典型的家長制思路。自由主義對此可有幾個回應。一，實際上沒有這樣的全能的權威。將所有決定權交給這樣一個聲稱的「權威」，風險太大。二，價值是多元的，人類不同的生活方式、不同的文化實踐和不同的活動，呈現出不同的價值。人本身也是多元的，不同的人有不同的性格、不同的興趣能力和不同的人生追求。兩者加起來，即可見不可能有絕對的、唯一的生活模式。

三，退一萬步，即使有這樣的權威，選擇依然是重要的，因為選擇的過程本身是構成美好生活不可或缺的一部份。這不僅在於選擇的過程有助於我們更有效地實現人的理性能力，更在於它彰顯了我們是獨立自主的自由主體。所謂好的生活，不能只從第三者的觀點，羅列出一張欲求清單，然後要求每個人去逐一實現，更要從當事人第一身的觀點，讓他實實在在感受到，這個活著的生命是他的，不是別人的。選擇的過程，是選擇的主體和選擇的客體建立價值認同的過程。沒有這一過程，我們便難言真實地活出自己的人生，也就難言我們的生活是好的。這是現代性最重要的精神，而自由主義很好地把握了這種精神，並努力將它實踐於制度。自由主義對權利和民主的重視，和這種重視個人自主的精神密不可分。

如果以上所說有理，我們即可以回應一種十分流行且殺傷力頗大，但實質上卻是錯的觀點，即自由主義骨子裏接受了虛無主義或導致了虛無社會，所以它根本不在乎人們是否活得好活得幸福。真實情況是，自由主義一直在努力追求的，是自由平等的主體能夠公正合理地走在一起好好生活且活得好的政治。

注釋

1 這方面較為代表性的著作，可參考甘陽，《政治哲人施特勞斯》(香港：牛津大學出版社，2003)。

2 John Rawls, *A Theory of Justice* (Cambridge, Mass.: Harvard University Press, revised edition, 1999), pp. 27–28.

8. 自由與容忍

1959年3月，胡適先生在台灣的《自由中國》上發表了一篇重要文章，叫〈容忍與自由〉。這篇文章引來毛子水、殷海光等人的回應，胡適遂在同年《自由中國》十週年紀念會上，進一步闡述其觀點。這兩篇文章，現已成為中國自由主義發展史的重要文獻。[1]

胡適主要的觀點如下：一，容忍比自由更重要，「沒有容忍，就不會有自由。」容忍是政治自由、思想自由和信仰自由的基礎。二，容忍是一種極為難得的態度，是一種值得讚許的美德。三，不容忍的根源，主要源於人們相信自己所信就是絕對真理。「一切對異端的迫害，一切對『異己』的摧殘，一切宗教自由的禁止，一切思想言論的被壓迫，都由於這一點深信自己是不會錯的心理。」四，要養成容忍的雅量，就必須承認自己的想法不一定總是對的，是難免有錯的。容忍的基礎，建立在一種溫和的懷疑論之上。它是溫和的，因為它並不否認有真理，它只是要求人們對當下所信抱一種懷疑的、不確定的態度。胡適因此說：「所有一切保障自由的法律和制度，都可以說建立在『理未易明』這句話上面。」[2]

胡適對容忍的強調，有其特定的歷史背景。[3] 但就理念來說，他對容忍的理解和論證，我認為是不足的。我以下將指出，懷疑論不足以支持容忍作為一種美德，而容忍本身也不足以合理證成自由主義的自由體系。

一

在政治哲學中，容忍（toleration，有時也譯為「寬容」）作為一種美德，一般指的是一個人對另一個人的言論、思想、信仰和行為等極不認可，同時相信自己的不認可是有理由及經得起考驗的，但他卻有意識地選擇約束自己不作干涉——即使他有能力這樣做。而這種自我約束，是道德上值得讚許的。這裏的容忍者，可以是個人和團體，但更多是指向政府，因為往往只有政府才擁有干涉及限制他人行動的權力。在各種有關容忍的案例中，最經典的是宗教容忍。[4]

對此定義，有幾點值得留意。第一，容忍必然意味著一方對另一方的負面評價，即容忍者認為他人的思想行為是錯的、不可取的，甚至在道德上是可譴責的，同時認為自己的觀點立場是真的和對的。所以，容忍絕對不是無所謂或不在乎。在中文中，容忍的「忍」，正好捕捉了那種不得已的反感。此外，容忍往往也意味著雙方權力關係的不對等，弱者通常是談不上容忍強者的。[5]

第二，容忍的態度，並非適用於所有場合。例如沒有人會認為容忍種族歧視和性別歧視是應該的，因為這些歧視本身便是錯的。我們要做的，是立法禁止這些歧視。同樣道理，我們不會認為容忍男性對女性的性騷擾，有任何值得稱許之處。與此同時，有些對他人的負面評價，如果一開始便是不妥，那麼基於這些評價而作出的容忍，也是不合理的。例如在很長時間，異性戀對同性戀的容忍，被視為難得的美德。但去到今天，愈來愈多人卻認為，雖然這樣或能令同性戀者免受直接壓迫，但同時卻隱含了某種歧視性判斷：同性戀本身是道德上錯的。但同性戀者真正需要的，是平等的尊重。在這裏，容忍的態度反而會對被容忍者帶來傷害。

由此可見，並非在所有情況下，容忍都是美德。我們必須對被容忍之事，有這樣一種判斷：一方面容忍者作出的負面評價是可理解的，同時容許這些信仰和行為的存在是可接受的，甚至是應該的（不同宗教之間的容忍是很好的例子）。正是在這個特定範圍內，容忍才被視為美德。當然，基於甚麼標準來界定這個範圍，是很困難的事，因為甚麼是不應容忍的，甚麼是可容忍的，甚麼是和容忍無關的，本身就是極具爭議性的議題，需要作出實質的道德論證。

第三，不在乎（indifference）、容忍和尊重，是三種性質不同的態度，雖然出來的結果，都是某一方選擇不干涉另一方。容忍往往處於兩者中間，容忍者既在乎別人做些甚麼，同時認為這些行為並不值得尊重，但最後選擇了自我約束。但容忍者為甚麼要這樣做？既然他認為別人的信仰是錯的，可能對當事人及社會帶來壞影響，同時有能力阻止對方，為甚麼他應該保持克制？

有人或會說，這樣做純粹出於自保。因為容忍者計算過，如果他不這樣做，難保他日別人不會以其人之道還治其人之身。問題是，如果這是容忍的唯一理由，我們就很難說容忍是一種美德，因為我們完全可以想像另一種可能：在情況許可下，為了確保敵人沒有機會報復，於是採用加倍殘暴的手段將對方徹底消滅。基於自利計算，不容忍同樣可以很理性（rational）。[6]

所以，如果容忍是一種穩定持久且出於自願的美德，容忍者的決定便必須基於道德理由。這些理由的性質，既要和他對別人的信仰所作的負面評價的理由不一樣，同時要讓前一類理由凌駕後一類理由。基本思路是這樣：「我雖然不認可你的觀點作為，但基於某些更重要的理由，我選擇容忍，並對你的行為不作干涉。」這些理由是甚麼？為何它們具有如此重的道德份量，使得人們能夠培養出容忍這種艱難的德性？

二

現在讓我們來檢視一下胡適的論證。胡適認為，容忍唯一的理由，就是要意識到自己可能會錯，然後由此養成容人之量，從而尊重他人的自由。「因為難免有錯，便應該容忍逆耳之言。」[7] 胡適實際上認為，如果一個人堅信真理在握，就沒有容忍的理由。容忍的必要條件，是對一己信念恆常抱一種懷疑態度。

這個論證最大的問題，是將「容忍作為美德」最核心的難題消解了。這個難題是：如果我堅信自己所信為真，我仍有理由容忍嗎？胡適的回答是，沒有理由。但這樣就等於迴避了最關鍵的問題：最需要寬容的時候，正是人們深信自己所信是對、而他人所信是錯的時候。[8] 從十七世紀洛克以降的自由主義傳統，都在努力尋找道德理由來解答這個問題。

自由主義不願意接受胡適的論證，最少有兩個原因。第一是自由主義沒有正當理由這樣做。它不能說，為了使大家學會容忍，所以所有人必須培養出一種懷疑論的態度。這一來很難做到，二來違反了自由主義的基本原則：尊重每個人的信仰，包括人們如何理解和實踐自己的信仰。的確，在一個開放多元的社會，人們會相對容易培養出一種非獨斷、不排他且較易承認自己可能會錯的生活態度，而這種態度也很可能有利於社會變得較為寬容，但自由主義不能為了這個後果，而要求人們變成懷疑論者。這等於另一種不寬容。再者，既然自由主義堅信容忍是對的，但沿用懷疑論的邏輯，「容忍作為美德」這一命題本身卻又可能是錯的，那麼選擇不容忍似乎也就沒甚麼不可以。

自由主義還有一個更深層的理由拒絕這種論證，我姑且稱為人的信仰的完整性。胡適在文章中很感激的說：「這個國家、這個社會、這個世界，絕大多數人是信神的，居然能有這雅量，能容忍我的無神論，能容忍我這個不信神也不信靈魂不滅的人。」但為甚麼這些信神的人會容忍胡適這樣的無神論者？按胡適的解釋，那必然是因為這些信神者對自己所信的宗教抱一懷疑態度。但這種解釋並不合理，甚至是對這些信仰者信念的一種扭曲和不尊重。對一個全心全意投入某個宗教且深信其為世間唯一真理的教徒來說，他不可能說：我容忍你，因為且僅僅因為我同時相信無神論也有可能為真。如果真的如此，他的信仰生命將面對一種割裂和異化，因為對許多人來說，信仰的本質，正是生命的一種整體性投入。人不能在完整地相信的同時又完整地懷疑。如果自由主義的容忍觀建立在懷疑論之上，不僅令自由主義的吸引力大減，同時是對真誠信仰者的不尊重。

胡適似乎沒有意識到，在懷疑論和宗教信仰之間，是有張力的。他只是理所當然地假定，那些容忍他的無神論的人，都已接受了懷疑論，但卻沒有考慮可能有其他理由支持宗教容忍。於是我們又回到之前的問題：如果我堅信某種宗教為真，我仍有理由選擇容忍異見者嗎？

三

自由主義會說：有的，理由在於尊重每個人都是獨立自主的個體。自主的意思，是自我作主。自由主義認為，每個人都是自己生命的主人，有理性能力去構想和規劃自己想過的生活，活出自己生命的意義。就此而言，人是有自由意志且能對自己生命負責的行動主體。因此，我們應該尊重每個人的選擇。這並不是說，每個人的選擇必然是最好的，而是說，尊重個體選擇是尊重人作為自主的理性存有最為恰當的方式。基於此，自由主義遂可以說，我雖然不同意你的信仰，但我仍然有理由容忍它的存在，因為我尊重你是自主的個體。我尊重的，是你的人，而不是你的信仰。

我們至此可見到，容忍其實牽涉兩類性質不同的理由。第一類理由，關乎容忍者對被容忍者的信仰的負面評價。第二類理由，關乎容忍者對被容忍者的自主人格的尊重。這兩類理由同時存在，而這正好解釋了容忍作為美德的特點：一方面不同意對方的觀點，一方面卻選擇不作干涉。背後的理由，是對個人自主的尊重，而不是對一己信仰的懷疑。這是一種完全不同於胡適的進路。

讀者或會問，既然兩類理由同時存在，為甚麼對個人自主的尊重必然能淩駕於負面評價所產生的厭惡和仇視？的確，這沒有保證。而這正好說明，容忍為甚麼如此艱難，而做一個真正有容忍精神的自由主義者，又是如此不易。艱難之處，不在於你要承認自己也有機會犯錯，而在於你堅信自己沒有錯的同時，願意放下你和別人在道德、政治和信仰上最深刻的分歧，看到別人也是人，是理性自主且值得我們尊重的獨立個體，從而約束自己支配他人的衝動。

不過，在自由民主社會，容忍的難題已由一種巧妙的政治分工得到相當程度的解決，就是基於政教分離而逐漸發展出來的平等權利的制度。在這種制度中，國家最重要的責任，不是去宣揚和支持某種宗教，而是保障每個公民享有平等權利去追求和實現自己的信仰，這些權利包括思想和信仰自由，結社自由和廣泛的選擇自由。在這樣的多元社會，人們在尊重他人相同權利的前提下，和平共處，既不強加自己的信仰於他人身上，也不要求國家這麼做。

四

我們甚至可以說，在這個過程中，自由社會慢慢完成了一種由容忍到尊重的過渡，因為在國家賦予公民平等權利時，它的理由不是容忍，而是平等尊重。例如國家再不能說，給予伊斯蘭教徒信仰自由，是出於對伊斯蘭教的容忍，因為國家一開始便不應對伊斯蘭教有任何負面評價。國家對不同宗教，理應一視同仁、公平對待。不同宗教的真假好壞，不應由國家來做裁判，而應由公民自己來判斷。這種過渡完成後，權利話語遂逐漸取代容忍話語，同時也在公共文化中逐步改變人們的態度，包括對個人自主的尊重，甚至包括對異見本身的尊重，因為大家逐漸意識到，合理的多元主義是現代社會的現實。

我們由此可以說，胡適認為沒有容忍就沒有自由的說法，並不準確。沒錯，容忍會導致某種不干涉，但這只是支持自由的其中一種途徑，卻不是唯一。自由主義可以直接訴諸個人自主來證成思想和信仰自由，而不需說這是國家或大多數人或某政黨對另一些人容忍的結果。不僅不需要，有時甚至不應該，例如我們不應懇求執政黨在政治上容忍反對派，而應要求還給反對派應有的政治權利。這兩種要求的性質，是完全不同的。前者不僅預設了不對等的權力關係，同時隱隱然默認了這種不對等的合理性。後者卻顛覆了這種關係，強調作為自由平等的公民，這些權利本來就是我們應享的。所以，從自由主義的觀點看，懇求政府容忍異見者，或許有基於政治現實而不得不如此的苦衷，但理念上卻不應視此為政治自由的基礎。

胡適將整個自由主義建基於容忍，同時將容忍建基於懷疑論，我認為是雙重削弱了自由主義的道德基礎和道德吸引力。實際上，懷疑論不能支撐容忍，容忍本身也不能支撐自由主義。就此而言，類似於胡適的對自由主義的理解和證成，是有不足的。了解這點，對於中國自由主義未來的發展，是必要且重要的。

注釋

1 第一篇文章的題目是〈容忍與自由〉，第二篇是〈「容忍與自由」——《自由中國》十週年紀念會上講詞〉，都收在張忠棟等編，《甚麼是自由主義》(台北：唐山出版社，1999)一書之中。

2 以上引文見《甚麼是自由主義》，頁377–382，395–403。

3 對於胡適與《自由中國》種種，可參唐德剛，《胡適雜憶》(台北：傳記文學出版社，1980)。

4 對於容忍作為一種德性的定義，可參考Susan Mendus, *Toleration and the Limits of Liberalism* (London: Macmillan, 1989), pp. 1–21.

5 當然，即使弱勢一方沒有權力這樣做，在信念上依然可以對他人抱一種不容忍的態度。關於這點，可見Bernard Williams, "Toleration: An Impossible Virtue?," in *Toleration: An Elusive Virtue*, ed. David Heyd (Princeton, New Jersey: Princeton University Press, 1996), p. 19.

6 這裏所說的理性，是指工具理性(instrumental rationality)或手段－目的理性(means-end rationality)。

7 〈「容忍與自由」——《自由中國》十週年紀念會上講詞〉，頁397。

8 這就是所謂的寬容的悖論。見Bernard Williams, "Toleration: An Impossible Virtue?," p. 18.

9. 重視人權

人作為人，作為自由平等獨立的個體，擁有某些權利，這些權利至關重要，所以成文於憲法，體現於制度，並要求國家以保障和維護這些權利作為她的首要責任。這是十八世紀美國獨立革命和法國大革命以降，整個現代世界最根本的政治實踐。這個實踐的重點，是將個人權利放在政治制度評價的中心。權利界定和限制了政府應做甚麼及不應做甚麼。一個政府，無論多麼強大多麼有效率，一旦嚴重侵犯了公民的基本權利，就會失去正當性。

無可否認，以權利為基礎的政治觀，和中國政治傳統格格不入。但我們應該留意到，經過百多年的發展，權利話語已逐漸在中國紮根，並成為公共討論中重要的道德資源。例如在中國憲法第二章，就清楚列明公民享有怎樣的基本權利，中國政府迄今也簽署加入了二十多項國際人權公約，包括《經濟、社會、文化權利國際公約》及《公民及政治權利國際公約》。[1] 而在公民社會中，訴諸個人權利作為社會批判和公共參與的理由，更是日益普及。可以說，中國正在慢慢走進權利話語的時代。這當然不是說，我們的人權情況已令人滿意。遠遠不是。而是說，當政府在為她的法律和公共政策作出辯護時，當公民在批評種種社會不公並追求政治變革時，「個體擁有權利，而政府和他人有義務尊重這些權利」這種説法不僅不再是離經叛道和難以理解，而是愈來愈得到許多人的重視和認同。

但基於甚麼理由，個體可以擁有這些權利？這些理由為何具有那麼重的道德份量？要建立一個以權利為本的社會，我們需要在政治制度、社會規範、文化教育等方面，作出怎樣相應的改變？這些都是我們必須認真對待的問題。

一

讓我們先弄清楚一些基本概念。當我們説一個人擁有某種權利去做某件事時，即意味著其他人（包括政府）有一項相應的責任不去干預這個人做這件事，又或有責任去協助這個人實現這件事。[2] 例如如果我們同意公民享有信仰自由的權利，即表示其他人有責任不能以武力或其他方式，限制這個人自由選擇他的信仰；而一個公民享有教育的權利，即意味著政府有責任提供資源，使得每個學生不會因為貧窮或其他原因而無法上學。這個定義説明以下幾點。

一，權利和責任是相關聯的。一個人的權利意味著其他人的義務。而由於每個公民都享有相同的基本權利，因此每個人也就同時承擔尊重他人權利的義務。

二，權利和國家不是對立的。一方面權利約束了國家行使權力的界限，但另一方面維護和促進人權的主要責任，往往也由國家來承擔。健全的政治和法律制度，是人權受到保障的必要條件。

三，不作干預的消極權利（negative right）和協助實現的積極權利（positive right）同樣重要，而且兩者有時同時存在。以生存權為例，它不僅要求我們不能任意傷害他人的生命，也要求我們協助那些活在貧困饑餓邊緣的人。我們同時須明白，即使是消極權利，也需要政府的參與和投入。例如言論自由的權利不僅是被動地對言論不作干預，更需要政府主動建設一個容許公民暢所欲言的公共空間，同時在這個空間受到威脅時作出必要的介入，包括公正的司法。所以，消極權利的有效維持，不是不需要經濟成本，也不是必然較實現積極權利的成本低。

四，權利是個複數，是一張清單。許多國家的憲法和不同的人權宣言，都會清楚列明人民可以享有甚麼特定的權利。這張清單可以很長，而且林林總總。這裏我只集中討論四類基本人權。第一類為人身權，主要保障公民的身體安全和人格完整，包括確保公民的人身自由，禁止不合理的拘捕、虐待和侮辱等。第二類為公平程序權，包括在法律面前人人平等，確保所有審判公開公平，恪守無罪推定原則等。第三類為自由權，包括言論、思想、出版和信仰自由，集會結社及參與政治的自由等。第四類為福利權，即在條件許可下，確保每個公民享有基本的食物、居住、教育、醫療和社會保障等。

這四類權利都出現在聯合國1948年通過的《世界人權宣言》。我們可由這些權利中得出幾點結論。第一，所有人都有資格平等地享有這些權利；第二，所有人都可享有一系列基本自由；第三，公平程序權要求法治；第四，平等的政治參與權會發展出民主政治的訴求；第五，福利權意味著政府必須進行一定程度的資源再分配，實現社會正義。也就是說，這四類基本權利是與平等、自由、法治、民主及正義等價值緊密聯繫在一起的，並建構出一幅自由主義的政治圖像。

二

接著的問題是：如何論證人應該享有這些權利？不少人最喜歡用的理由，是「天賦人權」，並視此為自明真理。在西方，這個「天賦」

往往是指基督教的上帝。上帝創造人，賦予人某些自然權利，因此人間的政治秩序有責任好好維護這些先於國家而存在的權利。但對於不是活在基督教文化中的人來說，這個觀點恐怕沒有太大説服力，因為中國傳統從來就沒有自然權利這類觀念。由於受到馬克思對自由主義的批判影響，不少人更相信權利其實是資本主義社會中自利主義的表現，根本談不上是甚麼道德理想。[3] 而到了近年，更加有人認為，人權論只是披著普世主義外衣的西方霸權，如果中國要走自己的獨特道路，就必須摒棄人權論。所以，要為人權辯護，有必要提出更加實質的道德論證。

讓我們這樣想下去：為甚麼今天許多不同宗教、不同文化的國家，都願意努力去實現上述的權利？原因直接而簡單，這些權利保障了每個人的根本利益和福祉。也就是説，當我們稱某個個體可以合理地擁有某項權利時，即意味著這項權利充分保障了這個個體的根本福祉。這些福祉如此重要，以至構成足夠的理由，要求其他人有責任不去干預、或主動協助這個個體所要做的行動。這是英國哲學家邊沁(Jeremy Bentham)最早提出，並由當代哲學家拉茲(Joseph Raz)進一步發展的有關權利的「利益理論」(interest theory)。[4]

這個理論的最大優點，是容許我們運用人的理性和道德能力，以及我們對人性和人類生存處境的認知和感受，直接判斷甚麼是我們的權利。我們不必糾纏於權利的起源問題，而是直接問：活在一個權利受到充分保障的社會，是否能讓我們活得更安全、更自由、更有尊嚴？如果答案為肯定，同時我們視活得安全、自由、有尊嚴乃構成活得幸福不可或缺的條件，我們就有充分理由去支持這些權利。

我們因此可以試試這樣想。如果我們的人身安全得不到基本保障，可以隨時「被失蹤」、被拘禁，然後在法庭上得不到合理辯護和公平審判，甚至可能被屈打成招或被控莫須有的罪名，那麼每個人將活在恐懼當中。如果沒有思想自由和信仰自由，我們就無法坦然無懼地表達和當局及主流不同的觀點，無法在和終極關懷息息相關的問題上作出自己的抉擇。如果沒有政治參與的權利，我們將無法對政治權力有任何置喙之地，無法成為政治社群的平等一員，更無法在公共生活中實現自己。如果我們沒有福利權，許多人將活在饑餓貧困的悲慘境地。

我們因此可以說，一個社會如果缺乏這四類權利，我們將活得沒有尊嚴。而活得有尊嚴，是我們每個人的根本利益。甚麼是尊嚴呢？這關乎我們如何理解人和理解人生。如果我們理解自身具有獨立人格，具有自主能力規劃自己的生活，具有道德能力明是非辨好壞，並渴望活出自己想過且值得過的美好人生，那麼有尊嚴的生活，就是在一個合理公正的政治環境中，每個人的自由自主受到平等尊重，每個人都能肯定自己生命的價值。簡言之，因為我們如此在乎自主自尊，所以我們如此重視權利。

三

大家見到，以上討論是在扣緊人的福祉來論證權利之必要。有人或會馬上質疑，為甚麼非要接受這種對福祉的理解？對，這一定會有爭議。我並不認為有所謂先驗的自明的因而必然普世的人權。所有的權利都需要論證。但我們必須留意，這裏所謂的爭議，有兩個層次。第一個層次，是關於權利此一概念本身在政治生活中的角色。也就是說，我們是否願意接受，個體基於福祉而擁有某些權利，而這些權利對政府的行為，構成道德和法律上的約束。第二個層次，是在我們接受第一個層次的結論後，對於權利清單中應該包括甚麼，以及如何證成裏面的每項權利有所爭論。

第二層次的爭論，在任何社會都會出現。事實上，觀乎過去幾十年的發展，權利的清單就在不斷演變加長。從消極權利到積極權利，從個人權利到群體權利，再到動物權和環境權等，在社會上都有激烈爭論。某種權利是否成立，以及其在多大程度上適用於不同社會，需要持續不斷的論證和驗證，從而在這些社會中得到公民的反思性認可。我在上面提及的四類基本權利之所以在國際社會得到那麼高的認受，主要是因為生活在不同文化傳統下的人們，實實在在體會到這些權利能讓他們遠離暴政，並在最低程度上保障他們活得像個人。權利的普遍認受性，是在具體的歷史進程中，持續地通過理性反思和制度實踐而建立起來的。[5]

但人權發展在今天中國遇到的最大難題，恐怕在第一層次。重視權利，往往要求我們以這樣一種方式看政治：每個自由平等的公民，都具有某種基於正義的不可侵犯性，這種不可侵犯性要求國家尊重每個公民的權利，不可以將眾多小我視為滿足大我的工具，更不可以動輒以集體之名犧牲個人權利。在此意義上，個人權利和任何形式的集體主義都有很大張力。如何在制度層面、文化層面乃至個人層面，逐漸化解這種張力，並使得人們接受以權利為基礎的政治，也許是自由主義在中國面對的最大挑戰。

注釋

1 關於這兩項公約的內容，可到以下聯合國網站：http://www.un.org/chinese/hr/issue/esc.htm; http://www.un.org/chinese/hr/issue/ccpr.htm.

2 Jeremy Waldron, "Introduction," in *Theories of Rights*, ed. Jeremy Waldron (New York: Oxford University Press, 1984), p. 6.

3 馬克思的觀點，見他的〈論猶太人問題〉，收於《馬克思恩格斯全集》，第三卷（北京：人民出版社，2002），頁163–198。

4 Joseph Raz, "Right-Based Moralities," in *Theories of Rights*, pp. 182–200.

5 也就是說，在討論人權問題時，我們既不需要持有一種先驗的普世主義，認為可以將人權建基於某種先驗的形而上學或人性論，從而確保其具有跨文化跨歷史的客觀普遍性。我們也不需要持有一種文化和道德相對主義，認定任何跨文化的價值比較和道德證成皆必然徒勞。避開這兩極，中間其實還有許多可能性。我所說的反思性認可，正是這樣的一種嘗試。

三　平等之於正義

10. 為民主辯

一

在種種有關中國應否走向民主的論爭中，有兩類頗為流行的質疑。第一類是素質論，認為在現階段，中國人的民主素質不夠，所以民主應該緩行。這類觀點並不反對民主本身值得追求，只是認為好的民主實踐需要一些條件，否則會弄巧反拙。

對於這類質疑，可有三個回應。一，要有效實踐民主，公民的確需要一定的民主素養，包括基本的政治判斷能力，能夠理解和遵守民主制度的一些基本規範，對公共事務有相當的認識和關心等。但要擁有這些能力，並不需要特別技能或特殊訓練。在正常環境下，大部份人都可通過教育和公共參與，逐步發展出這些能力。

二，退一步，即使這個說法有一定道理，那麼合理的推論，也不應是維持現狀不變，而應是加快制度改革，提升人民的民主素質。這包括積極推動民主改革，容許言論結社自由，鼓勵不同層面的政治參與等。要知道，參與民主的能力只能在民主的實踐中孕育和發展，就像游泳只能在水中才能學會一樣。

三，持這種論調的，往往錯誤地將人的素質視為靜態和本質的東西，卻沒有意識到人的信念和行為，其實很容易受外在制度環境影響。也就是說，今天社會上出現的對個人權利的不尊重，對程序公正的踐踏，對異見的不寬容，對規則的漠視，並非甚麼中國人的劣質國民性所致，而是直接和制度相關。如果一個社會日趨公正民主，活在其中的人自然會傾向培養出相應的正義感和民主意識。以不民主社會導致的「不良素質」為由來反對民主，是倒果為因。

二

第二類質疑，可稱為精英論。這種觀點認為，政治權力應該掌握在一小部份精英手中，因為只有精英才有能力、遠見和高尚情操來為人民謀福祉，才知道甚麼是真正的善和公正，才能掌握歷史進步的秘訣和承擔民族復興的偉大使命等。精英論有不同形式，它可以是柏拉圖式的哲學王、儒家式的聖君賢相，也可以是按血統來分的貴族制或據階級來分的一黨專政。儘管有著種種不同，精英制的共同敵人是民主政治，因為後者主張所有公民都應享有參與政治的平等權——無論他們在其他方面有多大差異。而對精英論來說，在一個本質上不平等的世界強求平等，是非理性的，因為大眾總是無知、短視和易受操縱，常會因為自利而做出違反共同利益之事。

我們可從不同角度反駁精英論。例如我們可以問：即使精英論是對的，但在沒有經過選舉洗禮下，我們怎麼知道擁有權力的，就是真正的精英？這些精英從哪裏培養出來？退一步，即使這些真是精英，我們怎麼保證他們不會因為擁有絕對權力而導致絕對腐敗？畢竟有能力和有德行，是兩回事。我們也可以問：在一個利益分殊、價值多元的社會，不同個體不同族群不同階層對於甚麼是政治社群的共同利益，必有不同看法，一小撮統治精英的個人判斷真的較一人一票的集體選擇，更能知道甚麼是共同利益嗎？

這些都是精英論必須面對且必須誠實回答的問題。自由民主制在世界取得支配性的地位，並得到不同民族不同信仰的人的廣泛支持，不可能只是偶然。這些事實最少說明，運作良好的民主制度，不僅不是非理性的，而且較精英制更能保障個人權利，更能反映人民意願和向人民負責，更能有效爭取社會財富合理分配，也更能約束權力被濫用，因此具有更高的正當性和穩定性。所以，即使從後果看，精英論的斷言也經不起事實檢驗。

儘管如此，不少人依然認為在理念上，精英制並沒有問題，只是在實踐上，由於較難找到制約精英濫用權力的有效方法，所以才迫不得已選擇民主制這個次佳方案。民主制最大的作用，是防止專制暴政，卻不是為了實現甚麼最高的善。為甚麼呢？因為由大多數人決定的政治，必然是庸人政治。民主或許不壞，但極平庸。對於政治抱有極大期望同時視自身為精英的人，不喜歡民主，自然不難理解。這背後隱含了這樣的態度：政治很複雜，統治是一門技藝，要實現政治社群的最高利益，就必須由才德兼備的專家來治理。真正好的政治，絕不應是「眾人」之事。[1]

這種觀點十分流行，卻不見得成立。首先，今天在大部份國家推行的代議民主制，其實並不否認治理國家需要專門知識，也不像古代雅典城邦那樣用抽籤的方法決定誰擁有權力。民主制選擇政治人才的方式，是通過公開公平的多黨競爭。它相信，在一個制度健全的社會，通過發表政綱、公開辯論、媒體監督、黨內初選複選，最後經全民投票選出來的代議士，有較大機會是合適的治國之才。嚴格來說，代議民主並不反對精英治國；它反對的，是未經人民通過一人一票授權的精英治國。

當然，精英論者可能會繼續說，一群無知之民，怎麼可能選出有識之士？但我們絕對不應該將民主政體的公民視為無知之民。在一個健全的民主社會，良好的公民教育、自由多元的公共文化、不同形式和不同層次的社會參與，都能使公民意識到自己的權利和責任，並對公共事務作出合理判斷。那些藐視公民的人，往往是出於傲慢或者無知。當然，儘管如此，我們仍有機會選出能力不好和德性不彰的人。但我們也知道，即使這樣，全體公民仍然可以用手上的選票定期重新作出選擇。

三

討論至此，我們見到無論是素質論還是精英論，都是擔憂民主選舉會導致不良的政治後果。我在上面已指出，這些擔憂要麼不成立，要麼可以在實踐中得到解決。接著下來，我將討論推深一層，指出相較於民主制，素質論和精英論有個極大缺陷，就是只著重後果，卻忽略了政治參與本身，對權力正當性及對個體生命的重要性。忽略這兩點，我們就難以充分理解，為何民主制能在現代政治取得那麼大的支持。

先談第一點。我們知道，政治問題的根本，不在於如何將權力交到有能者手中，而在於交到有能者手中的權力如何才具正當性。我們必須問：為甚麼是這些人，而不是其他人，擁有行使龐大政治權力的權利，並要求我們無條件服從。沒有人天生就有權統治他人。政治權力要有權威，就必須提出理由，說服被統治的人。但精英論者不能說，僅僅因為這些人的政治能力卓越，所以便有權統治他人；他也不能說，由於這些能力卓越的人可以為所有人謀幸福，所以我們就有義務服從。為甚麼這些理由不足夠？因為我們理解自己是自由人。我們理解人是有自由意志、有理性能力和道德能力作選擇，同時可以對自己的選擇負責任的主體。我們的自由意識愈強，就愈重視選擇，愈不願意別人強加其意志於我們身上，愈希望成為自己生命的主人。而因為所有人都有能力成為自由人，故在這一點上，我們彼此平等。

自由意識的覺醒，是現代政治的一件大事。這個覺醒，是現代性的根本特徵，也是推動現代政治發展的根本力量。在自由人面前，一切舊有的訴諸於上帝、天命、血緣、種姓、精英等來證成權力正當性的方式，都變得軟弱無力。自由人要求，政治權力的行使必須尊重他們的意志。這正是民主選舉的重要精神。一人一票之所以重要，並非在於它是實現某個政治結果的最好手段，而在於這個過程實踐和體現了人是自由平等的個體。精英制最大的缺陷，是它不容許人民選擇。但這絕不表示，好的政治人才和好的政府管治不重要。民主政治同樣重視這些，但它在此加上一重限制：國家權力來自全體人民，因此權力的正當行使，必須得到平等公民的投票同意。

精英論的盲點是沒有看到，經過數百年發展，自由意識早已植根於現代人的自我理解之中，並構成評估社會政治制度的基礎。事實上，民主只是體現自由的一個環節。在社會其他領域，人們同樣要求自由，包括言論思想出版和資訊自由、信仰和結社自由，以及活出自己人生的自由。如果有人說，今天的中國人依然未有足夠的自由意識，依然樂於做臣民，依然甘於被一群得不到他們授權的所謂精英來統治，那我必須指出，這不是事實。退一步，即使有部份人相信事實是如此，也不表示應該如此。

精英論的第二個盲點，是沒有看到政治參與的過程本身，對個體有重大意義，卻以為它最多只有工具性價值，目的是為了實現某些獨立的政治目標。言下之意，如果我們能夠找到更有效的方法實現這些目標，民主參與就沒有價值了。他們很少想過，民主參與本身，其實十分重要。

或許我們可以這樣想。我們一出生，就活在國家之中。國家設立制度、制定法律、擁有武力，並要求我們無條件服從。我們享有多少自由、擁有甚麼權利、承擔何種義務，都由國家規定。國家的制度和政策深遠地影響每個人。既然如此，作為獨立自主的個體，對於活在其中的政治世界，如果完全沒有參與權，完全被排斥在外，我們將強烈感受到屈辱和疏離。這個世界明明屬於我們，我們明明在世界之中，卻被迫活在世界之外。我們遂成為政治的異鄉人。在這種狀態下，一個人的自由意識和平等意識愈強，就愈感受到被排斥的恥辱和憤怒。

就此而言，政治參與的重要，並不在於我的投入客觀地令世界變得更好，而在於我因此有一份「在家」的感覺。「在家」之意，是說這個世界我也有份，我可以和其他人在平等權利下，一起改變和塑造屬於我們的政治共同體。在這意義上，一國如家。但此家沒有高高在上不可挑戰的家長，不會將家中成員分等級定貴賤，而是所有成員均可參與家中大事，共同作出決定。在這過程中，我們不僅體會到平等參與的可貴，同時也在發展人之為人的種種能力，感受公共生活的美好。民主制度有分與爭的一面，但在分與爭的背後，公民之間同時有很強的道德和政治紐帶。這些紐帶的基礎，是對自由公民的平等尊重，以及在此之上形成的政治共同體。

我相信，渴望在家和渴望平等尊重，是現代人最深的精神需要。這種需要得不到滿足，人就很難活得有尊嚴。精英制只看到人的差異，並將政治建立在差異之上，卻看不到這種政治對人帶來的傷害，看不到民主背後有著更深、更廣的對自由平等的堅持。

注釋

1 這種對民主的批評，最早見諸柏拉圖的《理想國》。Plato, *The Republic of Plato*, trans. Allan Bloom (New York: Basic Books, 1968).

11. 平等的基礎

一

平等是現代政治的基石。法律面前人人平等，憲法保障下平等的公民權利、一人一票的民主參與，社會生活中的性別平等和種族平等，經濟生活中的機會平等，以及在最廣泛意義上的平等尊重，都是現代政治努力追求的目標，也是人類社會進步的標誌。

但我們都知道，平等尊重的政治，仍然離我們很遠。我們生活著的世界，仍然充滿形形色色既深且闊的人為的不平等。在政治決策上，我們無權置喙；在公民權利上，我們限制重重；在財富分配上，貧富懸殊已到危險邊緣；在教育機會上，農村和城市的孩子一出生就注定相差萬里；在工作競爭上，有關係有家境的人佔盡優勢；在社會地位上，有財有勢的人擁有無數特權；在生活態度上，「物競天擇、適者生存」日漸成為共識。我們都是人，活在同一國度，卻彼此愈來愈陌生，鴻溝愈來愈大——因為權力、金錢和地位，將人分成不同等級，並由此帶來無數的宰制、壓迫和屈從。任何有正義感的人都會同意，這樣的社會極不公正。中國要有好的明天，便必須求變。

但怎麼變呢？回到前30年公有制和全盤計劃經濟的道路，既不可行也不可取。歷史已證明，那樣的模式不僅沒有帶來經濟發展，反而導致極大的專制。今天的中國，早已成為全球資本主義體系的重要成員，過程中雖然付出許多代價，包括環境破壞、分配不公及官員腐敗等，但生產力的提高和經濟的高速發展，確實普遍地改善了人民的生活，並為市場經濟爭取到相當大的正當性。但我們也知道，如果任由目前的權貴資本主義發展下去而不加約束，社會不平等必然日益加劇。更糟糕的是，政治權力壟斷和經濟財富壟斷一旦結盟，以平等為理念的社會改革就難上加難。

平等曾經是社會主義最大的許諾。但面對今天殘酷的現實，這個許諾早已煙消雲散。更教人擔憂的，是許多人以為平等只是依附在社會主義身上的價值，既然後者不再值得追求，前者也就失去它的道德吸引力。於是大家漸漸相信，社會達爾文主義不僅是實然，也是應然。在一個不平等的世界追求平等，是違反「自然」，是政治不成熟，是弱者妒忌強者的藉口。但我們要知道，「人人生而平等」絕對不是某種意識形態的專利，而是自法國大革命以來植根於人類社會最深的道德信念。任何政治理論如果不能以某種方式體現和實踐這個信念，都很難有説服力。[1]

到底在甚麼意義上，人生而平等，並享有平等的道德價值？它的道德基礎和政治意涵是甚麼？在我們對正義社會的想像中，無論是在道德的層面還是資源分配的層面，平等具有怎樣的位置？我認為，這些都是今天中國思想界必須認真思考的問題。[2]

二

所有對平等的辯護，似乎都必須論證人在某種道德意義上具有平等價值，並因此應該受到某種平等對待。這裏先要釐清兩個概念。一，平等是個比較性(comparative)的概念。只有當兩個或以上的人，相應於某個標準，彼此一樣或等價，我們才會用「平等」一詞來形容。例如在某個考試，甲和乙得到同樣的分數，因此可享有平等的升學機會，但這並不表示他們在其他方面也是一樣。二，平等對待不是指所有人在所有方面得到同樣的物品，而總是指在某個特定領域，公民享有同等待遇，例如在民主選舉中享有平等投票權，在工作中享有平等機會等。也就是說，平等並不要求將所有人變成千篇一律，而是保證在某些重要領域，公民不會因為某些道德上不相干的差異而受到差別對待。

有人說，「人人生而平等」是個不證自明的命題。其實並非如此。在我們生活的世界，人生而不平等，往往更接近常態。這從幾方面可見。第一，每個人一生下來，稟賦、能力、性格和樣貌全不一樣，這些不同從一開始就影響我們的人生前景。第二，每個人的家庭出身也不一樣。有人生於富貴之室，擁有最好的成長環境；有人生於貧窮之家，往往三餐不繼。第三，或許是出於對名利的渴求，或許是期望得到他人的認同，或許是渴望展現自己的獨特性，人總有很強的欲望，努力在社會生活中活出差異。第四，在正常情況下，只要給人自由，人們自然會作出不同選擇，而不同選擇必然會導致不一樣的結果。這些因素一旦結合起來，自然會形成龐大力量，加劇社會的各種不平等。而這些不平等會不斷累積——無論那是權力、金錢還是地位。所以，平等待人是一種需要很努力才能培養的德性，尤其對於那些已經擁有許多先天和後天優勢的人——因為平等往往要求他們和別人分享或讓渡一些自己已有的好處。

問題是如果人事實上在這些方面並不平等，為甚麼我們要如此重視平等，並將它當作規範社會最根本的政治原則？人們又如何能有足夠的道德動力，在一個不平等的世界努力踐行平等？這是一個大難題。[3] 它要求這樣的論證：必須為人人平等找到合理的道德基礎，同時這個基礎要有足夠的道德吸引力，令人們願意成為該種意義下的平等主義者。這是雙重的道德要求。下面我來談談我的看法。

三

在眾多為平等辯護的論證中，最普遍的一種，是指出人作為人，都擁有一些共同的能力，例如自主規劃人生的能力，理性計算和後設反思的能力，使用語言及製造工具的能力，當然還有價值判斷和道德實踐的能力。這些能力都很重要，而且也彰顯了人的獨特性，但馬上會有人質疑，實際上不同人擁有這些能力的程度是不同的。人是理性的動物，但有效使用理性的能力卻可以千差萬別，憑甚麼說大家因此具有平等的價值呢？

另一個問題，是當我們平常說「人作為人，因此理應具有平等價值，並受到平等對待」時，背後似乎隱含了一種整體觀：每一個體是因為「人」這一身份而獲得某種道德肯定，而不是因為某種特定能力。這些能力或許都重要，但其重要性必須放在一個「完整的活著的人」身上才得以彰顯。缺乏這樣一種對人之為人的完整性把握，似乎不是那麼容易解釋人們所持的關於道德平等的一些深思熟慮的判斷。我認為這是一個對的思考方向。[4]

讓我們先從第一身的「我」的角度來思考：我是人；我活著；這個完整的生命是我的，不是別人的；我只能活一次；我在乎自己，在乎自己活得好不好。所以，我的生命對於我十分重要。別人可能不在乎我的生命，但我不可能不在乎自己的生命。我在乎的，不是我的身體的某一部份，不是某種特定的能力，而是我有限卻無比珍貴的完整的生命。這是第一步。

讓我們繼續想下去：當我意識到我的生命對自己十分重要時，我望向周圍，我見到其他人，一個又一個具體的人，或男或女，或老或幼，或貧或富。我進一步意識到，這些人也都有自己的生命，都在各自的生命軌跡中，努力活出屬於他們自己的完整的人生。他們的生命對於他們自己，一如我的生命於我，同樣無比重要。

當我完成這個反思過程時，我明白如果我的生命對我重要，我就必須意識到，別人的生命對他們也同樣重要。這裏所説的同等重要，不是基於某種特定的外在標準而作的量化比較而得出，而是基於一種對生命的理解，同時基於一種同理心。換一種説法，如果我珍惜自己的生命，渴望自己的生命得到別人尊重，推己及人，別人的生命也同樣值得珍惜和尊重。

我相信，當我們平時説人生而平等時，其實並非在描述一個自然事實，而是在宣示一種道德立場：當我們放下種種用以區分和比較人的外在標準時，我們將見到每個生命本身，都有屬於它自己的內在價值。沒有人天生便較別人高貴，也沒有人理應就是他者的工具。這個「放下」和「見到」絕不容易，所以平等待人是很難很難才能培養的德性，裏面有很深很深的對人的悲憫、仁慈和關愛，以及一種對個體生命重要性的整體把握。

當然，即使如此，我們仍然可以想像有人會說：即使我們都是人，但有些人的生命的確較其他人重要，因為他們較其他人更聰明、能力更強，或對社會貢獻更大。但這裏須留意，當我們一旦以這樣的方式評價人時，我們就已經改為從一種「外在的」觀點來看人，而不是從一種內在於每個個體生命的角度來看。事實上，無論是在日常生活或政府的公共決策中，我們經常基於這樣或那樣的標準，對人作出評價，將人分類，然後決定不同類別的人可以得到多少機會和資源。這往往無可避免甚至有其必要，這一來是因為資源有限，二來社會中的許多工作和位置，的確需要某類的人才能勝任或才應得某種待遇。

我們因此很難一刀切地說，所有基於外在標準的對人的比較都是不合理的，例如在決定誰可以有資格進入大學的問題上，大部份人都會接受用成績高低來衡量。但即使如此，我們也不會說，那些有能力考上大學的人，在人格上較考不上的人優越。而且我們也該留意到，在許多國家的義務教育系統中，成績並非決定學生能否上學以及就讀哪所學校的主要標準，更說不上是唯一標準。人的能力有差異是一自然事實，但如何對待這些差異，本身卻是一個道德問題，需要作出論證。

四

如果接受了這樣的平等觀，那麼會有甚麼政治含意？我想我們會得出這樣一個結論：既然我們都是政治社群中的平等成員，政府就有責任給予每個公民平等的尊重。尊重人的甚麼呢？尊重每個人都是獨立個體，都有自己的目的，都渴望活好自己的人生。真正重視平等的政治，必須在社會每個重要環節，充分保障公民平等的權利，確保每個人都有機會活得好和活得有尊嚴。

但怎樣才叫活得好？要回答這個問題，就必須回到對人的生存狀態的理解：人會受苦；人有基本需要；人渴望自由規劃自己的人生並賦予一己人生意義；人希望肯定自己同時也能得到他人認同；人期望有權參與公共生活，並有份決定社群的未來。有了這些理解，我們才能知道實實在在的人是怎樣，然後就可以思考，到底怎樣的制度，才能好好實現這些價值。這就回到我在文初提及的那一系列的平等的政治。

最後，或許有人會問，我的這種對平等的辯護，真的有道德上的吸引力嗎？在一個充斥著弱肉強食、爾虞我詐、人宰制人的社會，還會有人相信平等是個值得追求、同時有機會實現的理想嗎？

的確，在殘酷的現實面前，平等的理念顯得如此不切實際，一如永不能實現的烏托邦。我們見到的，往往是愈來愈多人接受不平等的事實且視之為理所當然，因此愈來愈喪失從每個個體獨一無二的角度來看待生命價值(moral worth)的能力，並因而愈來愈接受每個人的生命都有一個外在的價(price)，這個價由人在市場中的競爭能力來決定，而每個人在競爭中的命運都是其應得的，由此而導致的種種不平等也是應得的。

要改變這種狀態，並不容易。但改變的第一步，是我們必須讓自己明白，這不是唯一的、更不是最合理的看人的方式。人與人之間，除了比較、競爭、對立和宰制，還有悲憫、同情和愛。而活在一個平等尊重的社會，不僅對弱勢者好，同時對我們每個人都好，因為在這樣的道德關係中，我們才能實踐和體會一些重要的道德上的價值。人作為道德存有，需要這些價值來充實和豐盈我們的人生。[5]

注釋

1 持有這種觀點，最有名的是德沃金。Ronald Dworkin, *Taking Rights Seriously* (Cambridge, Mass.: Harvard University Press, 1977), pp. 179–183; 亦可見 Will

Kymlicka, *Contemporary Political Philosophy: An Introduction* (New York: Oxford University Press, second edition, 2002), pp. 3–4.

2 以我所知，在中文政治哲學界中，錢永祥先生最為重視這個問題。例如可見他的〈道德平等與待遇平等：試探平等概念的二元結構〉一文，收在氏著《動情的理性：政治哲學作為道德實踐》（台北：聯經，2014），頁69–102。

3 關於道德平等的討論的文章有不少，例如可參考Ian Carter, "Respect and the Basis of Equality," *Ethics*, vol. 121 (2011), pp. 538–571; John Charvet, *The Nature and Limits of Human Equality* (Palgrave Macmillan, 2013).

4 在這個問題上，我很受以下兩位哲學家的觀點影響。Robert Nozick, *Anarchy, State, and Utopia* (New York: Basic Books, 1974), pp. 48–51; Bernard Williams, "The Idea of Equality," in *Problems of the Self* (Cambridge: Cambridge University Press, 1976), pp. 230–249.

5 我在本書第 4 章〈要求正義的權利〉中對這點有更多討論。

12. 論機會平等

說起社會正義，可能最多人給出的答案，就是一定要機會平等。換言之，正義社會的必要條件，就是確保所有人享有平等的競爭機會。而說起機會平等，人們腦海浮現的，往往是競技場上的起跑線。只要大家站在同一起跑線，競爭就是公平的，因此無論最後跑出來的結果是甚麼，也都是公正的。與此相反，一個人人都在拚命要「贏在起跑線」的社會，不可能是個機會平等的社會。問題是：為甚麼機會平等是公正社會的必要條件？到底要滿足甚麼條件，不同的人才能夠站在相同的起跑線？而當我們用起跑線這一比喻來思考正義問題時，背後又有著怎樣的道德想像？這是本章要探討的問題。

一

先梳理一些概念。第一，當我們談機會平等時，總是意味著我們在競爭一些稀缺的，同時大家想要的有價值之物，例如工作職位、大學入場券、比賽中的獎品和榮譽、權力、地位和財富等。[1]「機會平等」作為政治目標，追求的往往是一種公平競爭的制度，容許所有參加者都能受到公正對待。

第二，既然是競爭，那就必然有個競爭過程，會有成功者和失敗者，最後的結果也就會有差異。於是，機會平等和結果平等，便彷如兩種不同的平等觀。機會平等是在確保一個公平的競爭起點，然後容許參與者自由選擇和各自努力，而由這些選擇和努力所導致的結果上的差異，則是每個人應得的，因此是道德上可接受的和公正的。[2] 機會平等最大的吸引力似乎正在於此：它不反對競爭，容許不平等，但它同時是公平的。

第三，所謂起點公平，並不要求抹平競爭者的所有差別，而是要排除那些會導致不公平競爭的因素，然後保留合理的因素。以大學入學試為例，我想許多人會同意，一個公平的考試制度，應該只由學生的成績表現，而不是由居住地或家庭背景來影響學生入讀大學的機會，因為後者是道德上不相干的因素。

最後，機會平等是個相當現代的概念。在一個每個人的社會角色都被血統、出身、階級、宗教、種族等牢牢綁死的社會，機會平等的重要性將十分有限。[3] 只有在公民權利受到充分保障的社會，機會平等才有可能被視為規範社會競爭的根本原則。

有人或會馬上問，為甚麼要將機會平等作為根本原則？它的重要性在哪？我認為，機會平等體現了這樣的道德信念：我們作為政治社群中的平等成員，在參與各種競爭中，每一個體都應受到公平的對待，而不應有人受到不合理的歧視和排斥。我們每一個人，都有要求正義的權利。這也就意味著，我們並不接受社會只是個弱肉強食的競技場，職位和機會可以由擁有權力者任意決定，而不需服從任何基於正義的道德約束，這種約束來自政府對每個公民的平等尊重。

不少人在討論機會平等時，往往傾向從社會整體後果的角度來考慮，例如能否促進社會流動、增加經濟效益或有助社會穩定等。但這樣的思路有個危險，就是政府可以用同樣的邏輯，拒絕保障公民的平等機會。例如在升讀大學和工作職位上，以集體利益之名給予某些城市或某個階層的人特權，卻無視這些政策對那些受到不公平對待的個體帶來的傷害。

既然機會平等關乎每個獨立個體是否受到公平對待，那麼我們就不應該將個體視為整體的手段，而應認真對待每個人理應享有的權利。只有這樣，我們才能夠理解，為甚麼我們目睹或親歷富二代和窮二代、做官的和平民的、農村的和城市的孩子，從一出生開始，彼此的命運就因為家庭背景和社會地位的不同而有極大差異時，我們會覺得極不公平，甚至會產生很大的怨恨。既然如此，我們應該作出怎樣的制度改變？

二

變的第一步，是建立良好的制度和程序，確保每個公民在競爭中，受到一視同仁的對待。例如在職位招聘時，必須要有公開透明的程序，沒有人可以靠走後門、拉關係來取得任何優勢和特權。我深知，在今天的中國，我這樣說簡直有點癡人說夢。但大家想想，只要這種情況不改變過來，我們這個國度就會永遠是個不義之邦，人民就永遠不能對制度建立起信任，無數付出過努力且有真才實學的個體就會因為沒有「關係」而難以一展所長，因而心生怨恨。更教人擔憂的，是當不同領域的資源和權力都需要用賄賂或其他不正當手段獲得時，整個社會的道德資源就會慢慢被淘空，道德情感將日益遲鈍，甚至不自覺地視此為不可改變的理所當然之事。

變的第二步，是要確保競爭的遊戲規則，不可以用一些和該職位不相關的標準將部份人排斥出去，例如不可以因為一個人的性別、種族、膚色、信仰或性傾向等而有差別對待。那麼甚麼是相關的標準呢？這要看工作的性質。例如政府在招聘某類公務員時，因應工作性質而設定最低學歷要求，我們不會視此為歧視。同樣道理，如果某類工作需要某些特別技能，例如消防員由於要有足夠身高和體力才能有效執行任務，所以不招收女性消防員，我們也會覺得是合理的理由。

有人或會馬上問，我們如何才能確定甚麼是相關的理由？這很難一概而論，而必須就具體情況來談。例如一些有宗教背景的學校，往往要求獲聘老師必須要有相同的信仰。但這是否違反了機會平等原則呢？認為是的人會認為，只要不是教授和宗教相關的學科，例如數學，就不應該受到這樣的限制。認為否的人卻認為，宗教學校需要一種宗教氛圍，如果老師沒有那樣的信仰，就很難做到言傳身教。這些問題的確容易發生爭議，我們因此應該容許、甚至鼓勵相關的公共討論。只有通過討論，我們才能對不同的觀點有所了解，然後才有可能找到一個較為合理的解決方案。與此同時，政府也需要設立類似平等機會委員會的機構，一方面在有爭論和投訴出現時，可以擔當調停和仲裁的角色，另一方面可以籌辦不同的活動，在學校和社會傳播和推廣機會平等的理念。

三

滿足了上面兩步，是否就滿足了機會平等的要求？不見得。讓我們回到起跑線那個比喻。這個比喻最重要的意義是：將所有不合理、不相關的障礙拿走，從而容許職位向所有有能力者開放。所以，在國際競技場上，不管你是黑人白人，不管你的種族信仰，只要大家在同一起跑線起步，誰跑得最快，誰就可以拿冠軍。

現在的問題是：甚麼使得「有能者」之所以「有能」呢？最少有三個理由。一，他非常勤奮努力，天天苦練；二，他天生異稟，有很好的運動資質；三，他接受過很好的專業訓練，從而將他的天賦能力發展得淋漓盡致。我想，缺少這三個條件中的任何一個，都很難有勝出機會。一個只有一條腿的人，無論他多麼努力及接受多少訓練，恐怕都很難跑得過兩條腿的人。將這兩個人放在同一條起跑線，我想很少人會說，他們的機會是一樣的。同樣道理，兩個有一樣天資且同樣願意努力的人，一個自小家裏就提供充裕的物質條件，容許他有很好的營養、很好的生理心理素質以及很好的體育訓練，一個卻吃不飽穿不暖，更遑論接受甚麼培訓。如果將這兩個人放在一起，前者勝出的機會一定遠遠大於後者。

這就說明，機會平等的概念，不能只停留在前面提及的起跑線，而必須繼續追問，到底導致大家有不同競爭能力的因素，有哪些是合理的，有哪些是不合理的，因而需要矯正和補償。我相信，大部份人會同意，個人努力這個因素是合理的，不會影響競爭的公平。所以，讓我們集中討論另外兩者。

一個人的家庭出身，對他的事業的影響是不容置疑的。最明顯的是教育。許多實證研究表明，一個出身在中產家庭的小孩，由於在營養、教育、人格培養、社會網絡及人際關係等各方面，都享有較貧窮家庭的小孩大得多的優勢，所以他們日後留在中產階層或繼續向上爬的機會，也較後者大得多。也就是說，這兩個群體的小孩子，從一出生開始，就已不是站在同一起跑線。而這方面的差異，並非靠他們自身的努力，而是純粹靠運氣：看自己出生在哪類家庭。

如果我們真的重視機會平等，就有必要在制度上盡可能將這些差異減到最低。[4] 例如政府有責任提供同樣好的義務教育給所有孩子，甚至要限制貴族學校的出現，免得有錢的人可以用錢買到更優質的教育；政府應要提供相當廣泛的社會福利，使得窮人的小孩也有合理的條件去發展他們的天賦能力，建立他們的自信和自尊；又例如政府要徵收相當高的遺產稅，盡可能使跨代貧富差距不要愈拉愈大。要做到這些，政府就要積極介入市場，而不是任由市場這隻看不見的手決定人們的命運。

但我們也要見到，要做到這些，會有相當大的困難，而且不是技術上的困難，而是倫理上的困難。例如從父母的觀點看，總是希望自己的子女有最好的教育，從而將來有最好的競爭力，因此必然會用盡各種方法栽培自己的下一代。只要競爭的格局不變，政府幾乎不可能將家庭對孩子的影響完全消除或平均化；同時這樣也不可取，因為這既會傷害家庭本身的價值（例如關懷和愛），同時會有過度干預個人選擇自由的危險。因此，在現實的制度設計中，如何平衡這兩者的內在張力，是個很大的挑戰。

最後，更難的是人的天資問題。每個人的天資稟賦都有不同，這些能力也和後天的努力無關，因此運氣色彩更濃。我們也難以否認，這些稟賦在相當大程度上，影響我們每個人在競爭中的成功機會。那麼，我們應該做些甚麼，來將這些稟賦差異減到最低，從而確保機會平等？抑或我們問錯了問題：機會平等的要求，其實不應該去得那麼遠，政府根本不應處理這些差異，而該任由其自然發展，因為這樣的干預不僅未必能帶來好的效果，同時更會傷害個體的自主性？這是當代政治哲學中一個很受關注的問題。

以上討論讓我們看到，機會平等這個道德理念，無論是在概念上還是實踐上，都相當複雜和富爭議性。機會平等的內容、適用範圍和制度要求，皆值得我們認真探討，因為它關乎正義，並深深影響我們每個人的人生。最後，我要特別強調，要令我們的社會日趨機會平等，我們不能只靠制度的轉變，同時要靠人心的轉變。機會平等要求我們用一種很獨特的道德觀點，看我們自己以及看我們的社會生活：我們雖然有許多先天後天的差異，我們雖然不得不在社會中彼此競爭，但我們同時是平等的公民，希望以一種公平合理的方式去競爭。這背後有很深的對公平和正義的堅持，以及對人的關懷和尊重。

注釋

1 如果想要的東西有無限量供應，因而能夠滿足所有人的欲望，那麼也就不必競爭了。

2 這裏所說的「起點」，我們不要將它想成某個特定的時間點，因為要確保一個公平的競爭環境，往往需要政府持續地在不同領域通過不同方式作出監察和調整，並對不同個體的競爭優勢作出合理的約束。

3 Bernard Williams, "The Idea of Equality," in *Problems of the Self* (Cambridge: Cambridge University Press, 1976), pp. 243–249.

4 這方面的討論，見 John Rawls, *A Theory of Justice* (Cambridge, Mass.: Harvard University Press, revised edition, 1999), pp. 62–65.

13. 自由主義的平等觀

最近微博上流傳一張「圖解政治：中國的左派 vs. 右派」的圖片，簡明地解釋了左派和右派在許多問題上的根本差異。[1] 所謂右派，也就是立場接近自由主義的人。據此圖，自由主義的核心價值是自由，左派的核心價值是平等，並由此推論出不同的政治和經濟主張。例如右派主張建立保障個人自由權利的有限政府、代議民主制以及反對政府干預市場，左派則主張國家主義、直接民主、福利國家和財富再分配等。

這幅圖很有代表性，既反映許多人對今天中國思想界兩種主要思潮的理解，同時又進一步強化了這種左右二分的政治想像。在這種想像中最關鍵的，是將自由和平等對立起來。這似乎意味著，自由和平等是兩種本質上不相容的價值，而自由派有意識地選擇了前者。我猜度，這多少是因為不少自由派相信，平等是社會主義的傳統，追求平等即代表追求平均主義，而平均主義必然要求干預市場及威權政府，結果導致個人自由的喪失。所以，為了自由，自由主義必須拒斥平等。

這種想像，是對自由主義很大的誤解。自由主義不僅重視自由，也重視平等。正如托克維爾在《民主在美國》一書中所說，推動民主社會發展最重要的力量，是平等原則。[2] 沒有對平等的肯定和堅持，自由主義不可能成為自由主義。在這一章，我將從政治、社會和經濟三方面，闡述自由主義的平等觀如何體現在這些領域。

一

先談政治。自由主義主張自由民主制，或立憲民主制。這包括兩個重要的制度安排。第一，每個公民享有由憲法保障的一系列基本自由，包括人身自由、良心和信仰自由，言論、出版和思想自由，擁有個人財產的自由，結社、集會和參與政治活動的自由等。這些自由被視為公民的基本權利，並具有最高的優先性，不可任意讓渡也不可經由多數決投票而妥協。自由主義如此重視這些權利，因為只有在這樣的環境中，個體才能免於恐懼壓迫，自由發展自己的能力，活出活好自己的人生。這背後有自由主義對人的理解：人是獨立、理性、自主的道德主體，能為自己作選擇，同時能對自己的生命負責。

我們必須留意，這些基本自由為所有公民平等享有。這是自由主義對平等的首要承諾。自由保障我們的根本利益，而平等就界定這些自由該以怎樣的方式分配。沒有人可以因為出身、財富或能力上的差異，而享有特權或遭到歧視。當然，這裏的平等不是要將所有人變成一模一樣，而是特指所有人的基本權利。或許有人問，在從專制社會轉型到民主社會的過程中，那些擁有特權的人，豈不是要被迫放棄他們一部份的自由？是的。因為從平等的觀點看，這些特權本來便不該有。中國自由派今天最重要的政治訴求，正是要廢除各種特權，落實憲法許諾的平等人權。自由派不僅在爭自由，也在爭平等。

自由民主制的第二個制度安排，是一人一票的普及選舉。不用多說，這體現了政治平等的精神。自由主義相信，主權在民，而政府權力的正當性行使，必須得到全體公民的認可。民主制獨特之處，是賦予公民同樣的權力去參與和決定公共事務，實踐集體自治的理念。這種理念顯然和任何形式的等級制和精英制不相容，更加不能接受政治權力被某個階級長期壟斷。既然如此，自由派在爭民主時，難道不正是在爭平等嗎？為何要將「平等」這個重要價值拱手讓給左派？

二

自由主義同樣致力在社會領域建立平等的人際關係。以性別為例，自由主義主張性別平等，並努力爭取兩性在不同方面受到同等對待。例如在工作上，女性和男性要享有平等的競爭機會，在待遇上要同工同酬；在家庭中，不應再有男尊女卑的觀念，也不應將家視為私領域並容忍各種家庭暴力的出現；在教育上，政府要為男生和女生提供相同的教育機會。再以宗教為例，自由主義主張政教分離和平等尊重所有宗教，因此權力的正當性來源、法律的制定，以至社會資源的分配，都不應訴諸任何宗教理由，也不應在政策執行時偏袒或歧視任何教派。背後的理念很簡單：一國之內，所有人都是平等公民，都應享有憲法賦予的基本權利。同樣道理，國家不應基於種族、膚色、地域、性傾向等而對公民有不合理的差等對待。

不僅在制度上如此，自由主義同時努力在社會培養平等尊重的文化。自由主義在西方的起源，和持續不斷的宗教衝突及逐漸發展出來的宗教寬容密切相關。去到今天，用當代政治哲學家羅爾斯的話，自由主義面對最大的挑戰，是如何在一個宗教和價值有深刻分歧的多元社會，持有不同信念的人仍然能夠和平公正地活在一起。[3] 羅爾斯的答案，是國家必須確保自由平等的公民享有一系列基本權利，並在此基礎上進行公平合作。但我們要知道，要實現這樣的理想，僅靠制度是不足夠的，而必須要公民認同這些理念，養成相應的德性，並在生活中踐行這些價值。平等尊重不應只是外在的法律要求，更應是內在於生命的待人態度。只有這樣，我們才能克服傲慢和偏見，約束權力的濫用，並容忍和尊重異於己的信仰和生活方式。

由此可見，自由主義不僅在政治上爭憲政、爭人權、爭民主，更在社會生活的每個環節，包括家庭、工作、教育和各種社群生活中，爭取將壓迫、宰制、不公減到最少。如果有人看不到這點，那只要將200年前歐洲社會和中國傳統儒家社會中女性的生存處境，和今天的自由民主社會稍作對照，即可看到其中的深刻差異。這不是說自由主義已經完美，或自由社會已經沒有壓迫。我只是指出，自由主義傳統對平等有很深的堅持，而這種堅持是推動許多社會變革及社會運動的重要力量。中國的自由派應該好好利用這些資源，拓寬自己的視野和想像，促使社會變得更加平等。

三

有人或會馬上說，即使我以上所說皆對，但由於自由主義全力鼓吹市場自由，容許資本無止境地擴張累積，無視日益嚴重的貧富懸殊，同時又反對社會福利，難道不是以自由之名放棄經濟平等嗎？的確，如何面對資本主義，是自由主義一大挑戰，並在內部引起極大爭論。而自羅爾斯1971年出版《正義論》以來，分配正義更一直是當代政治哲學的核心議題，湧現大批重要著作，這在在說明資本主義和自由主義之間存在極大張力。[4] 篇幅所限，我以下集中討論市場和平等的關係。

首先，我們必須留意，即使是在完全有效的競爭性市場，也必然會產生巨大的經濟不平等，因為進入競爭時每個人的起點(能力、家境等)不一樣，競爭過程中每個人的選擇和際遇也不一樣，資本和財富更會以不同方式擴張累積。而在真實的資本主義世界，由於訊息不透明、資源壟斷、金權和財閥政治導致的種種不公平競爭等，則令情況變得更加嚴重。這裏所說的不平等，不僅是指相對的貧富不均(通常以基尼系數來量度)，同時也指絕對的貧窮，即個人或家庭在該社會的基本物質需要也難以得到滿足的狀態(通常以貧窮線來衡量)。

我們也要知道，貧窮不是一個抽象數字，而是無數個體在實實在在地受苦。而所受的苦，不僅是物質生活的匱乏，更是整個生命品質的下降，包括壽命、健康、教育、機會、自尊、人際關係、公共參與以及人的各種重要能力的正常發展等。[5] 與此同時，貧窮還會大大收窄窮人的選擇和行動的自由。[6] 我們更要知道，貧窮作為普遍性的社會現象，是制度性的結果，而不能簡單地歸咎於個別人的懶惰。這些制度包括財產權、賦税、教育、醫療、社會保障以及個人權利和義務的安排等。我們每個人的命運，從出生開始就深深受到這些制度影響。因此，制度的公正性問題，是所有政治理論必須回答的問題。

我所理解的自由主義，對於市場資本主義，有兩件事是不主張的。第一，它不主張徹底取消市場。第二，它不主張絕對的均貧富或結果平等。背後的理由，不是許多人以為的必須接受人性的自私，也不只是由於經濟誘因和效率，而是基於道德考慮。例如取消了市場，人類在經濟領域享有的自由，將會受到大大限制，而這些自由是值得我們珍惜的，包括交易和消費自由、自由選擇職業、自由創業等。[7] 又例如若果我們接受結果平等，將忽略人們在工作過程中作出選擇和付出勞力的差異，而這種忽略會被視為不公平。換言之，自由主義容許經濟不平等，但這些不平等必須是道德上可接受的。

與此同時，自由主義有兩件事是主張的。第一，它主張完善市場機制，確保一個公平的競爭環境。對自由主義來說，市場不應是赤裸裸的弱肉強食的鬥獸場，而是必須滿足一些道德限制，這些限制必須由政府立法來強制執行。當然，對於甚麼是公平競爭的必要條件，可有許多爭論。例如除了不可以欺詐造假貪污腐敗外，是否也要保證進入市場的人，享有公平的平等機會？(想想富二代和窮二代在人生出發點上的差距，想想中國城市戶口和農村戶口受到的不同待遇。)

第二，它主張市場是整個社會基本制度的一部份，而不是獨立於政治之外的自足領域。因此，自由主義在思考公正問題時，不會限於也不會只從市場的觀點看。對於國家來說，最核心的問題是權力的正當性問題，也就是說，人民為甚麼願意服從國家的統治。一個最普遍的答案，是國家必須能夠令人民安居樂業，免於恐懼貧窮，受到尊重和活得有尊嚴。如果做不到這一點，人民就會認為這個制度是不公正的，並會以不同方式表達不滿。當不滿去到某個程度，政府就會出現正當性危機(legitimacy crisis)。今天民主國家的政黨，不論左右，雖然在許多問題上有分歧，但其實都會接受，政府有責任為所有公民提供基本的社會福利，而這不是出於同情的善心，而是公民正當享有的社會權利。為甚麼呢？因為這些政黨都知道，如果不這樣做，他們根本不可能得到人民的支持。

但市場本身是不會考慮社會公正和政治正當性問題的，它是個不具人格、供不同個體和團體在其上為自己謀求最大利益的平台。市場沒有責任去關懷那些老弱傷殘和在競爭中失敗的人，但政府有；市場不需要考慮權力的行使是否得到人民的認可，但政府要。所以，全世界沒有一個自由民主政府，會只從市場的觀點來考慮管治問題的。中國不少自由派的一個理論盲點，是將市場和政府對立起來，並以為可用市場來取代政治，卻沒看到壞市場只能由好市場來取代，而好市場的遊戲規則必須由政府來制定和執行。與此同時，市場從屬於政治，而不公正的政治只能由公正的政治來取代，而公正的政治的標準，必然不能由市場邏輯來界定。這是基本的政治常識，無關左右。

我們也可以從另一個角度來思考。在市場中，人被理解為自利的經濟人，行事的動機是為自己謀取最大利益。人與人之間，遂只是一種工具性的、並恆常處於競爭狀態的利益關係。但這不是人在生活世界中的唯一身份，甚至不是主要的身份。人同樣是政治社群中的公民，享有權利和承擔義務，並有能力和意願去實踐正義和追求公共利益。人同樣是某個政治團體的會員，某個家庭的成員，某個教派的信徒，某所學校的學生。這些身份，對我們每個人的生命以及對政治社群的健康發展，皆無比重要。

所以，在政治上，我們不允許用錢來收買選票；在教育中，我們反對用錢來決定誰有資格入讀大學；在婚姻和家庭中，我們重視的是愛和關懷，而不是經濟利益。也就是說，無論在制度上還是在我們的道德信念中，我們都不接受市場邏輯是唯一的邏輯。如果有一天，我們的世界成為一個赤裸裸的市場社會，所有東西都成為商品並可用錢買的話，那不僅對窮人不利，更對所有人不利，因為那是整個社會生活品質的墮落。[8] 如果要避免這種墮落，我們就不應該只從市場的觀點，來看待我們自己以及我們的世界。我們需要一個「人應該怎樣生活」和「人應該怎樣生活在一起」的道德視角，來思考社會的基本制度安排。

四

我的這種自由主義觀點，會遭到以當代美國哲學家諾齊克(Robert Nozick)為代表的放任自由主義的觀點反駁。[9] 諾齊克認為，只要市場中每個人擁有的生產工具和財產是正當得來的，同時市場交易是你情我願的，那麼最後導致的財富不平等無論有多大，都是正當的，政府不應干預。[10] 諾齊克的觀點，契合了不少人對市場的想像：市場中每個人都是自由的，並有平等的權利與他人訂立契約，並承擔最後的結果。因此，能者獲得更多的財富，是他們應得的。如果國家以正義之名進行財富再分配，那是劫富濟貧，對富人不公。市場競爭不僅沒有問題，反而是最自由、最公正的制度。

諾齊克的觀點站不住腳。第一，他的整個理論基礎，是建立在絕對的私有財產權之上。但在一個資源有限的世界，為甚麼有些人可以一開始便佔有大量財產，並藉由這些財產創造累積財富，其他人卻只能在市場出賣勞力，換取微薄收入？這需要道德論證。諾齊克認為，只要最初的佔有者能留給其他人「足夠且同樣地好」的資源，那便沒有問題，因為這種佔有對後來者的處境沒有帶來任何負面影響。但很明顯，在我們活著的世界，這個條件無論被設想得多麼的弱，也遠遠不能滿足。[11]

另一個常見論證，是認為私有財產是個體活得獨立自主的必要條件。這有一定道理。但如果我們接受這個前提，我們將更不會有理由接受完全放任的市場制度，因為在這樣的社會，許多欠缺市場競爭力因而陷於赤貧的人，將缺乏活得獨立自主的最基本的物質條件。放任自由主義如果真的希望政治社群中的每個公民都有條件活得自主，那麼它至少要確保所有公民的基本生活需要(食物、居住、教育、醫療等)得到保障，而不是以絕對的私有產權之名，容許貧者愈貧，富者愈富。[12]

第二，許多人相信，放任市場是最公平的競爭機制。但真的是這樣嗎?許多實證研究均指出，決定一個人能否在市場競爭中脫穎而出，除了個人努力，更多的是和家庭背景及社會階層相關。一個富有家庭的小孩，從一出生開始，便不知較貧窮家庭的小孩多佔多少優勢。也就是說，進入市場的人的門檻其實並不一樣。而這種緣於出身的機會不平等，既談不上公平，更談不上應得。許多自由主義者因此認為，在經濟領域，雖然不必也不應追求結果平等，但卻必須追求競爭起點上的機會平等。而要做到這一點，政府有責任通過教育和各種社會福利政策，盡可能將由家庭和社會環境導致的機會不平等減到最低。

第三，許多自由主義者意識到，經濟上的不平等會直接影響政治權利的不平等以及社會關係的不平等，因為富人會利用手上的財富，以不同方式購買更多不應得的特權和地位，並導致金權政治和階級分化，既傷害民主制度的政治平等精神，也腐蝕平等相待的公共生活。

最後，正如羅爾斯指出，沒有人可以獨立於制度之外談自己應得多少收入。一個人可以擁有多少財富，都是特定制度的結果。而要判斷這個制度是否合理，視乎我們對正義社會有何構想。[13] 羅爾斯認為，我們應該理解社會是自由平等的公民走在一起進行公平合作的體系，規範這個體系的原則，必須得到自由平等的公民的合理同意。在此前提下，經濟的不平等分配必須滿足一個條件，便是對社會中最弱勢的人最為有利。這是他有名的「差異原則」。[14] 這意味著，社會合作不是零和遊戲，不是一群自利者在市場拚命為自己爭得最多利益，而是有公正感的公民，雖然重視自己的自由和利益，但也願意放下先天能力和後天環境的種種差異，在平等條件下進行互惠合作。羅爾斯認為，自由社會理應是個合作的共同體，公民之間願意承擔彼此的命運。

以上討論旨在指出，自由主義雖然出於經濟效率和道德考慮，肯定市場和私有產權的重要性，但同時因為對平等和公正的堅持，絕對不會無條件地擁抱資本主義，並反對任何資源再分配和社會福利。事實上，二次大戰後自由民主國家的發展，無論在理論還是實踐上，自由主義都主張既要保障公民的政治權利，也要保障公民的經濟和社會權利。這些權利的內容，清楚寫在聯合國的《公民及政治權利國際公約》及《經濟、社會、文化權利國際公約》之中，而中國是簽署國。只要認真落實這些權利，自由社會就必然在許多方面是個相當平等的社會。

五

平等和自由一樣，都是本質上具爭議的概念，可以有不同詮釋，並由此導引出不同的制度安排。但將平等和自由對立起來，並以此定義中國的左派和右派，卻極為不妥。從洛克、盧梭、康德到羅爾斯，從美國的《獨立宣言》(1776)、法國大革命的《人權宣言》(1789)再到聯合國的《世界人權宣言》(1948)，自由與平等從來都是自由主義傳統的核心價值。所以，左派和右派真正的爭論，不是要不要平等，而是甚麼樣的平等才最為公正合理。如果自由派將平等拱手讓給左派，這不僅在理念上說不過去，也會令自由主義失去最重要的道德資源，既無法對現狀作出有力批判，也難以建構一個值得我們追求的自由民主社會。[15]

自由主義是現代性的核心。而現代社會和前現代社會一個最大分別，是前現代社會視人與人之間的種種不平等乃自然和合理的，因此不需為之辯護。現代社會剛好相反，平等成了公共生活的默認價值，任何政治、社會和經濟的不平等，都需要合理的理由支持。[16] 這是一個範式轉移。平等原則的發展絕非一蹴而就，而是經過一代又一代人的努力、一波又一波的社會運動，才逐漸實踐於制度，沉澱成文化，凝聚為精神。其背後的理念，看似簡單卻極不平常：每個個體的生命，都值得尊重，值得我們平等地尊重。

注釋

1 http://cnpolitics.org/2012/02/left-right/.

2 托克維爾，《民主在美國》，秦修明等譯（台北：貓頭鷹出版社，2000），頁5–6。

3 John Rawls, *Political Liberalism* (New York: Columbia University Press, expanded edition, 2005).

4 例如Ronald Dworkin, *Sovereign Virtue: The Theory and Practice of Equality* (Cambridge, Mass.: Harvard University Press, 2000); Martha C. Nussbaum, *Frontiers of Justice* (Cambridge, Mass.: Harvard University Press, 2006); Amartya Sen, *The Idea of Justice* (Cambridge, Mass.: Harvard University Press, 2009).

5 對於這方面的討論，可參考聯合國的《人類發展報告》：http://hdr.undp.org/en/. 亦可參考Richard G. Wilkinson, *The Impact of Inequality* (New York: The New Press, 2006).

6 可參考本書第四部份的討論。

7 但和所有其他自由一樣，承認這些自由重要，並不表示它們不應受到任何限制。此外，市場制和生產工具私有制是兩個不同概念，兩者並不互相涵蘊，例如市場社會主義者（market socialist）便提出市場經濟結合公有制的嘗試。而在不少資本主義社會，許多和民生息息相關的產業，皆由國家擁有。

8 桑德爾對此有不錯的討論。Michael Sandel, *What Money Can't Buy: The Moral Limits of Markets* (London: Allen Lane, 2012). 亦可看Elizabeth Anderson, *Value in Ethics and Economics* (Cambridge, Mass.: Harvard University Press, 1993), Chapter 7.

9 在中文學界，人們常常將liberalism和libertarianism同譯為「自由主義」，引起許多不必要的誤會。前者有時也被人稱為自由主義左翼或自由平等主義，後者則被稱為自由主義右翼、市場自由主義，或放任自由主義。這兩派理論在分配正義問題上，其實有極為不同的立場。

10 Robert Nozick, *Anarchy, State, and Utopia* (New York: Basic Books, 1974), pp. 149–182.

11 對於諾齊克的觀點的批評，可參考G. A. Cohen, *Self-Ownership, Freedom and Equality* (Cambridge: Cambridge University Press, 1995).

12 這方面的分析，可參考Will Kymlicka, *Contemporary Political Philosophy: An Introduction* (New York: Oxford University Press, second edition, 2002), pp. 102–127.

13 John Rawls, *A Theory of Justice* (Cambridge, Mass.: Harvard University Press, revised edition, 1999), pp. 87–88.

14 Ibid., p. 266.

15 陳冠中近年對這個議題有非常深入的反思，並提出新左翼的立場。例如他的〈新左翼思潮的圖景〉，刊《共識網》，2013年12月26日：http://www.21ccom.net/articles/sxwh/shsc/article_2013122697740.html; 亦可見陳冠中、周濂，〈對談新左翼思潮〉，刊《上海書評》，2014年4月6日：http://www.dfdaily.com/html/1170/2014/4/6/1138482.shtml.

16 劉擎便認為，即使在當代中國，平等主義的理想也早已沉澱在我們的深層文化背景當中，成為社會想像中不容質疑的核心價值。見氏著，〈中國語境下的自由主義：潛力與困境〉，《開放時代》，第4期(2013)，頁106–123。

14. 一種公正社會的想像

政治哲學的首要工作，是探究人類如何才能公正地活在一起。我們希望知道，從道德的觀點看，怎樣的社會政治秩序才最為公平合理，因而最為值得我們支持。要回答這個問題，我們需要對人的生存狀態有所了解，從而知道甚麼是人的根本利益，同時也需要知道甚麼是規範社會合作的基本價值。本章承接前面關於自由和平等的討論，嘗試論證一種自由主義式的對公正社會的想像，我稱之為自由人的平等政治。

一

為了令討論變得生動一些，讓我們想像以下的故事。有一群遊客乘坐郵輪環遊世界，途中不幸發生海難，輪船沉沒，剩下數百生還者漂流到一無人荒島。由於通訊隔絕，外面的人以為他們已全部罹難，而他們亦無法重回大陸，惟有在島上開始新的生活。島民認識到，要一起生活，便必須合作，因為合作對大家都有利。合作需要一些大家都接受且具約束力的根本原則，並憑此建立制度，從而界定人們應有的權利和義務、社會合作的方式，以及資源的合理分配等等。

但這些原則該是甚麼樣子？這是島民的首要問題。他們於是聚在一起召開第一次全民大會，共商島事。

會議一開始，意見紛紜，出現不同主張。例如有人提出，規則之所立乃島之大事，應該交由全島對政治最有認識的人去決定。這看似很有道理，但該用甚麼標準去找這些人呢？畢竟每個島民都有能力發表自己的政治見解。而且即使找到了，風險也很大，因為最有知識的人，不一定便是最有德性或最公正無私的人，他們很可能會選擇一些只對自己特別有利的規則，例如賦予自己特大的權力，又或分得特別多的財富。因此，將眾人的命運毫無保留地交託給一個人或一小部份人，並不明智。又例如有些達爾文（Charles Darwin）的信徒提出，優勝劣汰適者生存，是大自然不變的演化規律，大可將它應用到島上。但這樣做的後果，將是島上那些老弱傷殘之輩將很快便遭淘汰，因為他們毫無競爭能力。這是島民不願接受的，一來他們在共患難中建立了信任和關懷，二來同情心和正義感促使他們建立一種公平的合作關係。又或有些基督徒會提出，既然上帝創造人，那麼便該以《聖經》的教導作為規範社會的最後準則。但非基督徒卻會馬上反對，認為這樣對他們不公。

大會開了許多天，島民考慮了不同方案，甚至有過激烈的討論。幸運的是，大部份島民都願意擺道理講事實，也希望最後得出的，是大家都能接受的方案。在此共同目標下，島民漸漸收窄分歧，並接受以下一組判斷。

(1) 每個心智成熟的人，均能作理性思考和道德判斷，並願意提出理由為自己相信的原則辯護。

(2) 每個人都是獨立個體，各有自己的人生計劃。

(3) 儘管大家對於甚麼是幸福生活，各有不同看法，但卻同意須包括以下條件：人的基本物質需要必須得到滿足；人的知性、感性和審美能力須得到基本發展；個人有基本的選擇自由的空間；活得沒有恐懼，不會無端受到他人侮辱，更不會因性別、膚色、種族和信仰的差異而受到歧視；每個人都能肯定自己生命的價值，並得到別人恰當的承認（recognition）。[1]

（4）承認每個成年人有參與公共事務的能力，不接受有所謂天生的或世襲的統治者，也不接受有人天生低人一等。

（5）希望建立公平互惠的合作關係，而不接受弱肉強食的叢林法則。

（6）最後，他們明白在公共生活中，由於島民各有不同的價值觀和利益，難免在合作中出現分歧，因此須建立一公平而有權威的程序來解決衝突。

以上是島民們經過反覆討論後得出的深思熟慮的判斷（considered judgments）。他們對這些判斷有相當大的信心，並希望未來的社會制度能夠很好地反映和肯定這些判斷。[2] 這些判斷最重要的作用，是為進一步討論提供基礎，並成為衡量不同方案是否合理的重要參照。所以，島民的下一步工作，是建構及論證出一些更具普遍性的價值，既能好好解釋上述判斷，又能由此證成一套合理的制度安排。經過另一番討論，島民最後得出兩條原則，即自由原則和平等原則。

二

第一條原則，是自由原則。這條原則的要義，是肯定和尊重人是自由人，並視此為人最重要的道德身份。所謂自由人，表現在兩方面。一，具有理性反省的能力，因而能夠評估、修改，甚至重新選擇自己的人生價值，並能對當下一己的欲望或所持的信仰，作出理性評價。二，具有道德判斷和行動的能力，從而能夠對各種道德觀念進行分析論證，並有依從道德原則行事的意願。[3] 簡言之，人的理性自主意識和道德自主意識，構成人之為自主的能動者（autonomous agent）的必要條件。

這或許需要一點解釋。在正常環境下，當人成長到某一階段，通常便能對自己的信念、欲望乃至當下所信奉的價值觀作出反思。我們遂意識到，人不是完全受一己的自然欲望所支配，亦非命定要成為某一類人。人在任何時刻，均可以如此自問：「這個信仰是真的嗎？這個行為合理嗎？這樣做真的能最有效達到我的目標？我的目標是否真的值得追求？」當我們懂得如此發問，已表示我們是能夠對第一序（first-order）欲望和信念作出反省的自主個體。而當一個人欠缺這種能力，他便難以建構自己的人生計劃，賦予一己生命意義，亦無從與他人一起討論和參與公共事務。人的這種理性反思能力，不僅增加我們對外在世界的認識，也增加我們對自身的了解。與此同時，因為人有自主選擇的能力，所以可以對自己的行為負責。

人當然有其他特徵，也有各種不同的身份，但島民漸漸意識到，「自由人」這個身份最為值得珍視。如果不肯定它，他們便難以解釋前面提及的一些深思熟慮的判斷，例如前述的第（1）至第（4）點。更為重要的是，如果島民不視自己為自由人，他們便無法理解自己為何會如此在乎「追求自己認為值得過的人生」，又或「共同建構一個合理的社會制度」這類目標。這些目標本身，已預設了我們具有自由思考和自由選擇的能力。我們因此可以說，「自由人」這個身份不僅是眾多價值的其中一種，而且是很多價值之所以成為價值的前提。

既然意識到「自由人」的重要性，島民在考慮制度安排時最關注的，便是如何確保每個人有足夠的條件去實踐自由。他們認識到，雖然每個人均擁有成為自由人的潛質，但這些能力能否得到充分發展，卻有賴許多條件配合。例如需要一個個人自由得到充分保障的環境，令人們沒有恐懼地追求自己的信仰和生活方式；基本的物質生活必須得到滿足；還需要人們培養出自由的心智，即一種不盲目相信權威、懂得尊重個體的獨立自主的態度。欠缺這種心智，人便不能意識到自由對自己的重要，更不能尊重他人的自由。

但我們須留意，自由原則的核心，是尊重人的反省意識和價值意識，但這並不表示人有想做甚麼便做甚麼的自由。這既不可能，亦不可取。在任何社會合作中，個人的自由不可能沒有限制，因為不同的自由可能會不相容，自由與其他價值之間也會發生衝突。[4] 當出現這種情況，權衡取捨自然難免。因此，我們不能抽象的説，一個人享有愈多自由便愈好，例如吸毒的自由、駕車不用安全帶的自由便不見得是好事。自由的價值，必須扣緊「自由人」這個道德理念來談。[5] 儘管如此，單憑「自由原則」並不能建立公正的社會合作，因為當不同人的自由發生衝突時，自由原則本身並沒有告訴我們如何化解這些衝突。我們因此需要引入「平等原則」來協調彼此對自由的追求。

平等原則，是規範社會合作的第二條根本原則。這條原則的要旨，是肯定每個參與社會合作的人，都是平等的自由人，具有同樣的價值，享有平等的道德地位，因而應該受到政府平等的對待和尊重。這裏的平等尊重，是一規範性的道德原則，而非純粹的經驗陳述。當我們接受這原則時，其實接受了某種道德觀點，同時作出了某種道德承擔：儘管我們之間有各種各樣的差異，我們同意將這些差異放在一邊，並彼此尊重。尊重人的甚麼呢？尊重每個人作為獨立自主的自由人，都有自己獨一無二且同樣寶貴的生命。就「自由人」這個身份而言，每個人的生命，都有同樣的價值。

有人或許會説，人本性自利，根本不會從這種平等的觀點去待人。但視人為單純的自利主義者，不僅難以解釋我們日常生活中諸多的道德情感和道德判斷，而且是對人性的扭曲和貶低。人無疑有自利的一面，而在某種特定的社會制度下，這一面往往會被無限地放大，甚至被視為決定人們行動的唯一動機。但我們有理由相信，人的價值意識和理性能力，能令我們從一純粹自利的觀點中抽離出來，看到人與人之間分享著共同的可貴的人性，並願意在此基礎上，給予個體平等的尊重。這種平等的觀點，並非自有永有，而是歷史的產物。事實上，人類歷史中充滿著各種各樣的宰制和不平等。奴隸主與奴隸，貴族與平民，資產階級與無產者，白人與黑人，正統與異端，如此種種。平等的意識，是啟蒙運動以降、經過一波又一波的思想和政治運動，慢慢沉澱而成的價值意識。

假設島民經過反覆討論後，最後總結出自由原則和平等原則。他們下一步的工作，是商量如何將其應用到具體的制度安排中，並處理以下三個基本問題：(1)界定公民的權利與義務，(2)確立政治權力的正當性基礎，以及(3)決定經濟資源合理分配的準則。

三

首先是權利問題。甚麼是權利呢？取一種較為常用的説法，當我們説甲具有某種權利去做X這件事的時候，它意味著乙(或所有人)有義務容許甲去做X。[6]由此可見，權利和義務是一組緊密相關的概念，甲的權利涵蘊了乙的義務。而權利之所以重要，主要是因為它保障了個人的一些根本利益(尤其是個人的選擇自由)，免遭他人無理的干涉。

對於島民來説，由於他們最為重視「自由人」這個身份，同時又接受平等原則，因此他們會主張每個島民均可享有一系列的基本權利。島民將這些權利分為兩組，一組叫公民權利，另一組叫政治權利，它們都和實踐自由人的能力密切相關。公民權利包括言論和思想自由、信仰和良心自由、人身安全的自由、選擇職業和擁有物業的權利等。政治的權利則包括集會和結社的自由，參選和被參選的自由，以及廣泛地參與各種政治活動的自由等。[7]

島民們重視公民權利並不難理解，因為欠缺這些自由，個人根本難以自主地去追求和實現自己的人生計劃。但政治權利和自由人的關係卻不是如此清楚。例如在一個仁慈的君主統治下，雖然人們沒有任何政治權利，但仍然可以有相當大的空間，不受外在干預去做自己喜歡的事。似乎參與政治是一回事，自由是另一回事，不應將兩者強行聯繫在一起。[8] 對於這個質疑，我們可以這樣回應。第一，如果公民沒有積極參與政治的權利，一切只是仰賴統治者的仁慈和施捨，個人自由將變得毫無保障，因此政治權利是保障公民自由的必要條件。第二，人一出生便活在政治社群之中，社群的法律會約束我們的行動，並要求我們服從。只有當每個人都享有平等的政治權利去參與法律制定時，我們才享有真正的自治：我們以平等公民的身份，共同決定國家的政治事務。在此意義上，民主參與的過程本身便體現和實現了人的自由。

在得出這一系列基本權利後，島民會將它寫進憲法，並賦予其最高地位。[9] 這意味著，國家存在的首要目的，是保障個人權利不受侵犯。這裏有兩點值得留意。一，每個人的權利是平等的。政府必須對公民一視同仁，而不應有任何差等對待。二，當基本權利和其他價值，甚至社會集體利益發生衝突時，除非有極強的理由，否則我們應該尊重個人權利的優先性。

島民們下一個重要決定，是關於該由誰統治，以及權力來源的正當性的問題。既然島民接受人人平等，他們很自然會接受「政治權力屬於全體人民」的想法，並主張每個公民均應有相同的權利和機會參與國家管治。他們反對君主制、貴族制，又或其他形式的精英統治。最理想的情況，或許是像古希臘的雅典城邦（*polis*）那樣，採取直接民主制，所有公共事務均由全體公民集體決定。[10] 畢竟「民主」在希臘文的原義中，便是指人民自己管治自己之意。[11] 但島民亦意識到，直接民主有它的弊病，例如隨著人口增多，分工日益複雜，要求島民像雅典那樣，每年至少舉行40次的全民大會，大部份政府職位均由抽籤產生，陪審團由501人組成等，在執行上會有相當困難。[12]

島民或許會傾向接受代議民主制（representative democracy），即他們不直接參與政府管治，而是透過定期選舉，一人一票選出心目中的代議士，並代表他們去管治國家。即使是這樣，民主的精神也沒有改變，因為這些代議士管治的正當性基礎，仍然來自人民的授權。對於一些影響深遠的公共議題，人們也可以用全民投票的方式來決定。

民主制度的設計，滿足了前述的深思熟慮的判斷的第（6）點，因為民主本身是個公平的程序，令每個人的意願和喜好能夠以一人一票的方式表達出來。而由於大家都接受這個程序的正當性，因此最後投票得出的結果，雖然未必符合每個人的意願，卻仍然能夠得到公民的接受。[13] 當然，島民亦明白，一個健康的民主政體，不可能只靠數年一次的選舉，因為權力往往使人腐化，政治精英更常常操縱政治議題，甚至官商勾結，破壞政治平等的精神。島民於是會提出行政、立法、司法三權分立的制度，鼓勵多元的政黨政治，並確保新聞和資訊自由，提倡公民教育，培養人們參與時政的能力，繼而發展出一個活潑多元的公民社會等。[14]

四

最後，島民必須決定社會財富的分配方式。基於自由和平等，他們不會接受任由市場競爭去決定個人所得。因為他們預見到，由於每個人的能力和出身不同，加上財富的不斷累積，市場必會導致嚴重的貧富懸殊。許多貧窮家庭的孩子，從一出生開始，便在各方面遠遠落後，公平的機會平等徒成虛言；貧窮亦令許多窮人難以有效參與公共生活，富人卻可透過政治捐款及其他方式，控制政黨和傳媒，破壞民主制中最重要的政治平等精神；不合理的資源配置更會導致階級對立，社會充滿妒忌怨恨，公民之間難以建立互助互愛的社群關係；最重要的，是由於嚴重缺乏物質和文化資源，許多活在生存邊緣的窮人根本沒有機會過上真正自由自主的生活——而這卻是島民當初最希望實現的理想。

但島民也不見得會接受一種結果平等的分配方式，因為這樣也不公平。第一，平均分配忽略了每個人不同的需要。那些身體殘障或身患重病的人，其實需要社會更多支援。第二，平均分配忽略了每個人的選擇及其所需負的責任。在一個自由社會，每個人會選擇不同的生活方式，這些選擇往往會導致經濟收入的不平等。如果甲因選擇天天打高爾夫球而致窮，乙卻選擇努力工作而致富，那麼平均分配便形同要乙用他的勞力補貼甲的生活方式，這樣做並不合理，因此甲有必要對自己的選擇負責。最後，平均分配也會導致一個常見問題，即它難以鼓勵人們努力工作及作出技術創新，最後反有可能令整體生產力下降，結果對所有人都沒好處。

排除上述兩種方案後，島民的目標開始清晰：社會分配一定要儘量實踐「平等的自由人」這個理想，同時給予個人選擇和經濟誘因一定空間。當然，如何將這個原則應用到制度設計，牽涉許多複雜問題，必須具體討論。其中一種可能，是在奉行市場經濟的同時，政府採取不同措施，避免生產工具過度集中在一小部份人手上，並確保公民的基本生活得到保障，包括醫療、教育、房屋和失業補助等。這是第一步。當經濟繼續發展，以及這些基本需要得到滿足後，國家仍有必要採取不同措施，使得社會中的弱勢群體能夠同步享有經濟發展的成果。

不少人認為這是劫富濟貧之舉，因此不道德。這種說法預設了富人在市場中所獲一切都是應得的，但這是極大誤解。一個人應得多少財富，必然是某個特定制度所決定。如果市場是整個公正制度的一部份，而該制度基於正義理由要求每個賺錢能力高的人必須繳納一定稅項，那麼就只有完稅後的所得，才屬於一個人的正當財產。從公正制度的語境抽離出來談劫富濟貧，是概念混亂。

要在島上實踐自由和平等，絕不容易，因為歷史告訴我們，人對於權力的過度追求，對於名譽的過度重視，乃至對於財富的過度貪婪，往往導致無止境的衝突。歷史沒有必然。但島民如果對人性失去信心，對公義失去追求，他們及他們的後代遂不得不活在各種宰制壓迫當中。事實上，只要稍稍回顧歷史，法國大革命以降，人類便在努力地爭取人權和民主。努力的結果，是很多國家今天已成為自由平等的國度。這就如魯迅所說：「這正如地上的路；其實地上本沒有路，走的人多了，也便成了路。」[15]

注釋

1 對於「認同」的重要性，可參考Charles Taylor, "The Politics of Recognition," in *Multiculturalism: Examining the Politics of Recognition*, ed. Amy Gutmann (Princeton: Princeton University Press, 1994), pp. 25–74.

2 以上提出的六點判斷，只是部份公平合作的重要前提，並不排除其他可能性。而且作為一個思想實驗，這些判斷並非真實出現的共識，而是經過道德反思後得出的判斷。倘若有人認為有些判斷不合理，只要提出的理由充分，即可修正。我的想法源於羅爾斯的「反思均衡法」(reflective equilibrium)。John Rawls, *A Theory of Justice* (Cambridge, Mass.: Harvard University Press, revised edition, 1999), pp. 17–19.

3 這種對自由人的理解，基本上源於羅爾斯的想法。John Rawls, "Kantian Constructivism in Moral Theory," in *John Rawls: Collected Papers*, ed. Samuel Freeman (Cambridge, Mass.: Harvard University Press, 1999), pp. 303–358.

4 當代哲學家伯林對此有相當深刻的洞見。Isaiah Berlin, "Two Concepts of Liberty," in *Liberty*, ed. Henry Hardy (New York: Oxford University Press, 2002), pp. 166–217.

5 這種想法，主要來自John Rawls, *Political Liberalism* (New York: Columbia University Press, expanded edition, 2005), Lecture VIII, pp. 289–371.

6 對此問題一個相當清楚的介紹，可參考Jeremy Waldron, "Introduction," in *Theories of Rights,* ed. Jeremy Waldron (New York: Oxford University Press, 1984), pp. 1–20.

7 由此可見，「權利」和「自由」這兩個概念關係相當密切，因為權利保障的，往往便是個人的選擇自由。又，這張自由的清單只是舉例而已，清單上可以包括其他的自由。

8 柏林便持這種觀點。Berlin, "Two Concepts of Liberty," pp. 176–177.

9 例如美國的《獨立宣言》(1776)和法國大革命的《人權宣言》(1789)，便開宗明義表明國家最重要的責任，是保障人的自然權利。

10 但需留意，雅典的公民是指那些20歲以上的雅典男性，並不包括女性，亦不包括大量的奴隸，以及其他城邦的移民。當時的雅典公民大約有30,000–45,000人。

11 「民主」的希臘文是*democratia*，它是一個由*demos*（人民）和*kratos*（管治）組合而成的詞，意指人民自己管治自己。

12 雅典全民大會的成員包括所有公民，而最低的法定人數是6,000人。對於雅典民主制的詳細討論，可參考David Held, *Models of Democracy* (Cambridge: Polity Press, 1996)；亦可看 M. I. Finley, *Democracy: Ancient and Modern* (New Brunswick: Rutgers University Press, 1996).

13 民主投票必然會出現多數人的選擇凌駕少數人的結果。既然如此，投票輸了的一方，為甚麼仍然願意接受最後結果的正當性——即使他們繼續堅持自己的決定才是對的？我相信其中的關鍵，是所有參與的成員都接受民主程序背後的價值，並給予這些價值優先性，其中包括政治平等、集體自治和公平競爭。基於這些價值，公民在政治社群共享一個政治身份（political identity）。公民對這個政治身份的認同，相當大程度上決定了民主社會的團結和穩定。

14 對於民主的討論，可參考Robert Dahl, *On Democracy* (New Haven & London: Yale University Press, 1998); 亦可看 Ross Harrison, *Democracy* (London & New York: Routledge, 1993).

15 魯迅，〈故鄉〉，《魯迅全集》，第一卷（北京：人民文學出版社，1981），頁485。

四　左翼之於右翼

15. 市場、金錢與自由

每年上政治哲學，討論到社會正義問題時，我總愛問學生，你們認為一個人多些錢，是不是就多些自由？很多同學會舉手，眼裏還有不解，好像說：老師，這還用問啊？有錢，我就可以去旅行，就可以畢業後去外國唸書，就可以做許多自己想做的事。我再問，既然如此，窮人是不是較有錢人少很多自由？大家稱是。於是我再問，香港連續19年被美國傳統基金會評為全球最自由經濟體，但貧富懸殊卻極嚴重，700萬人口中有過百萬活在貧窮線之下。[1] 既然如此，這些窮人會不會因為沒錢，所以相對地活得不自由？學生開始猶豫，眼中出現另一重疑惑。

一

有疑惑很正常。一個號稱全球最自由的城市卻有無數人因貧窮而活得不自由，似乎既諷刺又矛盾。按傳統基金會的標準，一個經濟體的自由度，主要看政府對市場的干預程度。如果干預越多，就越不自由，例如有較多的稅種和較高的稅率，社會福利佔政府開支比重較大，較多限制市場的法規（例如最低工資和最高工時）等。香港政府一向以「小政府大市場」自居，所以對於這個19年第一，總是引以為榮，並常以此為由拒絕提供更多社會福利，因為這樣會干預市場，減少自由。

這是一個根深蒂固且廣為人接受的觀點。在英文，持這種觀點的常被稱為libertarianism，有人將它譯為放任自由主義或市場自由主義。這種觀點往往包括以下主張。一，政府和市場是對立的，所有政府對市場及私有財產制的干預，都意味著自由的減少；一個完全沒有政府干預的市場，才是最自由的。二，自由是寶貴的，是最高的價值。要捍衛自由，就必須捍衛市場——即使市場競爭必然導致經濟不平等和貧窮。三，貧窮雖然不好，但貧窮和自由無關，所以不應為了解決貧窮問題而進行財富再分配，因為這樣會犧牲自由。只有在沒有政府介入的市場經濟中，窮人和有錢人才能享有相同的最大程度的自由。

市場自由主義是自由主義傳統中重要的流派，有高遠的政治目標，希望每個公民平等的自由受到充分保障。為了實現這個目標，他們主張嚴格限制政府權力，將政府功能減到最少，並將資源分配問題交給一個不受權力干預、且能自然調節的市場競爭體系來處理。這樣不僅最有效率，同時最為公正，因為只有市場才能在最大程度上保障個人自由。這種觀點，在當代中國自由主義發展中，無論是出於政治策略還是道德信念，都得到許多人的認同。

我以下將挑戰這種論述。我將通過概念分析，指出市場自由主義曲解了金錢、私有財產制和自由之間的關係，因而無法支持它的立場。我將從第三點，即貧窮和自由的關係談起。

二

先給自由下個定義。一個人是自由的，當且僅當他能夠免去限制而去做自己真正想做的事。[2] 這裏所說的限制，可以有不同形式。例如可以是外在的法律和制度限制，也可以是內在的對個人自由意志的限制。我特別加上「真正想做」作限定，主要是要避免那種當事人並不認同自己當下的欲望，甚至極力想擺脱受該欲望支配的情況。例如一個人很想戒煙，當他的煙癮發作時，吸煙其實並不是他真正想做的事，因為他並不想受這種欲望支配。在此情況下，這種欲望反而構成了對這個人的限制。[3]

為免在定義問題上引起太多爭論，讓我們集中在大家都會同意的例子：如果一個人因為某些原因觸犯法律而被關進牢裏，不管這些原因是甚麼以及懲罰的理由是否合理，他都在客觀意義上失去了行動的自由。我們由此可以得出一個更廣一點的觀察：我們活在法律制度當中，而法律背後有國家武力在支持。任何人觸犯法律，國家便會干預，他的自由便會受到限制。[4] 讓我們以此作為出發點，進入以下討論。

現在觀察一下我們的生活。每天起來，我們坐地鐵上班，要買票才能入閘；中午去速食店，要付款才能取得食物；下班去超市購物，要結帳才能離開。所有這些你想做的，都需要錢。現在設想有一天你突然變得很窮，口袋裏一分錢也沒有。同一樣的你，想去坐地鐵卻沒錢買票，會被職員擋在外面；肚子餓了想吃霸王餐，飯店會報警；去超市未付錢就想離開，保安員會阻止你。由此可見，沒有錢，你就不能免於限制去做你想做的事，也即沒有自由做你想做的事。如果你堅持一定要做，人為的外力干預便會介入。唯一能令你免去干預的，是錢。也就是說，在大部份情況下，金錢是在市場中我們做這些事(以及其他許多事)的必要條件。不是沒有例外。例如去公共圖書館借書或去郊野公園遊玩就不用錢，因為這些服務是由政府免費提供。但政府一旦將它們私有化，付不起錢的人同樣會失去使用這些服務的自由。[5]

以上簡單到不能再簡單的例子，告訴我們一個基本事實：在一個以市場經濟和私有財產為主要制度的社會，絕大部份資源和服務均已由個體和公司擁有，這些資源和服務都有一個交易價格，如果有人想從原來的擁有者手中取得這些物品，他就必須用錢在市場上購買(除非擁有者自願捐贈)。如果你沒錢卻想強取，就會違反法律規定的私有財產權，政府就會懲罰你，並限制你的自由。

我們因此明白，沒有錢就沒有自由是事實，而不是比喻。當所有東西均已各有所屬，且標明價格並受法律牢牢保障時，沒有錢，我們便寸步難行，處處受阻。錢就像通行證一樣，令我們在商品世界不受限制去做我們想做的事。所以，在其他條件相同下，有錢人較窮人的確自由得多。許多人平時說，為了更多自由所以努力賺錢，說的就是這個道理。錢，是打開現實世界中許多門的鎖匙。[6]

有人或會反駁說，即使以上所說有理，但你沒錢是你的事啊，別人或政府並沒有義務要幫你。是的，以上分析並沒有推導出這樣的結論。我的用意是嘗試指出這樣一個事實：在我們生活的世界，金錢的多寡直接影響每個人自由的多寡，而這又和產權制度密不可分。到目前為止，這是一個基於自由的定義而作的概念分析，而不是實質的道德判斷。我並沒有說，為了人們享有平等的自由，因此要平分富人的財富。我只是指出，在金錢可以起到關鍵作用的經濟領域，市場自由主義聲稱有錢人和窮人在市場中享有相同的最大程度的自由，其實是個假象或者迷思。

三

現在讓我們回到前面提及的市場自由主義的首兩個主張。這兩個主張背後，有一系列關於自由的想像，我會逐一指出其不足。第一個想像，是以為政府和市場各不相屬，甚至彼此對立，而市場是個沒有公權力介入，並以私有財產權為基礎的自足的自由交易體系。因為這種想像，許多市場自由主義者才對政府那麼抗拒，希望努力使得市場絕緣於政治，以為這樣才可以在最大程度上保障個人自由。

但這種想像忽略了一個基本事實：市場在國家之中，是社會基本制度的一部份。市場的遊戲規則由國家制定，並由它以強制性法律保證其有效運作。私有財產制、以供求決定商品價格及工資水平、低稅率和少監管，都是制度的結果。誰來保證這些制度？政府。沒有政府的法律和武力在背後支持，這種制度就不可能穩定維持。所以，政府不可能是和市場無涉的外在之物。

中國的開放改革，從計劃經濟走向市場經濟，從公有制走向私有制，是制度的根本轉變。這種轉變絕非自然而然演化而來，而是國家政治意志的產物。再者，一如其他經濟制度，市場同樣以特定方式，界定了資源和財富的分配，並深遠地影響活在其中的所有人的命運。我們不能想當然地假定市場本身必然公正，更不能以為市場競爭的結果必然就是每個人的合理所得，因此不容政府抽稅。所以，將市場想像成獨立於政治和道德之外的自足領域，是概念混亂。沒有價值中立的制度，也沒有「沒有干預」的市場。真正的問題，不是要不要干預，而是要怎樣的干預。因此，我們有必要檢視市場的道德正當性。

第二個想像，是以為私有財產權乃保障自由的必要條件，所以任何限制私產的政策都不可接受。但這些支持者或許沒有意識到，私有財產權這個概念本身，已蘊含了自由和不自由兩面。當一塊土地被界定為某個特定個人的私產時，這一方面保障了擁有者支配這塊土地的自由，另一方面卻也必然限制了其他非擁有者使用它的自由。而如果他們要強行佔用這些土地，例如在上面耕種，政府便會動用武力阻止。讀者須留意，我這裏不是要反對私有產權本身，而只是從概念上指出財產權的特點。我們可以提出不同理由來支持私有制的必要，但如果有人認為這個制度之所以可取，是因為它是「不自由的闕如」，卻極為誤導。

與此同時，我們也不能簡單地認定，私有制較公有制必然更能增加所有人的自由。舉例說，市中心有一公園，本來屬於公有財產，許多人都喜歡去那裏玩，政府也不收錢，因此所有市民都有同樣使用公園的自由。假設政府現在將公園賣給某富商，成為其私人產業。富商的自由當然增加了，但市民卻從此失去本來有的免費使用公園的自由。在其他條件相同的情況下，我們很難說這樣的產權轉變導致了自由的增加，而非減少。

第三個想像，是認為任何的社會資源再分配，都是對自由本身(freedom *per se*)的損害。這種想法深入民心，以至於許多贊成再分配的人也接受這種論述，雖然他們認為為了平等和正義，犧牲一部份的自由是值得的。這種想法其實並不準確。正如前面指出，財富的多寡直接影響自由的多寡，所以財富的分配，同時是自由的分配。當政府通過徵稅進行財富轉移及提供廣泛社會福利時，這樣無疑限制了有能力納稅者的部份自由(例如他們無法自由地支配那些稅款)，但與此同時，窮人的自由卻增加了。許多人只看到前者，卻看不到後者，因此才會認定再分配必然導致自由淨值的減少。

一旦了解上述各點，市場自由主義便須面對這樣的可能性：如果市場競爭導致嚴重的貧富差距，而這差距使得許多窮人享有的自由變得極為有限，那麼合理的財富再分配，就不僅使得社會更公平，同時能以一種更平等的方式分配自由。也就是説，自由放任的市場制度，不見得能最好地保障公民享有平等的自由，也不見得必然能令社會總體自由增加——而這卻是不少市場自由主義的立論之基。必須再一次強調，我這裏並非鼓吹激進的財富再分配，那需要更多的道德可欲性和實踐可行性的論證。[7] 我只是中性地指出，在概念上，再分配並不必然等於自由的減少。

四

在以上討論中，我從概念分析出發，指出市場和自由的關係，遠非市場自由主義所聲稱的那樣直接和緊密。問題一旦清楚，我們就可以放下種種簡化的意識形態標籤（非左即右），進入實質的討論：怎樣的社會制度安排才最能實現平等公民的自由？甚至問得更深入一點：在不同的自由中，哪些最為基本？這些自由應該根據甚麼原則來分配？如何一方面善用市場優勢來促進經濟發展，同時又要約束市場導致的財富及（相伴隨的）自由的分配不均？

這些都是今天中國甚至全世界迫切需要面對的問題，而這些問題皆非教條式的市場自由主義可以解決。例如市場競爭必然導致貧富不均，如果政府甚麼也不做，不提供任何資源滿足公民的基本需要，許多窮人和弱勢群體就會活在饑餓邊緣，機會不平等、階級矛盾和跨代貧窮將隨之而來，有錢有勢的人更會利用手上的優勢壟斷社會資源和政治權力，從而導致更廣泛的經濟、政治及社會不公，帶來更大的壓迫和宰制。當情況越來越嚴重，人們的不滿越來越大，市場自由主義遂被廣泛指責為只是為資本家和有錢人服務的意識形態。近年一波又一波的反全球資本主義浪潮，都將矛頭指向市場自由主義(或稱新自由主義)，其理在此。這種局面實在不幸，因為這樣使得自由主義背負惡名，失去它的道德感召力。

回到中國語境，面對日益嚴重的貧富懸殊和分配不公，不少市場自由主義者認為，問題真正的根源是政府對市場有太多介入，導致權貴資本主義。只要走向更徹底的市場化，問題自然就會解決。但西方資本主義走過的道路告訴我們，徹底市場化不可能真正解決問題。更合理的做法是逐步完善市場制度，使得競爭更有效率、更加公平，同時重視分配和貧窮問題，完善稅制，提供基本福利，確保所有公民過上安全自由和有尊嚴的生活。當然，不用多說，要走到這一步，我們不僅需要市場改革，更需要政治改革。追求憲政民主和追求社會資源的合理分配不僅沒有衝突，更是彼此密切相關的政治目標。真正關心社會正義的自由主義者，應該有這樣的政治和道德視野。

市場自由主義必須意識到，市場本身不是目的，而是實現公正和美好社會的手段。自由主義如果繼續不理代價地將自己和市場捆綁，並以自由之名反對任何社會分配，結果不但不能回應人民的訴求，更會令自己失去批判性和進步性。立足中國的自由主義要有生命力，就必須走出這個困局，讓人們見到它對自由和平等的追求，不僅是批判政治專制的有力武器，同時也是批判經濟和社會不公的重要的道德力量。

注釋

1 傳統基金會的排名，可到其網站參考：http://www.heritage.org/index/. 而根據香港政府發表的《2012年香港貧窮情況報告》，貧窮線定在住戶家庭入息中位數一半，全港貧窮人口達131萬人，貧窮率19.6%，即每五人中有一人貧窮。

2 我這裏對自由的定義，主要參考自 Gerald C. MacCallum, Jr., "Negative and Positive Freedom," in *The Liberty Reader*, ed. David Miller (Boulder: Paradigm Publishers, 2006), pp. 100–122.

3 這點可見Charles Taylor, "What's Wrong with Negative Liberty," in *Philosophy and the Human Sciences: Philosophical Papers 2* (Cambridge: Cambridge University Press, 1985), pp. 220–222.

4 在伯林的分析中，這是他所稱的「消極自由」。Isaiah Berlin, "Two Concepts of Liberty," in *Liberty*, ed. Henry Hardy (New York: Oxford University Press, 2002), p. 169.

5 或者換一種說法，會較易理解：如果你沒有錢，你就不能免於外力限制去使用這些服務。錢不是充分條件，也不是唯一的條件（例如年齡限制可以是另一個條件），但卻是必要條件。

6 在金錢、私有財產權和自由三者關係的理解上，我深受當代哲學家柯亨兩篇文章影響。見G. A. Cohen, "Capitalism, Freedom, and the Proletariat," and "Freedom and Money," in *On the Currency of Egalitarian Justice, and Other Essays in Political Philosophy* (Princeton: Princeton University Press, 2011), pp. 147–199.

7 我在本書關於社會正義的章節中對此有更多討論，也可參考第18章〈貧窮之苦〉。

16. 貧窮、自由與公正

〈市場、金錢與自由〉一文發表後，在網路上引起相當大迴響，好些朋友還特別撰文回應，包括王建勛先生的〈市場制度有利於每個人的自由〉。[1] 我在此感謝這些朋友的批評。本文不擬對批評作點對點式的回應，而是嘗試將市場自由主義放在一個更廣闊的政治哲學脈絡，呈現它的思路和困難，並進一步闡明我的立場：市場自由主義不僅無法保障每個人在市場享有平等的自由，更會導致嚴重的社會不公正。

一

許多人將libertarianism譯為自由至上主義(沿用前文，我將其譯為市場自由主義)。[2] 顧名思義，它視自由為最高價值，並以此作為證成和評價政治制度的終極標準。它接著認為，最能在最大程度上有效保障每個公民平等自由的制度，是市場資本主義。它有兩個重要特點：私有財產制和交易自由。政府最主要的責任，是保障私有財產和保證交易自由。政府不僅不應行公有制和計劃經濟，更不應以社會正義之名干涉市場，推行任何社會福利及財富再分配政策，因為這樣做等於劫富濟貧，侵犯個人自由。換言之，政府應該維持極低稅率，不應推行義務教育和設立公立醫院，不應提供失業、傷殘和退休保障等社會安全網。這些服務最好由私人企業在市場提供，並由供求來決定其價格。

市場自由主義對國家有天然的戒心，覺得國家是必要之惡，必須嚴格將其權力限制到最小，並將一切交給市場，因為只有市場才能充分保障個人自由。它的主張可被概括為「小政府大市場」。但今天的民主國家，真正一以貫之地實行這種主張的，其實少之又少。大部份國家都會根據經濟發展程度，為公民提供不同種類不同程度的社會福利，確保公民的基本需要得到保障，並藉此緩和貧富差距，維持社會穩定。即使曾被著名市場自由主義經濟學家弗里德曼(Milton Friedman)稱讚為全球最自由經濟體的香港，政府也早已為公民提供廣泛的教育、醫療、房屋及社會綜合援助等福利。

市場自由主義卻認為，由國家這隻「看得見的手」來做社會分配，不理效果如何，道德上都不正當，因為它會侵犯人的自由。王建勛在他的文章最後便告訴我們：「如果我們的目標是生活在一個自由社會裏，理論和經驗告訴我們，市場與私產有利於每個人的自由——不論財富多寡或者地位高低，權力與公產才常常戴著有色眼鏡——為了一些人的自由而犧牲另一些人的自由。」

這種觀點十分普遍，並被許多人接受。這裏有幾點值得留意。第一，這裏的自由，顯然是指市場自由，但這只是自由的一種，而非全部。我們平時所說的自由社會，更包括言論和思想自由、信仰和新聞自由、集會組黨結社的自由等等。自由是複數，有不同性質和不同意義。例如歐洲許多民主國家高稅收高福利，市場自由受到不少限制，卻很少人會因此說它們不是自由社會。今天中國的經濟體系體現了相當程度的經濟自由，卻很少人會因此說它已是一個自由社會，因為它在政治和社會領域，仍然對公民應享的基本自由有許多不合理的限制。也就是說，市場自由並不必然涵蘊政治自由，前者也不必然構成自由社會的充分和必要條件。[3]

第二，王建勛在這裏清楚指出，市場和私產是平等地保障每個人享有相同的自由。因此不管財富多寡和地位高低，大家的自由是平等的。這正是我在上一章提出的問題：一個億萬富豪和一個街頭流浪漢，是否享有同樣的自由？試想像如果有一天你不幸成為流浪漢，身無分文且饑寒交迫，於是你想有一塊麵包。但站在麵包店前，你因為沒錢，所以你不能免於店員阻撓而取得一塊麵包。如果你強取，店員會報警。然後，這位富豪可憐你，給你十元，你再次走進麵包店，將錢遞給店員。店員於是不再阻止你，還將麵包遞上。也就是說，這十元令你獲得了擁有那塊麵包的自由。這是否說明，你和億萬富豪在市場中，享有的自由其實極不一樣？富豪的錢能令他免受法律強制而打開無數本來關上的門，而這些門你卻一道也打不開，因為你沒有錢。如果你非要嘗試，警察會根據法律來阻止你。

甚麼是錢呢？錢是在由法律界定的產權世界中的交換媒介和通行證。私有財產權就像在我們活著的世界，設下一道道藩籬，這些藩籬有國家的法律制度在背後支持。我們努力賺錢，就是希望用錢移走這些藩籬，從別人手中得到我們想要的商品。在其他條件相同的情況下，富豪較流浪漢享有更多自由，因為錢往往是免於法律干預而擁有商品及服務的必要條件。[4]

讀者須留意，我這裏所說的自由，基本上是伯林所說的免於外在干預的消極自由的概念。[5] 而我在上面所做的，是基於此定義而做的概念分析。這一分析本身並不意味流浪漢可以強取麵包店的麵包，也不意味流浪漢有權利要求富豪分一些錢給他，更不意味政府因此有正當理由做財富轉移。但它卻清楚顯示：市場中的貧富懸殊，會導致富人與窮人得到有價商品的自由不一樣。而在一個幾乎所有物品都是私產且有價的社會，富人和窮人並沒有平等的自由，而且差別極大，而這卻是市場自由主義不願承認的，因為它一直告訴我們，市場中每個人享有相同的最大的自由。一旦承認這點，為資本主義辯護的最美的一道面紗就被撕破了。我們將不僅見到極深極寬的財富的不平等，同時見到極深極寬的自由的不平等。而一旦承認這點，我們在概念上也必須跟著承認：錢的多寡直接影響人的自由，而財富的分配同時是自由的分配。

王建勛在文章中質疑：「因為一個人不付錢強行消費當然會受到外力干預了。這種干預怎麼就等同於『沒有錢就沒有自由了』？如果一個身無分文的人不強行消費，誰會干預他的自由？」王先生和許多人一樣，在這裏將概念分析和價值判斷混淆了。王先生其實承認：不付錢而強行消費，會受到外力干預。他只是不接受沒錢可以強行消費，因為這侵犯了別人的財產權。到目前為止，我談的是前者，而後者是否成立，我們需要先知道甚麼樣的財產制度和財富分配是能夠得到合理證成的，因為一個人擁有的財富多寡和他活於其中的社會分配制度是分不開的。無論如何，在概念上我們需要知道：在某些狀態下，一個人的行動自由客觀上受到限制，和我們在道德上應該如何對待這種狀態，是兩回事。一旦清楚這種區分，王先生的許多批評即可避免。

第三，不接受市場自由主義主張的「大市場」，並不等於就要全盤反對市場，更不等於就要接受財產公有制。這種說法很流行卻常誤導人，好像你一批評市場，就會從高坡上一直滑啊滑到底，成為徹底反自由的專制主義者。但我不僅不反對自由，而且更希望找到合理的制度去保障每個人的基本自由。我真正要質疑的，是市場原教旨主義，即視市場為最高最神聖的價值，看到它有許多優點的同時，卻無視其諸多弊端，並一刀切地反對國家針對這些弊端作出任何調節和約束。我在上一章中主張的是：「逐步完善市場制度，使得競爭更有效率、更加公平，同時重視分配和貧窮問題，完善稅制，提供基本福利，確保所有公民過上安全自由和有尊嚴的生活」，因為「市場本身不是目的，而是實現公正和美好社會的手段」。

二

放任市場最大的弊端，在於它會導致極大的貧富差距。道理不難理解。市場競爭的邏輯，是優勝劣敗和弱肉強食，不平等遂無可避免。有人馬上會說，結果不平等沒問題，只要起點公平就行。但每個人的起點並不一樣。我們的出生地點、自然稟賦、家庭背景、社會階級等各有不同，這些差異必然導致競爭中的機會不平等，機會不平等必然導致結果不平等，這一代的結果不平等必然又會導致下一代更大的機會不平等，如此循環往復，遂貧者愈貧，富者愈富。也就是說，如果沒有政府的調節補救，市場邏輯只會導致愈來愈大的機會不平等。

或許有人說，放任市場容許小部份人富起來不僅沒有問題，而且是應該的，因為只有通過大幅度減稅才能鼓勵富人投資、儲蓄和消費，推動整體經濟發展，最後才能令貧困階層在最大程度上受惠。這是經濟學中所謂滴漏效應(trickle-down effect)。這種觀點很有市場，例如上世紀八十年代美國共和黨雷根總統的放任自由經濟政策便常被用來作為範例。滴漏效應是否成立及在甚麼條件下成立，經濟學界有許多爭論。但以美國實際情況來看，據統計調查，在1979–2005年間，美國家庭的稅後收入，最富有的1%家庭增加了三倍，最高收入的五分一增加了80%，但最低收入的五分一卻只增加了6%。也就是說，美國的貧富差距在不斷擴大，階級流動在減慢，形成贏者通吃的局面。[6]

香港的情況不遑多讓。這個一直聲稱奉行積極不干預、主張低稅收低福利的全球最自由經濟體，2012年的基尼系數已去到40年來的新高0.537。相較新加坡以及OECD（經濟合作與發展組織）成員國，香港貧富差距最為嚴重。香港的人均國民所得已達三萬多美元，但2012年的貧窮人口卻有131萬，佔總人口的19.6%。[7]這種情況並非例外。據樂施會今年一份報告，G20國家自1990年以來雖然錄得經濟增長，但經濟不平等的情況普遍在加劇。而我們不要忘記，G20中不少已是高度發展的福利國家。

許多人以為只要將蛋糕弄大，低下階層自然受益，實情卻非如此。退一步，即使窮人在蛋糕變大的過程中分得微薄好處，我們依然可以問，為甚麼極小部份人可以擁有社會大部份財富，餘下不多的一點點才由大多數人來分？蛋糕變大和蛋糕怎麼分是兩回事。而依據甚麼原則分配資源才合理公正，是所有政治理論必須回答的問題。市場自由主義因此有責任告訴我們，為甚麼一個弱肉強食、階級分化、機會不均、老無所依、幼無可靠的市場社會是正義之邦，並值得我們追求。它需要道德理由，為這樣的社會辯護。

貧窮不是抽象的概念或數字。只要我們用心，我們自會見到無數在生存邊緣掙扎的窮人，是有血有肉的真實個體，是政治共同體中的平等公民，有自己的家庭、自己的夢想，並渴望活得安穩、活得自由。他們絕大部份不是好吃懶做，不是自己選擇貧窮，而是由於先天能力、後天環境和生命中種種不可控制的因素，使得他們在市場競爭中成為弱者。市場自由主義者不能說，這是他們應得的，不值得我們同情，因為這些處境很大程度上並非他們的選擇所致。我們也不能說，這是自然生成的秩序，沒有人需要為此負責，因為制度是人為的，而事實上大部份國家今天都不是在徹底奉行市場自由主義。我們更不能說，這些問題只是暫時的，只要市場變得更加放任，國家完全不加理會，問題自然會迎刃而解。歷史經驗告訴我們，這往往會令情況變得更加糟糕(當然，這並不表示國家管得愈多就愈好)。

市場自由主義既然難以否認貧富懸殊，但又不想國家介入，於是只能訴諸私人慈善(charity)。例如王建勛便認為：「即使解決了制度性問題，貧富差距依然會存在，因為人們在稟賦、勤奮程度以及運氣等諸多方面存在差異。對於這種原因導致的貧富差距，適當的解決辦法是指望公民社會和民間慈善，別無他途。」他途當然存在，例如由國家提供教育、醫療、失業、養老等一系列社會保障，情況就較甚麼也不做好得多。寄望民間慈善來解決貧富差距，重點不僅在於它是否可行，而在於它將本來屬於分配正義的問題，變成和正義無關的可做可不做的慈善問題，迴避了真正的爭論。[8] 慈善之舉或許值得讚美，但我們的問題是：使得慈善家擁有巨額財富的制度本身是否公正。

如果我以上觀點成立，那麼我們便可以說，因為以私有財產權為基礎的放任市場制度本身不公正，因此導致的貧富差異也是不公正的，因此從這個制度中獲益最多的富人也就不能以自由或權利之名，來反對任何的財富再分配。

三

在有關自由主義的論爭中，一個最廣為人接受的論述是：左派重視平等，右派重視自由。在這種二分下，許多人繼而接受伯林式的價值多元主義命題：價值多元且不可比較，選擇自由則必須犧牲平等，反之亦然。[9] 於是，即使面對資本主義的種種壓迫剝削和貧富懸殊，即使被批評為只為有錢人服務，市場自由主義仍然可為自己辯護：這是捍衛每個人的自由必須付出的代價。市場社會即使導致「朱門酒肉臭，路有凍死骨」，但朱門中人和路邊凍漢的自由，至少是一樣的。我挑戰的，正是這種似是而實非、卻有很大影響力的論述。

有人或會回應說，即使我的批評成立，我們也不應該為了較平等的自由而進行任何財富分配，因為這一定會侵犯有產者的私有財產權，而權利是至高無上的。不少朋友對我的批評，都自覺或不自覺地用了這個論證：自由不是為所欲為，自由只是做權利許可的事。我並不同意這種對自由的定義，但我同意這可以是一種辯護的方式。但批評者必須意識到，一旦走出這一步，其實也就等於放棄了他本來要堅持的自由論證，並改為訴諸某種特定的權利觀來為放任市場辯護了，因為甚麼是自由，必須由權利來界定。也就是說，我們必須先知道人享有怎樣的財產權，才能知道哪些限制構成對自由的真正約束。也就是說，權利的證成必須先於和獨立於自由。

於是，問題變成關於權利的爭論。只是如此一來，市場自由主義那種訴諸自由的直覺上的吸引力，也就大大降低。例如有人可以說，他從一開始就不認同人有任何自然的和絕對的私有財產權，而一個人可以正當地擁有多少財產，必須受限於一組獨立證成的正義原則。因此，基於這組原則而進行的社會分配，也就不能簡單地被視為是對個人自由的侵犯，因為他的權利觀和市場自由主義的權利觀有根本的不同，因此對於甚麼構成自由的限制也就有了不同的理解。[10]

最後，我想指出，自由右翼和自由左翼真正的爭論，不是右派要市場、左派要正義；也不是右派要自由、左派要平等，而是兩者都談市場和正義，只是大家對於單靠放任市場能否實現正義有極大爭論；兩者也都要平等和自由，只是大家對於市場能否實現平等的自由有極大分歧。我希望大家見到，如果自由主義的共同目標是追求一個公正社會，而公正社會最重要的條件，是確保平等的公民能夠在公平的制度中自由地追求自己的人生理想和實現自己的潛能，那麼市場和國家就只是實現這個道德目標的手段。自由主義不必教條式地將自己與放任市場捆綁，無視它可能帶來的剝削、異化和不自由，而應將市場放在一個更廣闊的公正社會的框架中來理解其優點和限制。

國家會壓迫人，市場一樣會。一個更進步更具批判性更能理解及回應人們當下所面對的不公和苦難的自由主義，既應追求政治上的民主憲政，也應追求經濟上的公平分配和社會生活中的平等尊重。用我自己的話，我們要追求自由人的平等政治。

注釋

1 我的文章最初發表於《南風窗》，第16期(2012)。王建勛先生的文章在此：http://blog.ifeng.com/article/19407095.html.

2 我在本書其他地方，有時也將其譯為「放任自由主義」。

3 由此帶出一個重要問題，即到底哪方面的自由才是構成「自由社會」的重要條件。舉例說，今天的中國社會，擁有一些其他社會沒法享有的自由，例如可自由免費下載盜版書和盜版電影，而這些自由對不少人來說也是重要的，但這些自由是否「自由社會」不可或缺的部份呢？不見得。所以，並非所有自由都有同樣的重要性且值得我們重視。在判斷哪些自由重要時，我們需要一個獨立的評價標準。

4 有的時候，錢可以不是充分條件，例如如果法律規定，只有北京人才可以在北京買房，那麼有錢的非北京人也是沒自由在北京買房的。錢也可以不是必要條件，例如別人可送一套房給你。但在一個大部份物品都有價的社會，在絕大部份情況下，錢是擁有這些物品的必要條件。

5 Isaiah Berlin, "Two Concepts of Liberty," in *Liberty*, ed. Henry Hardy (New York: Oxford University Press, 2002), p. 169.

6 對於資本主義制度性地導致貧富懸殊的最新分析，可見Thomas Piketty, *Capital in the Twenty-First Century*, trans. Arthur Goldhammer (Cambridge, Mass.: Harvard University Press, 2014).

7 這裏所指的貧窮人口，是指活在貧窮線以下的總人數。香港政府在2013年首次公佈了官方的貧窮線，以住戶收入中位數一半作為貧窮線標準，一人家庭月入收入上限為3,600港元，四人家庭為14,300港元。

8 即使就可行性來說，在資本主義社會，慈善可以起到多大作用也很成疑問。一來是因為貧窮人口眾多，慈善捐獻往往杯水車薪；二來是慈善行為本身沒有普遍性的道德和法律約束力，難免出現有些人做有些人不做，結果所有人都不做的問題；三來是慈善背後的道德動機和資本主義鼓勵的自利精神，有很大的內在張力。

9 Berlin, "Two Concepts of Liberty," pp. 214–215. 不過這裏要留意，伯林本人並不是市場自由主義者，而是自由主義左翼的支持者。

10 對於這方面的討論，可參考Will Kymlicka, *Contemporary Political Philosophy: An Introduction* (New York: Oxford University Press, second edition, 2002), pp. 148–153.

17. 市場自由主義相信甚麼

市場自由主義相信甚麼？許多人一定會説：自由。誰的自由？所有人的自由。如何保障這些自由？以私有財產權為基礎的資本主義競爭性市場。我在前面兩章質疑了這種觀點。我的理由很簡單：在市場中，不是所有人享有平等的自由，而是有錢人較窮人享有更多的自由。

這樣的觀點，引來許多篤信市場的朋友的嚴厲批評。為甚麼呢？我猜多少是由於觸到了他們的軟肋。眾所周知，市場自由主義不遺餘力地替資本主義辯護，甚至反對國家為有需要的人提供教育、醫療、房屋、失業救濟等基本福利，因為他們認為這樣做意味著要抽富人更多的税，而抽税形同劫富濟貧，損害了富人的自由，而自由是神聖不可侵犯的價值。因此，即使面對嚴重的貧富懸殊，市場自由主義仍然可以聲稱，為了個人自由，這些代價都是值得的。自由成了捍衛資本主義的馬其諾防線。

我在前兩章中已指出，這道防線其實並不存在，因為富人和窮人享有不一樣的自由。資本主義不僅導致巨大的收入不平等，也導致巨大的自由方面的不平等。這一事實本身並不否定市場有其他優點，但卻至少説明「市場在最大程度上保障每個人享有平等的自由」

這一說法，其實是個迷思。迷思一旦被打破，市場自由主義遂不能再動輒以自由之名，一刀切地反對政府基於正當理由而推行的社會福利政策。這也意味著，人們長期以來形成的「自由右翼要自由，自由左翼要平等」的看法，其實頗為誤導。兩派真正的爭論，不在於要不要自由，而在於要甚麼性質的自由，自由應如何公正分配，實現自由需要甚麼條件，以及誰來滿足這些條件等。

廓清這些理論誤區後，自由主義就不必無條件地和資本主義捆綁，並對後者導致的社會不公保持沉默或強為之辯。自由主義不是也不應是為現有體制及既得利益者服務的意識形態。相反，自由主義立足於自由和平等，有普遍性的道德關懷和對社會公正的堅持，既追求政治上的權利、民主和憲政，社會關係中的平等尊重，也追求經濟上的公平分配。我站在自由主義的角度批評市場自由主義，目的不是要取消市場或主張大國家主義，而是反思自由主義的道德基礎，恢復它的批判精神，並論證其在今天中國語境下的道德吸引力。

在這次論爭中最關鍵的問題，是金錢和自由的關係。但大部份批評似乎均未能準確把握我的論點，包括最近再次長篇回應我的王建勛先生。[1] 故我就此再作回應，進一步闡述我的觀點。

一

先重溫一下自由的定義。一個人是自由的，當且僅當他能夠免於限制而去做自己真正想做的事。據此，監獄中的囚犯是不自由的，不論他是否罪有應得；同樣地，我們沒有自由在明令禁煙的場所吸煙，或收到稅單時不繳稅，否則會受到法律懲罰。這個定義，我相信也為市場自由主義者普遍接受。現在的問題是：在一個以私有財產權為基礎的社會，在其他條件相同的情況下，窮人會否因為缺乏金錢這一事實本身，從而客觀上較富人受到更多外在限制，因而享有較少自由？我的答案是肯定的。

為方便討論，讓我舉一例。設想有兩個國家。A國法律規定，所有國民都不可以出國旅行。如果有人強闖邊境，會被海關人員拘捕。也就是說，A國人民沒有出國的自由。B國是一自由資本主義社會，所有人都可憑護照出國。富人有護照、機票，所以可以不受任何阻撓，順利通關上到飛機。窮人也很想去旅行卻沒錢買機票，結果在海關前被人阻擋。他努力想闖過去，結果被拘捕。海關人員會對此窮人說：「根據法律，你必須用錢買一張機票，才能免受武力的強制上到飛機。錢，是你獲得這種自由的必要條件。」許多人以為，只要富人和窮人都可以申請護照，就已享有相同的自由。實際上是即使你有護照，但沒有錢，一樣會受到限制而無法出外旅行。換言之，在這種情況下，富人較窮人多了行動的自由。

以上例子說明，A國和B國對自由的限制，其實都來自法律。[2] 要理解金錢和自由的關係，就必須將它放在特定的產權制度下來理解。B國實際上規定，所有私人財產都受法律保護，而在絕大部份情況下，金錢是使用及佔有他人財產的必要條件。金錢是市場的交換媒介，並由國家法律賦予其權威。許多人誤以為市場是獨立於國家的自足體系，其實市場的遊戲規則，包括私產和契約制，都是由國家制定並以武力維持。窮人沒錢而又想得到他人的物品，便會受到國家的武力干預。

這就是我再三闡述的基本論證。這一論證如果合理，即表示在一個貧富懸殊且大部份財富土地集中在小部份人的社會，窮人較富人事實上少了許多行動上的自由，而這是某種法律制度下的結果。讀者須留意，這是一個內在式的批評(internal critique)：我是在接受市場自由主義對自由的定義的前提下，指出財富多寡和自由多寡的內在關聯，然後指出富人和窮人享有相同自由的說法並不成立。

我必須強調，這一結論並不意味著，窮人可以僅僅因為不平等的經濟自由這一事實本身，便可以要求國家進行二次分配，更不意味著我們因此要否定市場和私產制度。但它意味著，如果市場自由主義真的重視人的自由，同時相信每個人都應享有相同(或相當程度)的自由去實現自己的人生目標，那麼一個貧富懸殊卻又沒有任何財富再分配的市場制度，就不可能是它所要追求的目標。[3]

二

現在讓我們來看看對我的反駁。一個最普遍的批評，是認為窮人根本不應享有強佔或搶劫的自由。例如王建勛在他的文章中說：「如果流浪漢不試圖強佔或者搶劫商店裏的麵包，他的自由絲毫不會喪失。儘管他會挨餓，但這與自由的失去完全是兩回事。」王先生在這裏其實並沒有真的在反駁我。承認窮人因為缺乏金錢而因此缺乏自由這一事實是一回事，因為缺乏金錢而去搶劫他人是不道德的是另一回事。前者並不涵蘊後者。事實上，許多國家正因為擔心出現後者的情況，所以才由政府提供各種福利，滿足公民的基本需要。

但王建勛在這裏似乎同時想說，流浪漢只要挨餓而不去強行索取麵包，他的自由就不會有絲毫喪失，例如警察不會來干涉你。但王先生豈不是因此同意，如果流浪漢沒有錢而又想得到他人的麵包，他的自由就會受到警察限制？而錢豈不正是令得他免受這種限制的必要條件？由此往下想，一個身無分文且饑寒交迫的流浪漢，和一個身在監獄的囚犯，是否同樣處於不自由的狀態？囚犯拚命掙扎卻不得其門而出，當然沒有自由。如果沒有人好心施捨，流浪漢同樣不可能免於警察限制而得到衣服、食物和居所。在他的四周，私有財產法豎起一堵堵無形的牆，阻止他得到這些物品。而對於富豪來說，這些牆卻可輕易推開。在這種情況下，如果王先生仍然堅持說億萬富豪和流浪漢享有相同的自由，那著實教人不解。

我相信，王建勛真正在談的其實是私有財產權，而不是自由。例如他說，私有財產權在「保護權利人財產的同時，對他人施加了不得干涉或者侵犯的義務」。正因為他先假定了麵包是店主的私有財產，他才會說流浪漢不可以強佔或搶劫，因為這樣做侵犯了店主的財產權。所以，「任何人都不享有獲得某件特定商品的自由。如果一個人想要獲得某個商店裏的某塊麵包，他必須為此付出代價」。也就是說，王先生是在確立了私有財產權的前提下來談自由。

王建勛沒有意識到的是，一旦接受這種思路，他就不能再堅持原來的平等自由論證，因為正如我在前面指出，私有財產權在概念上有自由和不自由兩面：它保障了有產者自由支配他的財產的同時，必然也在法律上限制了其他人使用這些財產的自由。所以，當世界大部份土地及生產工具被一小部份人壟斷後，那些沒有能力和機會擁有財產的人，客觀而言，在經濟領域享有的自由自然少得多。也就是說，如果我們接受私有財產權在制度上的優先性，有產者和無產者就不可能有平等的自由，而這正正解釋了貧窮和自由的關係：窮人缺乏錢，所以不能免於法律限制而去使用和佔有屬於別人的財產，因此缺乏自由。金錢和自由的關係，必須放在財產權的脈絡下才能得到恰當理解。

三

至此我們看得很清楚，王建勛實際上是在訴諸私有產權，而不是平等自由來為資本主義辯護。讀者看到這裏，或會感到有點意外，因為長期以來，在許多人的想像裏，在各種政治理論中，將自由放到最高位置的，正是鼓吹小政府大市場、反對任何社會福利的市場自由派。但我們現在卻見到，市場自由主派真正在意的，其實是私有產權，而不是平等自由，而前者不僅不會導致後者，反會在制度上合理化和強化了自由的不平等分配。

這不僅是理論分析，更是無數人生活中的真實感受：殘酷的全球資本主義競爭，令土地、財富和生產工具愈來愈集中在大財團和大資本家手上，無數窮人在生存邊緣掙扎。他們承受的，不僅是物質的匱乏，同時是自由的缺失。他們生命中許多重要的門，因為貧窮而被一一關上。而我們不要忘記，關上這些門的不是市場，而是國家，是國家在支持一種私有產權至上並以武力維持的制度。市場自由主義者卻告訴我們，對不起，這已經是各種可能世界中最好的世界。他們遂無法理解席捲全球的「我們都是99%」反資本主義運動的人的憤怒和絕望，遂繼續活在自己編織的世界，並自我感覺良好。[4]

或許有人會説，這都是西方資本主義的問題，不是我們的問題。中國今天最迫切的問題，是如何建立真正的市場機制，將市場和政治分家，並利用市場來抗衡政治。這是一種策略性考慮，即在當下的歷史階段，誰才是最主要的敵人的問題。既然如此，我們就有必要問，在經過三十多年的市場經濟改革後，今天中國的農民、工人、失業者、老弱傷殘者，他們在生活中承受的壓迫和不公，包括過長的工作時間和過低的工資、惡劣的工作環境、子女教育困難和起跑線上的不平等、醫療和社會保障不足、居住條件困迫、自然環境受到嚴重破壞，以及日益疏離和工具化的人際關係等，是否都和資本主義在中國的發展沒有關係。退一步，即使關係不大，那麼未來的出路是否就是將中國變為更徹底的市場社會，而不是在完善市場體制的同時，推動政治改革以及要求政府承擔更多責任，並以更合理的方式來分配社會資源？更重要的是，如果所謂自由主義的立場就是市場至上，無視無數實實在在受著壓迫的人的生存處境，那麼這樣的主義對底層人民又有何吸引力？

如果自由主義所許諾的，只是個機會不均、貧富懸殊、階級對立、弱無所顧、老無所養、人們活得沒有尊嚴的社會，那麼沒有人會願意成為自由主義者。自由主義在中國要有生命力，便必須有效回應人們的苦難，同時論證它的改革藍圖能夠更好地實現一個公平公正的社會。

最後，市場自由主義者或會問，即使你所説都有道理，難道我們要因此全盤放棄私有財產制？不是。但我們首先要問，私有產權為何如此重要？王建勛説得好，私有產權最終的目的，是「讓每個人都有獨立、生存和發展的基礎。」既然這樣，我們應該問下去：怎樣的產權制度，怎樣的資源分配，才能夠確保每個人都有足夠物質基礎和社會條件去活出獨立自由的人生？這是自由主義最為關心的問題，而市場資本主義不見得是最好的出路。

注釋

1 見王建勛，〈市場是自由與公正的天然盟友〉，《東方早報．上海經濟評論》，2012年10月16日。

2 但這並不表示A國和B國對自由的限制是一樣的。如果其他條件相同，A國對自由的限制顯然較B國大，因為A國的人即使有錢也沒法出國。

但為甚麼我們在平時的思考中，不會將金錢的缺乏視為對自由的約束？我相信其中一個重要原因，是認為一個人的財富多寡，是他需要負責的事，卻與制度無關。伯林便有類似想法。Isaiah Berlin, "Two Concepts of Liberty," in *Liberty*, ed. Henry Hardy (New York: Oxford University Press, 2002), p. 170.

3 當然，它仍然可以訴諸其他理由來為這樣的制度辯護，但不應以平等自由之名。

4 這個運動的網頁可見http://wearethe99percent.us/main/page_home.html.

18. 貧窮之苦

在前面幾章，我已嘗試論證：在我們的社會，窮人較富人少許多自由。窮人不僅缺乏物質，同時缺乏自由。這意味著在一個貧富差距愈來愈嚴重的社會，人們享有的自由其實並不一樣。但許多人會繼續問：即使這樣又如何？倘若富人所獲財富都是他們所應得的，難道不是很合理嗎？如果窮人之所以窮，都是自作自受，他人和政府又為甚麼有責任照顧他們？這些都是重要之問，裏面牽涉到一個更根本問題：到底在甚麼意義上，貧窮是一種制度性的受苦(suffering)？本章將集中探討此問題。

一

貧窮問題關乎社會正義，因為貧窮的成因往往和一個國家的經濟制度及財富分配政策直接相關。今天的中國，雖然經濟年年增長，但貧富差距也愈來愈大，仍然有許多人活在貧困之中。如何應對這個現實，是所有政治理論必須回答的。而在過去20年的思想論爭中，自由主義最受人質疑的，是指它以自由和私有財產權之名，無條件擁抱市場，無視大部份財富被極小部份人壟斷、大部份人卻活在困苦之中這一事實。

中國的自由主義者不能說，中國當下所有的貧窮問題，都是由於未完全市場化所致。這似乎在說，只要有一天中國徹底市場化，政府干預減到最少，一切問題自然會解決。西方資本主義走過的道路，早已否定了這點。自由主義需要市場，但不必迷信市場，並以為不受約束的競爭就能自動帶來公平的社會分配。自由主義反對專制，但不必迷信無政府才是烏托邦，因為只有民主法治的國家才能充分保障我們的自由和權利。

不少自由主義者或許會說，在現階段，至少在策略上應該鼓吹市場以對抗專制。等到那一天中國有了憲政民主，我們再來談社會公正好了。換言之，市場純粹是一個工具。這種階段論的觀點在思想界相當流行，卻站不住腳。第一，這種想法在道德上要不得。因為這等於在說，我也知道現在的財富分配很不公正，但為了一個更長遠、更崇高的目標，那些在現有體制下受壓迫的老百姓就只能被犧牲了。但為甚麼他們應該被犧牲？自由主義不是尊重每個人都是目的自身，並有平等的價值和尊嚴的嗎？這種說法，和貪污腐敗是社會發展的必要之惡、環境污染是經濟發展的必要代價的論調，又有甚麼根本分別？如果每個公民都有要求正義的權利，我們就絕不應那麼輕省地以這種似是而非的階段論去無視那些被犧牲的人。

第二，當老百姓在生活中感受到自己是被市場壓迫的一群時，他們會問：如果自由主義許諾的未來，不是一個更安全、更公平、活得更有尊嚴的社會，而是一個更純粹更殘酷的市場，那麼所謂的憲政民主於我有何意義？而我為何又要支持自由主義的社會改革綱領，而不是其他方案？

第三，不少人曾以為，只要有了市場，權力自然受到約束，自由民主等好東西自然跟著來。歷史發展到今天，大家都知道這實在是過於一廂情願。不少人形容今天的中國是「權貴資本主義」或「國家資本主義」，正正說明權力完全可以和資本結合，並以更細密、更精緻的方式維持既有統治，並帶來更大的壓迫。中國要走向民主憲政，需要更多的社會力量和道德資源，而這些力量和資源，許多不僅不能由市場提供，甚至和市場鼓吹的自利主義相衝突。

所以，無論是在理念上還是策略上，中國自由主義都須重視社會正義，並好好建構出自己的正義理論。這樣的理論，不僅要批判專制，也要批判資本，更要批評社會生活中形形色色的不公平；不僅要重視自由，也要重視平等；不僅能好好地體察和理解民眾承受的壓迫和苦難，同時也能提供一個值得我們為之共同努力的政治改革方向。自由主義在中國面對的挑戰，不僅是專制以及為其提出種種正當性辯護的「左派」，同時也包括種種市場資本主義的右翼論述。[1]我在前面幾章集中反思市場自由主義的一些基本論點，正是希望指出，如果自由主義真的重視自由和平等，便沒有理由毫無保留地擁抱市場資本主義。

二

現在讓我們回到最初的問題，即貧窮作為一種苦，到底意味著甚麼。讓我們設想有這樣一位男人：張先生，年過半百，工作數十年的工廠倒閉，下崗數年。家裏有女兒要上學，有多病的母親要照顧，積蓄所剩無幾，卻因年紀不輕且無一技之長，只能做些散工維生，生活極為貧困。這樣的人在中國很普遍。我想沒有人會否認，張先生正在受苦。但他受的是甚麼苦？這些苦，為何值得我們重視？

首先，張先生一家飽受物質匱乏之苦。因為貧窮，他們的基本需要得不到滿足，包括吃不飽穿不暖居不安，全家營養不足，健康不良。第二，張先生的女兒雖然很用功，成績也不錯，卻因為沒錢交學費和各種雜費，被迫輟學。這意味著她的人生從一開始，就已遠遠落後於其他小朋友，許多能力也沒法通過教育而得到好好發展。她的人生前景，在相當程度上從出生開始已被決定。第三，張先生的母親因為沒錢求醫，身體承受極大痛苦，同時又覺得自己成了家庭的負累，精神上也飽受折磨。

第四，張先生自下崗後，和原來工作單位的人的交往愈來愈少，有問題也不知道找誰訴説，人變得愈來愈孤單無助和自信心盡失。活在一個一切向錢看的社會，張先生時時感受到有形無形的歧視。絕望、妒忌、憤恨、怨艾、懊悔等情緒，不斷腐蝕他的生活。第五，張先生也感受到不自由。他終於明白，無錢便寸步難行是甚麼意思。有人或會説，張先生和其他人其實享有相同的自由，例如政府不會因為他是下崗工人而不容許他送女兒去學校或限制他媽媽入住醫院。張先生當然知道，他在這些方面並沒受到法律限制。但他同時明白，如果他要送女兒去上學或送媽媽去醫院，他必須滿足另一個條件，就是他要有錢。沒有錢，這些機構就會訴諸法律來限制他使用這些服務。這才是張先生面對的不自由的來源。作為一個有自由意識的行動主體，張先生見到生命中許多重要的門，因為貧窮而一一關上，他為此感到十分無助。

以上描述，是許多窮人的真實寫照。我的描述或許仍嫌表面，但已足以説明，張先生一家人因為貧窮，在肉體、精神及社會生活中，承受許多痛苦。張先生不是抽象的人，而是真實的個體。無數這樣的個體，就在我們身邊，就在貧窮所帶來的困苦中掙扎求存。如果我們願意承認這些痛苦真實存在，同時承認痛苦是不好的——無論這些痛苦降臨在哪些人身上——那麼，我們最少可得出一個初步結論：國家有責任減少人民的痛苦，因為這些痛苦在相當大程度上是制度所致。

三

這樣的結論卻會馬上遭到質疑。例如有人會說，張先生之所以窮，是市場競爭導致的結果，沒有人需要為此負責。政府如果要照顧張先生，例如提供義務教育給他的孩子或醫療津貼給他的媽媽，那其實是在用納税人的錢，而這並不公平，因為納税人(也即在競爭中佔優者)沒有義務這樣做。政府這麼做，是在劫富濟貧，逾越了其應有的角色。

讓我們先弄清楚一個概念。我們不應將張先生一家的遭遇，簡單地視為個人的自作自受。我們活在制度之中。我們每個人的處境，從一出生開始，就已深深受到制度影響。制度總在以不同方式，決定我們每個人可以得到多少資源、機會和自由。例如如果張先生活在香港，他的境況便會大大不同，他的孩子可以接受12年義務教育，他的母親可在公立醫院享有幾乎免費的醫療，他本人也可以申請社會綜合援助。這樣的制度或許仍有不足，但張先生一家所受的痛苦，肯定會大大減少。張先生今天的處境，同樣是特定分配制度下的結果。如果有人相信市場萬能，反對政府做任何事幫助像張先生這樣的人，那麼他必須提出道德理由來為之辯護，而不能聲稱市場是個自生自發的經濟秩序，因此任何干預都不應該。

有人或會説，市場確是國家制度的一部份，但市場競爭體現的「優勝劣汰，適者生存」是合理的，因為只有這樣，社會才會進步。國家因此甚麼也不應做，而只需維持一個完全競爭的環境。按此思路，所有弱者被犧牲都是應該的。我相信，所有當代政治理論，包括自由主義，都不會接受這種接近社會達爾文主義的觀點，因為它完全不重視個體的權利，而只視每個人為滿足所謂「社會進步」的工具。

有人或會換個方式説，市場出來的結果是合理的，因為它給予每個競爭者其所應得的。但甚麼是應得(desert)呢？例如在高考中，你努力讀書並考得高分，我們會説你入到好的大學是你應得的。但如果你考得很差，卻靠走後門而進入同一所大學，我們會説這是你不應得的。也就是説，「應得」這個概念意味著你實際上做了一些事情，因而你對這些事情的後果負責，並得到相應的獎罰。

很多人或會據此説，張先生之所以窮，完全是懶惰所致，所以是自作自受。但如果不是這樣呢？如果張先生一生努力工作，結果還是敵不過下崗的命運，那麼我們還可以説他應得現在的境況嗎？張先生的女兒一出生就因為家境貧窮而無法像其他家庭的小孩那樣健康成長，難道也是她應得的？我這裏並不是否認有人真的會因為好吃懶做而窮，但如果將貧窮問題全歸咎於懶惰，並由此聲稱所有窮人承受的苦難都是他們應得的，不僅沒有道理，而且很不公道。

有人或會退一步説，市場競爭並無問題，只要大家在公平的起跑線上便行。好吧，那甚麼是公平的起跑線呢？張先生的女兒，和富有家庭的小孩，是在相同的起跑線嗎？不是。中國農村中那無數的留守兒童，和城市家庭的小朋友，享有平等的教育機會嗎？沒有。今天許多中產家長最喜歡的口號，叫「贏在起跑線」。他們較誰都明白，市場沒有機會平等可言，因為進入市場時每個人擁有的競爭優勢已極不一樣。也就是説，如果我們真的希望每個公民都能在相同(或最少不那麼不平等)的起跑線競爭，並只由他們的選擇和表現來決定收入高低，我們就不可能寄望市場自己能實現這個目標，而必須靠其他方法，例如由政府提供平等的教育機會給每個小孩。

四

讓我們總結一下以上所說。在日常生活中，我們很容易將貧窮簡單地視為個人問題，例如不夠努力，機遇不好，或者能力不及別人。既然這些都是特定個體的特殊遭遇，因此和制度無關，其他人也不需為此負責。這種想法深入民心，以至當我們思考貧窮問題時，往往只見到個人，卻見不到制度。我們沒有意識到，個體的貧窮處境，相當大程度上和制度相關。正如羅爾斯所說，一個人天賦能力的高低和出生於哪個社會階層，純粹是個偶然的自然事實，本身並沒所謂公不公正，但制度以甚麼方式去應對這些事實，卻與公正攸關。[2] 一個國家的政治及經濟制度、稅收和福利政策、教育和醫療體制等，均直接影響活在其中的每個人所能得到的機會和資源。將個人際遇完全抽離制度脈絡，不僅與事實不符，更令我們看不到貧窮背後的制度根源。

當這種「看不到」成為社會常態時，人們對於活在貧窮中的人遂很易失去同情，更不會覺得這樣的分配狀態有何不公正，自然也就不覺得有改變遊戲規則的必要。大家所努力謀求的，是在既定的遊戲規則中玩到最好，為自己賺得最多的回報。更糟糕的是，那些一開始就在競爭中處於弱勢的人，在主流意識形態的影響下，往往也相信現實的就是合理的，要麼自怨自艾，要麼默默忍受，卻鮮有意識到自己的困境和制度本身的不公正直接相關。貧窮的苦，遂慢慢在公共領域中被抽象成為一個概念或一堆數字，或被視為繁榮社會不起眼的旁枝末節。

但我們要知道，貧窮對每個真實個體來說，實際上意味著他的和她的整體生活質量的下降。這裏所說的「整體」，除了基本物質需要的匱乏，更包括一個人的教育、機會、自由、自尊、人生規劃、家庭生活、社會網絡和公共參與等——這些都是使人活得好的重要條件。當一個人缺乏這些條件到一定程度，他面對的便不僅是貧窮，而是壓迫，甚至奴役。任何一種政治理論，如果漠視這些苦的存在，甚至振振有辭地為這些存在辯護，都很難得到我們的認同。

注釋

1 對於這個問題的討論，可參考陳宜中，〈社會經濟公正與中國的憲政民主〉，《二十一世紀》，第138期（2013），頁16–24。同時亦可參考他的新著《當代正義論辯》（台北：聯經，2013）第一部份「正義與自由主義」中的文章。

2 John Rawls, *A Theory of Justice* (Cambridge, Mass.: Harvard University Press, revised edition, 1999), p. 17.

19.「左右為難」的喬姆斯基

看到這個標題，讀者一定會笑起來。這有甚麼好為難的？當代著名的語言學者和公共知識人喬姆斯基（Noam Chomsky）當然是左派，而且是美國有名的極端左派。如果還不夠，有人還喜歡在「左派」前加一個「新」字，於是成了新左派。這樣一來，大家似乎就更明白了。難道不是嗎？據說過去十多年中國最重要的思想論爭，是新左派和自由派之爭。既然喬姆斯基是新左派，那他一定和中國的新左派是同一路，也就一定站在自由主義的對立面。

喬姆斯基在2010年8月到訪中國，引起媒體的廣泛關注。8月22日《南方都市報》發表的〈當喬姆斯基遭遇中國〉專訪及徐友漁先生的回應〈知識分子應批判自己所處的現實〉，基本上也是將喬姆斯基放到自由主義的對立面來理解。例如徐友漁認為，「喬姆斯基對新自由主義的學理批判，有不周全、過於極端的地方，傳到中國造成了混亂，而這種混亂在中國被最大程度放大了」，並稱「中國的左派抓住喬姆斯基的主要觀點，借題發揮反對和阻擋改革開放」。只是如果我們對喬姆斯基的政治立場有更多認識，或許會發覺，簡單的左右派標籤，並不是理解喬姆斯基最好的方式。

二

首先，在訪問中，當被問及對哈耶克和羅爾斯的評價時，喬姆斯基對前者極盡嘲諷(「我覺得他完全生活在夢想中」、「哈耶克的書讀來很有趣，但是跟現實社會沒甚麼關係」)，對後者卻相當推崇(「羅爾斯是一個嚴肅的哲學家，他的書很值得讀，但他並沒有過多描述世界應該怎麼組織」)。但我們都知道，哈耶克和羅爾斯都是貨真價實的自由派，如果喬姆斯基要反自由主義，為甚麼他不同時大力批評羅爾斯？

其次，喬姆斯基最有名的政治立場，是反對美國霸權主義，批評美國為了統治全世界，用盡各種骯髒手段侵略和控制其他國家。如果他所說的屬實，那麼主張普遍人權和平等尊重的自由主義者，難道不應該和喬姆斯基站在同一陣線嗎？再其次，喬姆斯基是堅定支持民主的。他在訪談中所批評的，是美國民主徒具形式，選舉過程受資本家和公關公司操控，使得民眾無法享有真正的政治參與，因而背離了人人平等的民主精神。對於這點，美國的自由派也十分同意，所以才大力主張參與式民主(participatory democracy)和商議式(deliberative democracy)民主，同時贊成對選舉捐款設定上限和限制大企業在政治廣告上的開支等。

最後，喬姆斯基和自由派一樣，支持言論自由，並很自豪地指出美國「在保護言論自由方面是領先世界的」，同時他也重視社會正義，所以丁學良先生在上述的報導中特別強調：「喬姆斯基真正值得學習的地方在於，作為一個知識分子，一定要有正義之心。」但這同樣是自由主義的終極關懷。不要忘記，羅爾斯的大作，正是以《正義論》命名，探究如何建立一個以自由平等為基礎的公正社會。就算被視為放任自由主義代表的諾齊克，所做的工作也是努力建立一套以個人權利為本位的正義理論。[1]

既然喬姆斯基擁護民主，支持自由，反對霸權，追求正義，為甚麼中國的自由派不可以視他為進步的自由主義者，並以他的思想來推動中國的政治改革？或會有人回應說，這些不是自由主義的核心價值，它們屬於新左派。如果這樣，我們就得問，到底甚麼是自由主義的核心價值？再者，這樣做似乎相當不智，因為這就等於它將本來屬於自由主義的最重要的價值拱手讓給了論敵。如果中國新左派真的如徐友漁先生所說，從喬姆斯基那裏學了他的主要觀點，而喬姆斯基畢生都在追求自由民主，那麼自由派和新左派之間，到底在爭甚麼？這教人困惑。

我們當然知道，分歧事實上存在，但我們至少不必先劃定左右，然後將喬姆斯基推給中國的新左派，並因此認定他必然全盤反對自由主義。比較穩妥的說法，是喬姆斯基和自由主義一方面共享不少價值，另一方面在某些問題上有重大分歧。這個分歧，使得很多人將他視為左派。這個「左」，我相信是因為喬姆斯基反對毫無節制的市場資本主義，而這點又似乎頗為接近中國新左派的立場。這也是徐友漁先生的意思，所以他才指出「喬姆斯基這樣的左派對於市場經濟是一種極端批評的態度」。也就是說，喬姆斯基反對市場，中國自由派則擁抱市場。問題是：為甚麼會有這樣的差異？要回答這個問題，我們必須探究他們反對和支持市場背後的道德理由。市場並非自有永有，而是人為的制度，並對每個人的福祉有極大影響。市場作為一種制度，應否存在以及應以甚麼方式存在，均需道德論證支持。喬姆斯基對此有過認真思考。

二

讓我慢慢道來。喬姆斯基在1970年作了一場以〈明日的政府〉(Government in the Future)為題的著名演講，後來更出版成書。在書中，喬姆斯基清楚闡述了自己的政治觀。演講一開始，他就表明立場：「我認為自由至上的社會主義概念(libertarian socialist)根本上是正確的，而且它是古典自由主義(classical liberalism)在今天發達工業社會的正常和自然的延伸。所謂自由至上的社會主義，我指的是從左翼馬克思主義到無政府主義的一系列思想。」[2]

習慣了非左即右思維的人，一定覺得喬姆斯基這個立場十分怪異，因為他將被視為極右的放任自由主義和極左的社會主義兩個觀念放在一起，並且聲稱他的思想源自以洪堡特(Wilhelm von Humboldt)和穆勒(J. S. Mill)等為代表的古典自由主義傳統，並基於此而反對市場資本主義和高度集權的國家社會主義。他不再服膺古典自由主義，不是因為它的核心價值錯了，而是認為它的社會政治主張不再適用於今天發達的工業社會。

古典自由主義的核心，是自由人的理念。喬姆斯基以洪堡特為代表，指出人最重要的本性，是能夠自由探索、創造、選擇和自我完善。人不是千篇一律的機械，而是具備多樣性和獨立人格的個體，有能力作出自主的決定，選擇自己想要過的生活。為了實現人的本性，必須嚴格限制國家的權力，因為「國家的行動和存在和人類潛能最豐富的多元性的全面和諧發展，根本上並不相容」。既然如此，那豈不是說應該鼓吹一個能夠自我調節的資本主義市場制度？這是不少當代放任自由主義者的思路，例如哈耶克、弗里德曼和諾齊克等。他們認為，市場是保障個人自由的必要條件。也就是說，支持一個甚少政府約束的市場經濟體系的主要道德理由，是它能夠最大程度上保障人的自主自由，從而實現人的本性。

喬姆斯基卻認為以上的說法錯了，資本主義不僅不能帶來自由的實現，反會導致更大的宰制。究其原因，大略如下。一，市場殘酷的競爭，將令窮人和弱勢者連最基本的生存條件都難以維持，自由人的理念成為天方夜譚；二，當勞動力變成商品在市場出售時，工人失去自主性，完全受到資本家的支配，形同「工資奴隸」；三，出現馬克思所說的勞動異化，工人無法在生產活動中實現人的創造性；四，等級制和威權式的社會經濟組織，將對人帶來種種壓迫；五，經濟不平等導致政治不平等，民主制度徒具虛名；六，催生「擁佔性的個人主義」(possessive individualism)，個體變得貪婪疏離，人與人之間的團結友愛從此消失。[3] 喬姆斯基因此說，如果我們真的重視人的多元性和人的自由創造能力，那麼就不可能接受市場資本主義。所以，他在訪談中對哈耶克的批評，要點並不在於現實中沒有完全自由的市場，而在於一旦有這樣的市場，「社會會立即被摧毀」，人的自由本性無從發展。由此可見，他和當代放任自由主義的分歧，不在於其價值基礎，而在於對實現這個價值需要甚麼制度，有相反的判斷。

三

既然如此，出路在哪裏？可以有兩個選擇。第一條路是一方面實踐法治民主憲政，保障每個公民享有平等的基本自由和政治權利，另一方面在容許市場經濟的同時，由國家透過稅收和其他方式，進行財富再分配，為公民提供一系列社會保障，包括醫療教育房屋和失業養老等福利。在這樣的基礎上，政府甚至可以採取更積極的政策，致力減低社會貧富差距。這是今天很多福利國家的模式，也相當接近社會民主主義和以羅爾斯為代表的自由主義的理想。[4]

這種模式並不否定市場在經濟活動中的重要性，但卻不將它和國家對立起來，而視其為整個社會制度的一個環節，並根據我們對正義社會的理解作出各種調節和限制。喬姆斯基在另一次訪談中，表明這雖然不是他心目中最理想的社會，卻遠較市場資本主義為佳，因為它至少能夠有效地保障人民的基本需要，也是走向公正社會的重要一步。明乎此，我們也就知道為甚麼他對哈耶克和羅爾斯有如此不同的評價，因為這是兩個不同版本的自由主義。在英文中，一個叫libertarianism（放任自由主義，或自由右派），一個叫liberalism（自由主義左翼，或自由左派）。

另一條路是甚麼呢？喬姆斯基說：「對我而言，如果我們考慮到工業資本主義的情況，古典自由主義思想將直接推導出（lead directly to）自由至上的社會主義，如果你喜歡，也可以叫它無政府主義。」[5] 顧名思義，喬姆斯基從根本上反對國家存在的正當性。他認為生產工具既不應由資本家擁有，也不應由社會主義的官僚控制，而應該根據其功能，交給不同自由組合而成的生產組織，並由工人以民主方式參與管理和作出決策。社會生產和分配不需要有一個高度集權的國家來執行，而是由眾多民主自治的工團彼此合作協調，組成一個沒有宰制壓迫的「自由人的聯合體」。喬姆斯基因此有時稱自己為無政府式的工團主義者（anarcho-syndicalist）。他坦承，他的想法深受十九世紀無政府主義者巴枯寧（Mikhail Bakunin）的影響。

四

有了以上背景，回到最初的問題，到底喬姆斯基是左派還是右派？我們發覺，問題並不易答。喬姆斯基出於他對自由的堅持，因而既反對資本主義，同時又反對國家主義。因此，他對資本主義市場的抨擊可能與中國某些自由派相左，而與新左派相近；但他對國家主義的批判又與自由派接近，而與主張「強國家」的新左派相悖。這樣看來，喬姆斯基在我們這裏就陷入了「左右為難」的窘迫位置，很難被那種「自由派 vs. 新左派」的政治光譜所把握。這也反映出，目前流行的這種派別分野本身的重大局限。而固守這種狹隘的框架，會妨礙我們正確理解喬姆斯基的價值立場和政治觀點。

喬姆斯基的思考呈現這樣一種結構：先有一種對人的理解，然後由此界定人的根本利益，再由此追問甚麼樣的社會制度，才能夠合理地實現所有人的根本利益。在中國思想界，很少有人像喬姆斯基那樣，從一個古典自由主義的自由人觀念，推導出那麼激進的社會政治安排，並對現實世界提出那麼強烈的批判。

當我們清楚喬姆斯基的論證後，就可以針對他的論點，進行實質討論。例如我們可以質疑他：(1) 對人性的理解是否恰當；(2) 他的無政府主義是否真的較自由民主國家實行的福利主義制度，更能有助人的自由潛能的全面實現；(3) 工團主義又是根據甚麼原則合理公正地分配社會資源。回過頭來，我們也可以反問自己：一個無約束的市場制度，是否真的能夠很好地保障平等公民的幸福和自由；一個威權式政府，又如何能夠避免權力濫用和實現真正的公正民主；更重要的，是兩者之外，有沒有其他更好的可能性？這些問題都很有意思，值得我們認真對待。

所以，喬姆斯基這次訪問中國，帶給我們一個很好的啟示，就是在思想討論時，實在不宜急於劃定左右、區分敵我，而應先好好了解對方的具體想法。「左」和「右」都是大而化之且意識形態味道甚重的標籤，很易簡化問題、牽動情緒，卻無助於我們了解該哲學家的思想，也無助於我們善用他提供的知性資源，好好思考中國當前的問題。

注釋

1 Robert Nozick, *Anarchy, State, and Utopia* (New York: Basic Books, 1974).

2 Noam Chomsky, *Government in the Future* (New York: Seven Stories Press, 1970), p. 8.

3 Ibid., p. 22.

4 我在拙著《自由人的平等政治》(北京：三聯，增訂版，2013；香港：中文大學出版社，新版，2015）中對羅爾斯有詳細討論，並指出他的正義理論同樣建基於自由人的理念。

5 Chomsky, *Government in the Future*, p. 23.

五　個體之於群體

20. 自由與宗教

自由主義與宗教之間的關係，是現代世界的大事。我們甚至可以說，如何使得不同宗教信仰的人能夠和平並處，是過去幾百年自由主義面對的最大挑戰。在此過程中，自由主義逐步發展出一套相當獨特的政治道德，來應對宗教多元之局，並取得很大成就。以下我先將自由主義在這問題上的基本理念勾勒出來，然後再回應一些對它的質疑。

一

在宗教問題上，自由主義的核心理念，是每個公民平等地享有由憲法保障的信仰自由的權利。這個權利往往意味著以下的制度安排。第一，在尊重其他人同樣權利的前提下，公民可以自由選擇自己的信仰和所屬的宗教團體，同時有權放棄原來的信仰及離開原來的團體。第二，信仰自由具有優先性，政府和教會不得隨便以集體利益、國家安全或上帝旨意之名，犧牲公民的自由權利。第三，政府權力的正當性來源自定期的民主選舉，而非任何宗教。政府制定的法律和推行的政策，必須一視同仁對待所有宗教，不應偏袒任何教派，同時不應訴諸特定宗教信仰來為這些政策作出辯護。第四，為確保機會平等原則，無論是政府或私人企業，在工作招聘時，都不應將應聘人的宗教信仰作為考慮因素(除非該工作是和信仰直接相關，例如神職人員)。

一個充分尊重上述原則的社會，是一個信仰自由的社會。這樣的社會，將有很大機會是個信仰多元的社會，因為不同教派會在這個自由的信仰市場中，以不同方式爭取信眾，人們也會根據自己的意願選擇不同的宗教。自由主義維繫多元社會的方式，是既不要求所有人相信同一種宗教，也不要求所有人放棄宗教，而是用政教分離的方式，將宗教領域和政治領域分開。在政治領域，所有人擁有相同的公民身份，並因此享有平等的政治權利；在宗教領域，每個公民可根據自己的選擇而擁有不同的宗教身份。而當兩個領域發生衝突時，政治領域具有優先性：任何教派都不應以教義之名，限制信眾的公民和政治權利。也就是說，所有教派必須服從自由社會的基本政治原則。這個優先性，是維繫多元社會統一的基礎。

對自由主義來說，這兩個身份完全可以同時並存。例如服務同一個政府的官員，可以是天主教徒或伊斯蘭教徒，更可以是無神論者，彼此不會因為信仰差異而引起衝突。為甚麼可以這樣？因為在制度和價值觀念上，他們都接受了政治和宗教身份的二分，不會將自己的信仰強加於別人，在進行與工作相關的決策時亦不會以自己信仰作為判斷準則，而須訴諸法律及所有公民原則上都能接受的公共理由。這種制度和價值上的共識，使得自由社會一方面容許和鼓勵宗教多元，另一方面又建立起和平共處和社會穩定的紐帶。這個紐帶不是靠宗教、血緣和種族，而是靠自由主義的一組道德信念及由此發展出來的制度文化。

二

從人類發展史來看，這是很不容易的成果，中間經過不知多少衝突，才慢慢形成這樣一個多元共存的格局。如此不易，因為許多宗教都有整體性和排他性這兩重特點。所謂整體性，是說宗教往往有一套相當完備的關於世界、道德、政治、經濟、教育和婚姻的看法，這些看法形成一個環環相扣的體系，並指向同一個目的，就是如何在生活世界的每個環節實現該宗教所界定的終極真實和圓滿境界。也就是說，宗教不只是生活世界的某個環節，而是全部，並為這個世界賦予意義。因為這種整體性，宗教往往有很強的排他性，不容易接受其他宗教同時存在。因為容忍其他宗教在同一個世界存在並與之競爭，不僅在知識論上不能接受（如果我的神是真的，他的神就必然是假的），在道德上也不可接受（如果我的神所教導的是對的和神聖的，他的神所教導的就必然是錯的和腐敗的），同時在策略上不智（如果在我力量佔優時容忍對方，實在難以保證他朝時移世易時對方不會反咬一口）。

正因如此，宗教衝突往往曠日持久且極難化解。我們也因此可以看到自由主義的化解之道，其實是現代世界的範式轉移（paradigm shift）：宗教不再是統攝社會不同領域的最高原則，宗教也不再被視為所有人生命中無可質疑的唯一選項，而是眾多選項之一。正如當代哲學家泰勒（Charles Taylor）所說，這是「俗世時代」最重要的特徵。[1]就此而言，自由主義沒有消滅宗教，而是轉化了宗教，並換了一組政治原則來規範現代的集體生活。這個從宗教社會轉向自由社會的過程，是現代性規劃的核心議題，中間歷經無數波折，迄今仍未完成。

我認為，這組原則中最重要的，是自由原則和平等原則。自由原則就是國家必須容許每個公民可以自由選擇自己的信仰，平等原則就是國家必須保證每個公民享有相同的選擇自由的權利。兩條原則加起來，即意味著國家的首要責任，是尊重和保護人民平等的信仰自由的權利，而不是去宣揚或壓制任何宗教。換言之，國家理應在不同宗教之間保持中立。保持中立，並不是因為所有宗教同樣地好，也不是因為根本沒有任何標準去比較各種宗教的高低，更不是因為信仰本身無足輕重因此無可無不可，而是因為這不是國家應當擔當的角色。國家要平等地對待所有公民，便應該尊重公民的自由選擇，而不應該在這個關乎個人終極關懷和安身立命的重大問題上，強加國家意志於個體身上。

自由主義選擇這種立場的原因，不是價值虛無，而是對自由和平等的堅持。這是它的底線，因此自由主義不會容忍那些鼓吹侵犯自由和平等的教派。也就是説，自由主義所説的中立對待有個前提，就是不同教派必須接受自由主義的基本原則。這些原則劃定了宗教自由的邊界，同時也在相當根本的意義上轉化了宗教的內涵，例如它們必須容忍和尊重人們的宗教選擇。從宗教社會到自由社會，國家制度不僅要變，不同宗教的教義和實踐也必須作出相應變革。這是相當漫長痛苦甚至充滿政治衝突的過程。我們因此不要誤會，以為自由主義是沒有原則地放縱各種宗教實踐，又或以為自由主義這麼做是因為接受了價值主觀主義或虛無主義。

在這個制度框架下，自由主義傳統中十分重視的宗教容忍，嚴格來説也不適用於國家，因為國家本身沒有自己的國教，因此也就談不上容忍那些異於國教的教派存在。國家要做的，是平等尊重——而非容忍——公民的宗教選擇。尊重和容忍，是兩種完全不同的德性。容忍往往意味著擁有權力的一方對另一方所持的信仰，有一種負面評價，但卻基於其他理由而選擇了自我克制。尊重卻沒有這種意涵。它要麼意味著一方對另一方信仰本身的尊重，要麼意味著對信仰者人格的尊重，但都沒有負面評價的意涵。所以，當我們爭取信仰自由時，要求國家容忍一些它不喜歡的宗教，和要求國家尊重公民應有的選擇權利，是兩回事，後者才應是今天自由主義追求的目標。[2]

三

討論至此，我們應該見到，從自由主義的觀點看，自由平等原則的基礎不應立足於任何宗教。原因很簡單，如果它這樣做，它便不能公平對待其他宗教。例如如果國家接受人人平等的理由，是因為我們都是基督教上帝創造的兒女，那麼對非基督教徒來説，這個論證便沒有任何説服力，亦難以得到他們的反思性認可。[3] 因此，自由主義要證成它的基本原則，便必須提供獨立於不同宗教，同時原則上又能夠為不同教派共享的道德理由。

讀者須留意，我這裏強調的是「從自由主義的觀點看」，而不是從某個特定宗教的觀點看。不同宗教的信徒，當然可以從自己的教義出發去理解和接受自由主義。也就是説，在自由社會，可以存在不同性質的理由去支持自由制度的實踐，但並不是所有理由都適宜作為多元社會中共享的、能夠滿足公共證成的理由。尋找和證成這些理由，不一定是某種宗教的責任，但卻一定是自由主義的責任，因為自由主義承諾必須要在國家之中給予自由公民平等的尊重。

但在今天的中國，我們卻常常聽到這樣一種觀點：自由主義並不足以支撐自身。自由主義要在中國生根，便必須找到它的宗教和文化根源。例如基督教徒會説，自由主義源起於西方基督教文明。若要中國人真心接受自由主義，首先要令他們廣泛信奉基督教。又或儒家信徒會説，中國二千年來都是儒家文化主導，所有中國人的觀念和行為都受儒家影響，自由主義要在中國落地，便必須和儒家接軌，並從儒家傳統開出自由和民主。這兩種觀點在立場上雖然針鋒相對，但都有一個共同的認定，就是自由社會的制度雖然值得推崇，但自由主義本身並沒有足夠的道德和文化資源來支持自身。

這裏所說的「支撐」，最少有兩層意思。一是工具性的，即如果我們想在中國推行自由主義制度，便必須得到其他宗教和文化傳統的支持，否認難以成功。二是證成性的(justificatory)，即自由主義的制度安排，需要一個本身不是自由主義的宗教文明來為它提供道德基礎，否則難以成立。

我對這兩種觀點皆有保留。先談前者。今天許多國家都在實行自由民主制，這些國家各有自己的宗教文化傳統。從歷史經驗看，我們沒有證據證明說，自由民主必須依託於某種特定宗教才能有效發展出來。遠的不說，即以台灣為例，它的民主轉型時間並不長，但到今天已發展得相當成熟，而在爭取民主化過程中，基督教、佛教或儒家，並沒起到甚麼關鍵作用。又以當下香港的政治發展為例，即使在基督教和天主教內部，對於爭取民主的手段和目標，往往也有極大爭論，有的教派立場甚至非常保守。而在一波又一波爭取民主的社會運動中，人們訴諸的，絕大部份是自由主義傳統提供的價值和政治想像，例如自由、平等、權利、正義、尊嚴、社會契約等，而不是基督教。但讀者須留意，我這裏並不是說，不同宗教必然不會支持自由主義。事實上，即使不是基於宗教理由，而是出於現實考慮，許多宗教也願意支持信仰自由，因為這樣可以避免無休止的宗教衝突，並令不同信仰的人能免於恐懼地生活在一起。我這裏只是強調，某個宗教的態度與自由主義的發展之間，沒有必然關係。

轉到道德證成問題。自由主義真的需要宗教來為自己提供道德基礎嗎？答案是不需要。正如我在前面指出，自由主義既然肯定人是自由平等的個體，同時認為國家有責任尊重公民的自由選擇，它便不可能在一個宗教多元的社會再訴諸某種宗教教義來為自己的原則辯護。事實上，從洛克、盧梭、康德、穆勒再到當代的伯林和羅爾斯，自由主義傳統一個相當清楚的思想軌跡，正是逐步擺脱基督教神學來為自己辯護，並已累積下豐厚的道德資源。[4] 另一個有意思的觀察，是1776年發表的《美國獨立宣言》，仍開宗明義地訴諸造物主來證明人人擁有不可讓渡的權利，但到了1948年的聯合國《世界人權宣言》，普遍性權利的基礎已改為奠基於人的理性與良知，而非任何宗教。

四

或許有文化保守主義者會説，我們是中國人，所以必須從自己的傳統推出民主憲政，否則就會喪失我們的文化主體性和身份認同。這種説法沒有道理。因為倘若真的如此，世界上許多從政教合一社會轉型到自由民主的國家，恐怕都已失去主體性，並面臨嚴重的身份危機。實情顯然不是這樣。我們作為有道德意識和理性能力的存有，如果經過對歷史經驗的認真總結和對政治道德深思熟慮的思考，最後有意識地選擇了民主憲政作為國家未來發展的方向，這些便是我們當下的信念，也是我們當下的實踐，而非外人強加於我們身上。這些信念和實踐，實實在在構成我們作為中國人的身份認同和政治文化的一部份。用一種靜態的觀點去想像所有中國人共享一種永恆不變的文化本質，並相信這種本質就是真的和對的，既與歷史事實不符，也忽視了人的自主性與能動性，更誤解了人與文化的關係。

有人或會提出一個更為根本的質疑：自由主義的整個政治規劃，其實本身就是想建立一個俗世多元的國家，而這必然對宗教不利，因為一旦容許宗教自由同時迫使宗教從政治領域撤退，即意味著宗教在人類生活中的影響力和重要性大大下降。如果我是一個虔誠教徒且深信自己所信就是世上唯一真理，為甚麼不可以通過國家權力來要求別人也相信同樣的真理，反而要尊重別人的信仰自由？自由主義看似中立，實際上對宗教充滿偏見和否定。

這樣的質疑很普遍，而且也正因為有這樣的質疑，今天世界各地仍然有許多宗教衝突。但這樣的質疑合理嗎？我認為不。首先，自由主義可以回應說，如果所有宗教都持有同樣想法，都要求國家運用權力來壓制其他宗教，那麼結果必然是衝突收場。歐洲十六、十七世紀經年累月的宗教戰爭，使當時的教派逐漸意識到，宗教寬容和政教分離才是和平共處的最好辦法。一開始的時候，不同教派或許會覺得這只是不得已的暫時妥協，但隨著時間過去，自由制度慢慢建立起來後，大家自會見到這種制度的好處，包括不用時刻提防其他教派攻擊，國家可以公平地處理宗教爭議，公共政策能夠一視同仁地對待所有教派，公民之間不會因為信仰差異而影響彼此合作等。更重要的是，事實上，信仰自由不僅沒有令宗教消失，反而使得各種教派可以在憲法保障下，自由宣教去爭取更多信眾。[5]

最後，同時也是最重要的，是自由主義深信人作為獨立自主的個體，有自由意志和理性反思能力，因此在關乎一己生命安頓的宗教問題上，國家必須尊重每個個體的選擇。這是自由主義最基本的價值堅持。這個堅持或許會令某些宗教失去支配他人信仰的權力，或許會令某些教派因為得不到足夠支持而沒落，但這絕非自由主義有意針對某個宗教，而是因為它必須將自由和平等放到最高位置所致。在這點上，自由主義沒得妥協。

注釋

1 Charles Taylor, *A Secular Age* (Cambridge, Mass.: Belknap Press of Harvard University Press, 2007), pp. 1–3.

2 洛克呼籲宗教容忍的時候，歐洲的國家，包括英國，都是有自己的國教的。洛克，《論宗教寬容》，吳雲貴譯（北京：商務印書館，1996）。

3 對於「反思性認可」的討論，請參考本書第3章〈反思性認可與國家正當性〉。

4 羅爾斯的《政治自由主義》在這個問題上有相當精到的闡述。他甚至認為，為了滿足自由主義自己所定下的正當性要求，在現代合理的多元主義社會，自由主義的政治原則甚至不能訴諸於康德式或穆勒式的整全性自由主義。John Rawls, *Political Liberalism* (New York: Columbia University Press, expanded edition, 2005).

5 羅爾斯便認為，政教分離的政策，使得天主教在美國的發展較歐洲更為繁榮。John Rawls, "Commonweal Interview with John Rawls," in *John Rawls: Collected Papers*, ed. Samuel Freeman (Cambridge, Mass.: Harvard University Press, 1999), p. 621.

21. 多元文化與承認的政治

現代社會一個重要特點，是宗教、民族、膚色、語言和文化多元。如何在多元之中尋求團結和諧，遂成為許多國家的大難題。自由主義的應對之道，是在政教分離的傳統上，確保所有公民享有相同的權利，並在此基礎上和平共處。這樣的社會，雖然每個人各有自己的宗教和文化身份，但卻共享相同的公民身份。國家最重要的責任，是一視同仁地對待所有公民，而不應偏幫或歧視任何宗教和文化社群。自由主義認為，這是應對多元社會最公平也最有效的方式。這種觀點，在過去30年受到文化多元主義(multiculturalism)的強烈挑戰。

一

文化多元主義是個籠統稱呼，裏面有不同觀點。其中較為一致的立場，是主張政府應採取某些特殊政策，保護某些少數族群(ethnic groups)的文化傳統，使得這些傳統能夠繼續生存。這些政策，可以是經濟上的援助，文化政策上的傾斜，甚至政治上的差等對待。這和很多國家的政治現實有關。現代國家甚少由單一種族組成。據估計，全球180多個國家中，有600種不同的使用語言及5,000個族群，其中有很多是所謂的少數族群（ethnic minorities）。這些少數族群，雖然有自己獨特的語言和傳統文化，人口卻相當少，甚至未必聚居在一起，處於很弱勢的位置。為了在主流社會生存，他們中的很多人會主動學習主流文化，並送下一代去主流學校讀書。可以想像，如果國家不給予這些族群任何保護，它們的文化會慢慢被邊緣化，甚至消失。

在此背景下，不少哲學家提出所謂的「群體權利」（collective rights），要求國家給予某些少數族群特別保護，使得它們獨特的文化傳統能夠世代延續下去。例如加拿大的魁北克省政府為求保護法語文化，抗拒英語文化的侵蝕，便立例禁止新移民及法裔人送他們的子女往英語學校，又規定超過50位僱員的公司必須使用法語溝通等。又例如在美國威斯康辛州，本來州法律規定學生必須16歲才准退學，但當地的孟諾教派（Amish）卻宣稱此制度有違他們的宗教傳統，要求他們的子女獲得豁免。

到底在一個以個人權利為本位的自由民主社會，是否可以容許這些以族群為本位的特殊權利？如果可以的話，這些權利的道德基礎在哪裏？不少自由主義者認為，這些群體權利違反了自由社會的基本精神，即權利必須以獨立的個體為基礎，而不應以一個人的族群或文化身份為基礎。自由主義主張公民享有一系列基本權利，例如思想言論自由、集會結社自由等，並在尊重他人同樣權利的前提下，大家可以自由選擇自己的信仰、生活方式以至文化身份。但族群的文化實踐一旦與個人權利發生衝突，前者則不能淩駕後者。這是以「個人權利為本」的社會的基本底線。就此而言，魁北克省的做法並不合理，因為它以維持族群整體利益之名，限制了社群中個體的選擇自由。

二

自由主義這個立場，遭到不少文化多元主義者的質疑，其中一個代表人物是當代著名哲學家泰勒(Charles Taylor)。泰勒本人是加拿大人，在魁北克問題的論戰中，他贊成給予魁北克省上面所述的集體文化權，並努力提出哲學論證為之辯護。泰勒認為，自由主義的觀點既與事實不符，亦不值得追求。[1]

泰勒首先批評自由主義「國家中立」的虛妄，指出「公/私」領域的截然二分和個人自主(personal autonomy)這種想法，本身便是西方現代性的特殊產物。對很多回教徒來說，政治與宗教二分是不可思議的事。英國作家魯殊迪(Salman Rushdie)的《撒旦的詩篇》當年導致全球回教徒對他的追殺，正好說明這一事實。而對很多宗教及傳統文化來說，「個人自主」根本沒有任何重要性。自由主義本身便是一套價值觀，預設了某種對人及理想人生的特殊觀點。少數族群尋求文化保護，恰恰是對自由主義的理論前提有所異議。這樣一來，自由主義宣稱對所有文化一視同仁只是一個假象，結果只會導致自由主義為代表的主流文化成為霸權，不斷將少數族群文化邊緣化。也就是說，雖然自由主義強調人人平等，最後卻導致了分化和歧視。

有所破，便得有所立。最關鍵的，是泰勒對「承認」(recognition)及「身份」(identity)這兩個概念的詮釋和論證。他認為，個人身份的界定，與他人的承認有莫大關係。「我是誰」這問題不是一個人在沉思冥想中覓得。相反，我們的身份總是在透過語言和我們身邊「重要的他者」(significant others)持續的對話中形成。得不到別人的適當承認，例如種族及性別歧視，我們的身份便會遭到扭曲以至傷害，活得沒有尊嚴。所以，恰當的承認並非可有可無，而是人類最基本的需要。

在傳統等級制的社會，「承認」並不構成問題，因為它總是和榮譽相聯繫。但誰擁有榮譽卻由其出身、社會角色以及種族這些不平等的因素決定，這種想法被前現代的人視為理所當然。但自啟蒙運動以來，自由民主制度最大的貢獻，是剷除了封建等級制，人人均被視為具有平等尊嚴的公民。就此而言，所有人的公民身份都是一樣的，個人差異被刻意排除出公共領域之外。只有這樣，才能建立一個沒有歧視的平等社會。泰勒同意這是現代政治的一項重大成就，但他也指出，這只是現代性的一個面向。現代人在追求平等的同時，也嚮往一種本真性(authentic)的生活。這種觀點認為，每一個人都是獨特的個體，有著獨一無二的身份與特質，只有將人的個性盡情發揮，真我才得顯露，人生才得完滿。相對於自由主義主張的平等尊嚴的政治，泰勒稱此為「差異的政治」(politics of difference)，追求的是在政治上承認和尊重個人及群體的差異性。

以此推之，不同族群的差異亦應受到尊重，因為他們的身份認同極受所屬的社群文化影響。因此，保存其獨特的文化傳統，令其後代仍能永久享有同樣的文化資源，便成為很多弱勢族群的共同目標。但這並不表示泰勒要徹底放棄自由主義的平等人權觀。他批評的只是自由主義矯枉過正，完全漠視文化差異，並對任何集體性目標充滿戒懼，只曉得將一套規則毫無例外地應用到所有族群上面。他認為，更為積極的做法，應在確保基本人權不受侵犯的前提下，國家按具體情況給予弱勢社群某些特權或豁免，協助他們的文化得以永久生存下去。平等政治和差異政治同樣重要。異於自由主義的程序中立觀，差異政治訴諸一種美好生活作為基礎，即相信只有活在屬於自己的文化社群中，個人才能合理地建立自己的身份認同。所以，魁北克作為一個「獨特社群」(distinct community)，給予他們特殊的語言權也就變得順理成章。

三

對於文化多元主義的主張，有幾點值得留意。首先，普遍性的個人權利及平等政治是民主社會的基石。目前的爭論，關鍵之處在於個人權利與群體訴求發生衝突時，後者能否凌駕前者。泰勒的立場頗為折衷。他既希望給予族群特別保護，又希望能維持基本人權。但在以個人權利為本位的架構中，企圖容納以族群為單位的集體性訴求，確實困難重重。泰勒並不否認兩者存在張力，因為「平等政治」與「差異政治」背後的理念並不相同。當兩者發生衝突時，孰者有優先性，是泰勒必須回應的問題。

再者，原則上，自由主義並沒必要反對文化差異及身份認同的重要性，它只是不贊成國家用權力干預少數族群文化的發展。它傾向在文化市場上容許不同的文化、宗教信仰和生活方式自由發展，保持一種良性競爭的局面。至於自由主義能否真的做到完全中立，又或能否保證不同文化有公平競爭的機會，值得繼續探討下去。

其次，在探討文化傳統對身份認同的重要性時，我們要小心避免一種文化靜態觀及文化本質主義的觀點。現代社會交通及通訊發達，都市化和人口流動迅速，很少人長期活在某個固定不變的文化之中，也很少人只有一種文化身份。一個社群文化的消失，並不必然產生所謂的身份認同危機。事實上，任何傳統都在不斷面對內外挑戰，因而產生量變和質變。若要求政府保護某個族群文化永久生存下去，恐怕不切實際。而且，也不是所有文化傳統都值得保留。如果有些文化實踐，會對族群成員的自由和權利構成嚴重限制，我們便不但不要保留，甚至要考慮放棄了。

最後，在考慮相關問題時，我們不能忽略具體歷史處境的複雜性。多元社會的形成，在各國有不同成因。有的是因為殖民或武力侵佔，有的是因為原住民或土著，有的則是由於外來移民所造成。不同情況需要不同政策，例如未必很多人會贊成給予新移民特殊的文化權，因為他們是自願加入另一文化，理應主動學習當地的語言，盡快融入當地的文化。但對於很多原住民，給予他們一定的自治權卻是不少國家的政策。當然，這不表示國家可以完全漠視新移民的需要。要點在於，我們必須意識到文化多元中的「文化」，其性質其根源並不一樣，由此而生的政治訴求，亦應有所差異。

文化多元主義提出的問題，有強烈的政治迫切性，尤其在那些種族多元、宗教多元或有大量新移民的社會。而在資本主義全球化的年代，很多傳統文化更是面對龐大的生存壓力。如何在多元社會尋求社會和諧和彼此寬容，同時確保不同文化能夠蓬勃發展，是我們必須面對的大問題。

注釋

1 Charles Taylor, "The Politics of Recognition," in *Multiculturalism: Examining the Politics of Recognition*, ed. Amy Gutmann (Princeton: Princeton University Press, 2003), pp. 25–73.

22. 自由主義與群體權利

在當代文化多元主義的爭論中，除了上一章討論的泰勒，另一個重要代表人物是金里卡（Will Kymlicka）。和泰勒一樣，金里卡也是加拿大人，從上世紀九十年代開始，便積極參與文化多元主義的討論。[1] 儘管金里卡支持保護少數族群文化，其立場卻和泰勒有很大不同。他在其代表作《多元文化的公民權》一書中認為，自由主義基於自由與平等原則，完全有充分理由證成某些保護少數族裔文化的群體權利（minority rights）。[2] 換言之，他沒有將自由主義和群體權利對立起來，反而認為可以從前者推出後者。本文將先介紹金里卡的論證，然後指出他的理論可能存在的困難。

一

金里卡在書中首先指出，「文化多元主義」一詞有太多不同指涉，尤其混淆了多元民族國家（multination states）和多元族群國家（polyethnic states）的分別。前者指的是一個國家中同時存在著多於一個民族，各自有其獨特的歷史、語言和文化，並分別聚居於特定的領土。[3] 多元民族國家的形成，可以是自願的，例如兩個民族為了共同利益，組成聯邦；更多是非自願的，例如強國透過征服、侵略或殖民地化，將少數民族納入其版圖之內。至於多元族群國家，則主要由來自不同文化的移民組成。由此可見，現今世界上根本甚少單一民族國家，例如美國、加拿大等既有土著、印第安人等少數民族，亦有不同族群的新移民。其他國家亦然。

金里卡對文化多元主義作出這種區分，頗為恰當，因為兩者形成的性質不同，所能享有的少數權利亦應有異。例如少數民族有要求自治的權利，少數族群則不可，因為他們是自願放棄原有的文化身份，移民到另一個國家，理應主動融入及適應新的文化。由此可見，金里卡不打算簡化問題的複雜性，然後提出一套適用於所有社群的少數群體權利。相反，他嘗試提供一張權利的清單，視乎弱勢社群情況的不同，而賦予不同的權利。在這張清單中，至少有三類不同形式的群體權利。

第一類是自治權（self-government rights），只適用於多元民族國家中的少數民族，最普遍的形式是聯邦制。以加拿大的魁北克省為例，為了保障當地法裔文化（超過80%是法裔人口）能夠繼續傳承下去，該省便被容許在教育、語言、文化以至移民政策等方面享有高度的自治權。[4]

第二類是多元族群的權利（polyethnic rights），特別為少數族群移民及宗教團體而設，包括由政府資助少數族裔的文化藝術活動，同時為了尊重他們的宗教傳統，在法例上豁免一些不利於他們的文化習俗的規定，例如法國的穆斯林女學生可戴頭巾上學，加拿大的錫克教徒無需戴頭盔駕駛電單車等。值得留意的是，這些權利的目的，是鼓勵弱勢族群能更好地融入主流社會，而不是鼓吹他們尋求政治上的自治。

第三類是特別代表制的權利（special representation rights），既適用於少數民族，亦適用於少數族群，透過重劃選區、比例代表制或保留一定議會席位予少數群體的方法，確保在政治決策過程中，弱勢團體的聲音得到充分反映。金里卡特別強調，和前兩類權利相比，特別代表制只是暫時性的，一旦對少數團體的壓制及不公平的情況消除，該等權利便再無存在的必要。

很多自由主義者擔心，給予少數民族及族群群體性權利，即形同肯定社群價值優先於個人權利，當兩者發生衝突時，社群往往會以保護傳統文化、宗教信仰或其他集體利益之名，壓制個人自由與犧牲個人權利。金里卡承認有此種危險存在，但他認為一旦區分清楚集體權利有內部限制（internal restrictions）和外部保護（external protections）兩種意涵，便無需擔心。前者指的是為保障社群的穩定及利益，因而限制社群內異議分子的自由，禁止他們質疑及挑戰傳統權威與習俗。外部保護則是為了使弱勢群體免受外面主流社會的衝擊，威脅其文化結構，以至令他們能有平等機會追求自主的生活。[5]

金里卡承認有些少數群體會既要求外部保護，例如自治權、特別代表權等，同時要求對族群中成員的行動作出內部限制。但他指出，自由主義不應接受任何違反個人權利的內部限制，但可以容許外部保護，並相信其和個人權利不僅沒有必然衝突，自由主義更能為此提供道德上的證成。在書中最重要的第五及第六章，金里卡分別提出了個人自主（individual autonomy）和社會平等（social equality）兩個論證。

二

讓我們先談第一個論證。金里卡認為，自由主義最基本的信念，是對個人自主的肯定，即容許人們有最大的自由去選擇自己認為值得過的生活，同時容許人們有對現在所持的價值進行反省、修正甚至放棄的自由。[6] 自主之所以可貴，是因為它是追求美好生活的先決條件。具體點說，實現美好人生需要兩個前提。一，那些人生價值必須是我們真心誠意接受，而非外力強加於己身；二，我們必須具備基本的能力，能對社會中不同的價值觀點，自由作出反思和質疑。

金里卡接著指出，要保證個人能作出明智及有意義的選擇，除了上述兩個條件外，需要一個穩定的「社會性文化」(societal culture)。這裏所指的社會性文化，「涵蓋公共及私人領域，包括社交、教育、宗教、娛樂及經濟生活，並為其成員提供種種有意義的生活方式」，而且這類文化的成員會使用同一語言及分享該文化的共同歷史。[7]

社會性文化之所以重要，是因為我們總是活在某個特定的文化之中，與其他成員分享同一傳統與歷史。我們的視野、生活中可供的選擇及其意義，端賴該社會性文化而定。「簡言之，自由意味著在不同的選擇中間作出抉擇，而我們的社會性文化不僅提供這些選擇，而且令其變得對我們有意義。」[8] 此外，金里卡亦強調，一個人的文化身份並非如一般人想像中如此容易轉換和替代，而特定的社會性文化對個人認同亦有十分重要的影響。如果一個文化得不到人們尊重，活在其中的成員的尊嚴亦將受到威脅。

至此，金里卡已將個人自主及社會性文化聯結起來，後者成為前者的先決條件。金里卡繼而指出，如果重視個人自由及身份認同，便須重視少數民族的社會性文化。而為了使這些文化免受主流強勢文化的侵襲繼而令其邊緣化甚至消失，政府便有理由給予少數民族適當的群體權利。值得留意的是，金里卡這個論證只適用於少數民族(national minorities)，因為只有少數民族才有清楚獨立的社會性文化。

驟眼看來，金里卡好像很接近泰勒的社群主義觀點，但其實不然，因為他的論證其實是以個體為本。金里卡贊成少數權利，並非像泰勒那樣認為是基於社群的共同價值（common good），而是由於它是實現個人自主的重要條件。這亦解釋了金里卡為何堅決反對任何引致「內部限制」的權利訴求，因為這會與自由主義強調的個人自由的優先性不相容。

在書中第六章，金里卡提出第二個論證，即平等論證。金里卡認為，少數群體的文化在一個國家中常常處於不公平的弱勢位置，例如主流社會大多數人的政治、經濟決定常常會損害他們的文化結構。更重要的是，在一個多元民族國家，政府在官方語言、政治邊界、公眾假期、權力分配等方面根本無法中立，亦必然會對少數民族文化構成結構性的不平等。因此，為了使不同文化具有同等的生存機會，給予少數民族自治權、特別代表權、語言權等，本身便是正義的要求。

闡述完上述兩個論證後，金里卡便開始討論如果某些少數民族文化與自由主義的價值理念相衝突，又或其他價值凌駕於個人自治之上，自由主義的寬容限度的問題，例如當某些文化限制成員的信仰自由或阻止女性受教育的機會時，自由主義該採何種立場。對此，金里卡的態度毫不含糊。他堅持傳統自由主義對個人自主的肯定，認為任何違反自主原則、良心自由以至公民權利的團體，都是原則上不容許的，雖然在具體實踐上，他贊成群體之間尋求對話以解決衝突，傾向以和平或溫和的方式將非自由的少數群體自由化（liberalized）。

三

金里卡的書論證嚴密清晰，文筆簡易流暢，再加上大量的現代及歷史例子，使得整本書可讀性很高，並成為文化多元主義討論中為自由主義辯護的重要代表作。整本書的重點，是金里卡嘗試從個人自主來論證少數民族權利的合理性。但我認為高揚個人自主，儘管能為這些特殊權利提供某種證成，在實踐上卻很可能與目標背道而馳。

第一，即使我們同意社會性文化是個人自主的先決條件，但這並不表示個人自主與身份認同只能依託於某個特定文化。金里卡對於文化的理解，基本上採取了一種靜態的觀點，假定個體會長期活在一個相對穩定不變的文化系統之中，因此只能從這個系統中獲取所需的價值和文化養份。但在今天這個資訊發達和文化交流頻繁的社會，這個假定與事實有很大距離。以金里卡常引的美國及加拿大為例，少數民族之間往往並非互相隔離、獨自過活，而是有許多的接觸交流以及隨之而來的跨文化互動。一個有獨立思考和自主能力的人，也不需要自限於某個文化所提供的生活選項。相反，他大可從不同文化中吸取養料，並選擇自己喜歡過的生活。[9]

金里卡對此的回應，是認為雖然文化交流會導致一個文化的特徵(cultural character)改變，例如價值觀、習俗、宗教信仰等，但本身的文化結構(cultural structure)卻始終不會變，或很難改變。這裏的文化結構，指的是某個文化的共同語言、歷史等。為個人自主提供選擇背景(context of choice)的是文化結構，而非文化特徵。如果這個區分成立，則文化結構便非個人可以隨便改變或自由選擇的。

但金里卡這個區分相當隨意，因為文化特徵的改變，最後很可能會引致文化結構的轉變。設想一個傳統的民族文化，經過現代化的衝擊，徹底放棄了原來的宗教信仰及價值觀念，儘管這個文化的語言及歷史沒有大的改變，但是否仍能說其文化結構依舊，提供的價值選擇及個人身份認同的條件沒有改變呢？而且金里卡也承認，對一個文化社群的認同，除了客觀的語言、歷史外，還要有主觀的認同，包括對該文化的價值、信仰的認同等。[10] 所以，重視個人自主和維持一個穩定的文化結構並沒有必然關係。況且，一個文化的改變也不必然對個人自主有所損害，因為人是有適應能力的。只要改變不是強制性及急劇的，同時改變的過程有其他新的文化資源進來供人們選擇，個體就未必會面對巨大的身份認同危機。

第二，金里卡宣稱自由主義反對任何的內部限制，只容許外部保護。但這兩者的界線並非如此清楚，甚至當國家給予少數團體某類特殊的外部保護權時，同時亦為其內部限制製造了理由。例如為保護某少數民族的文化結構，政府於是給予其語言權，規定小學只准使用該文化的母語教學。但如果該個國家的主流語言是英語，而愈早學英語，對將來的個人發展便愈有優勢時，該文化是否容許家長有選擇的自由，將子女送往英語學校？[11] 答案若否，便違反了個人選擇自由的權利，變成內部限制。答案若是，則可以預見幾代過後，該少數民族的文化結構會慢慢改變。

由此可見，雖然金里卡從自由選擇推導出保護社會性文化的必要，但外部保護與內部限制往往是一塊銀幣的兩面。金里卡看不到如果他要堅持自由原則的優先性，並拒絕內部限制，那麼這將會和保護某個文化結構之間，產生難以調和的矛盾。

最後要指出的是，按照金里卡的構想，自由主義所能包容的文化社群其實不多，因為任何違反自治原則的集體權利，自由主義都不允許。換言之，只有那些已經「自由化」了的文化，才有條件被賦予少數民族權利。但很多弱勢群體正因為不認同自由主義將個人自治放在最高的位置，才努力爭取這些權利，例如為保護某些宗教文化，教會要求內部限制成員的宗教自由等。對於這些群體，金里卡的建議不僅保護不了他們的社會性文化，反而會有相反效果。如果以上分析成立，那麼泰勒對自由主義的觀察，便有相當道理，即重視個人自主和保持民族傳統文化習俗之間，的確存在相當大的張力。這種張力，正正是今天不少多民族國家面對的最大挑戰。

即管金里卡面對上述可能的困難，但他的理論卻有一點極為重要，即基於自由和平等的自由主義，並不像許多人所批評的那樣無法有效回應文化多元主義的挑戰。自由主義團結多民族國家的方式，是確保所有公民都可平等地享有由憲法保障的基本權利，並給予這些權利優先性。而在尊重這些權利的前提下，國家在法律和政策層面，因應不同少數民族的特殊情況給予合理的差等對待，確保這些少數民族的文化得以好好發展下去，是自由國家的應有之義。

注釋

1 Will Kymlicka, *Liberalism, Community and Culture* (Oxford: Clarendon Press, 1989). 金里卡亦編了一本相當出色的書，*The Rights of Minority Culture* (Oxford: Oxford University Press, 1995)，內收不少重要文章。

2 Will Kymlicka, *Multicultural Citizenship: A Liberal Theory of Minority Rights* (Oxford: Clarendon Press, 1995).

3 Ibid., p. 11.

4 Ibid., p. 28.

5 Ibid., pp. 35–38.

6 金里卡對自由主義更詳細的論述，可參考他的 *Liberalism, Community and Culture*, Chapter 2.

7 Kymlicka, *Multicultural Citizenship*, p. 76.

8 Ibid., p. 83.

9 相關觀點可參 Jeremy Waldron, "Minority Culture and the Cosmopolitan Alternative," in *The Rights of Minority Culture*, pp. 93–122.

10 Kymlicka, *Liberalism*, *Community and Culture*, p. 179.

11 當然，這裏得假定該文化並非完全獨立於主流文化，家長可以容易接觸到英語學校。

23. 甚麼是自由主義

在中國近現代史中，自由主義是很多知識分子的價值寄託所在。但隨著資本主義市場經濟席捲中國，很多人開始擔憂，自由主義鼓吹毫無節制的自由市場和私人財產制，勢將導致嚴重的貧富不均和社會不公；而它提倡的自由和寬容，則會使得文化相對主義和價值虛無主義氾濫；至於在政治領域倡議的自由民主和憲政法治，更是西方霸權的產物，根本不適合中國國情，應被全盤摒棄，改走富有中國特色的另類現代化之路。我在《自由人的平等政治》一書中曾指出，這些對自由主義的批評並不成立。[1]

自由主義有不同流派，而我認為羅爾斯所代表的自由主義左翼傳統提供的正義社會圖像，值得我們認真對待。最主要的原因，是這個傳統將自由和平等作為現代社會的核心價值，並以此為基礎建構公正的社會制度。我相信，人們對自由平等可以有不同詮釋；但我不相信，公然反對自由平等的理論和制度可以有道德正當性，並能贏得人民的支持。回溯歷史，從法國大革命揭櫫自由平等開始，人類從無到有、一步一腳印在不同國度建立起自由人的平等政治。我們沒有理由懷疑中國人的能力，更沒有理由說中國人不配活在一個自由平等的社會。為確證我的觀點，讓我們先重溫一下自由主義的基本理念。

每套政治理論無論多麼複雜，背後必然預設某種對人和社會的基本看法。自由主義最根本的理念，是將人理解為自由人，具有平等的道德地位，並願意在一起進行公平的社會合作，從而確保每個公民享有充分的自由和足夠的社會資源，去好好追求和實現自己的美好人生。這是自由主義的出發點。這個理念看似平平無奇，背後卻反映自由主義獨特的政治理想。

首先，自由主義認為政治和道德密不可分。政治生活的最高目的，不是權術鬥爭，不是區分敵我，不是人壓迫人，而是根據正義原則建立一個道德社群，保障人的基本權利，實現人的根本利益，並使得政治權力的行使具有正當性。因此，自由主義肯定人的理性能力和道德能力，並相信人能憑藉這些能力建立一個公正社會。誠然，怎樣的制度才能滿足正義的要求，可以有不同意見，要點是我們必須將「道德的觀點」放在制度評價的第一位置，這也是羅爾斯所說的，正義是社會制度的首要德性之義。一個國家無論多麼有效率和多麼強大，如果它建基在不公正的制度上，便不值得我們追求。

第二，自由主義是以個體為本的政治哲學。自由主義先將人理解為獨立自主，擁有反思意識和價值意識，並有自己人生計劃的個體，然後從個體的視角，追問怎樣的政治秩序才能合理地保障和促進人的根本利益。對理想政治的構想和對現實社會的批判，是以個體的正當權益為出發點，因為每個個體都有獨特且無可替代的生命，都渴望主宰自己的生活，並期待活得有尊嚴有意義。所以，洛克的契約論，強調個人先於國家，國家存在的理由是能更好地保障自然權利；法國大革命的《人權宣言》和聯合國的《世界人權宣言》，同樣將個人權利放在最高位置；而羅爾斯和德沃金(Ronald Dworkin)等當代自由主義者，更大力反對以極大化整體利益為目標的效益主義，主張個人權利優先。這是一脈相承的自由主義傳統。

這並不表示，自由主義看不到人有不同的社會屬性；這亦不表示，自由主義不知道人打從出生始，已活在國家之中；這更不表示，自由主義對個體權利的重視，是基於自利主義。自由主義承認集體生活的重要(否則它不會如此強調社會作為一個公平的合作體系)，也承認社群生活是人的基本需要(否則它不會重視結社自由和信仰自由)，更承認公民之間必須有基本的道德責任(否則它不會主張社會正義和財富再分配)。自由主義毋寧是堅持這樣的信念：個體具有獨立的道德地位，並不先驗地從屬於某個集體，並對這個集體有某種不可卸載且無可質疑的道德和政治義務。所有社會政治關係的建立，必須要從個體的觀點看，具有道德上的正當性。正如盧梭在《社會契約》中所說，「人生而自由，但卻無處不在枷鎖之中」，如何使這些限制自由的制度具有正當性，是自由人最關心的事，因為所有政治秩序皆非出於自然，而是人為的產物。[2]自由主義強調以個體為本，是一種道德立場，而不是在知識論或形上學意義上接受某種原子論(atomism)式的對人的看法。[3]

第三，既然自由主義將人理解為可作獨立思考和理性判斷的自主個體，那麼它一定要容許和尊重人們的思想和行動自由。自由的重要，不僅在於人有選擇的能力，也由於人的多元性。人不是機器的倒模，千篇一律，而是各有個性喜好，各有對生命的感受和追求，各有安頓人生的方式。如果國家不尊重人的自由意志，強行將人同一化，那是違反人性，是對個人尊嚴的最大踐踏。一個自由多元的社會，不僅對個人福祉有好處，也對社會文明的發展有好處。這一點，穆勒在《論自由》中早有詳細討論，值得我們一讀再讀。[4]

當然，容許人有選擇自由，並不保證個體每次都能作出正確選擇。在任何時候，任何人都有可能作出不理性或對自己對他人有害的決定。但這種擔憂，不能合理化家長制和專制主義。合理的做法，是國家提供良好的環境，鼓勵及培養公民自小學會獨立思考、了解自我，並懂得對自己的選擇負責。人只能在犯錯中成長。不容許人犯錯的社會，不是一個好社會。同樣道理，容許人有選擇的自由，並不能夠保證社會有不同性質且足夠多的、有價值的生活方式供人們選擇。過度專制和過度商品化的社會，都不利於培養出異質活潑和不同領域各安其位的社會文化。因此，自由主義反對經濟市場的自由放任，同樣反對文化市場的自由放任——倘若這些政策最終導致文化霸權和危及文化多元。

第四，自由主義堅持人人平等。所謂平等，是指就每個公民作為獨立自主的自由人這一身份而言，每個人具有平等的道德地位。道德平等不是天賦或自明的東西。在真實世界中，我們幾乎找不到任何事物，是人人同一的。即使找到了，也不一定是道德上相關的。更何況在一個充滿競爭的世界，超越他人，從與他人的差異中肯定自己，更是大部份人生命的常態。因此，自由主義視平等為一種道德理想，實際上要求我們從這樣一種視角看政治：在決定社會的基本政治原則時，我們應該放下彼此的種種差異，接受大家是平等的理性道德人，並在這樣的基礎上找出大家能合理接受的合作方式。賦予我們平等地位的，是我們自己。我們願意這樣做，因為我們有這樣的道德能力，可以站在一個普遍性的觀點，穿過世間種種不平等，看到人與人之間共用的道德人格，認知和體會到平等相待的可貴。

我常常認為，做一個真正的平等主義者相當艱難，因為它要求我們必須從兩種角度看自身：它首先要求我們將自己放在第三身客觀的位置，認知到從普遍性的觀點看，我們每個人都是道德主體，沒有人在價值上優越於其他人。它接著要求我們回到第一身的角度，將第三身的客觀認知內化進一己主觀的生命，視平等為值得追求之事，從而使我們在道德思考和日常生活中，有足夠的動機去尊重和實踐平等原則。這樣的身份轉換和身份融合，其間的難度，很多自由主義者也未必意識得到。羅爾斯在《正義論》中花那麼大力氣處理他所稱的穩定性問題，究其根源，也是在嘗試論證，至少在他所構想的正義社會中，德福契合(congruence)是可能的，即從第一身的觀點看，服從平等主義的要求是理性和可欲的。只有完成這種正當與「善好」的契合，平等主義才有可能植根於在我們的生命，並孕育出相應的政治文化。

但讀者要留意，對道德平等的堅持，並不意味在資源配置上必須採取平均分配的立場。它涵蘊的毋寧是這樣一種要求：在決定社會合作的基本原則時，每個自由人都享有平等的地位，擁有同樣的發言權。最後商議出來的原則，必須是所有人經過反思後，能夠合理同意的結果。這等於說，平等具有優先性，任何不平等的資源配置，必須要有合理的道德論證支持。這是羅爾斯的正義理論的核心所在。他那非常有名的原初狀態和無知之幕的設計，目的正是要創造出 個公平的契約環境，然後看看自由平等的合作者，會商議出一套怎樣的正義原則。為甚麼是公平的呢？因為在原初狀態中，立約者被一層厚厚的無知之幕遮去所有的個人資料，包括他們先天的自然能力和後天的社會環境，從而確保每個立約者處於平等的地位。我們知道，這不是一個真實的契約，而是思想實驗，目的是反映自由主義對自由平等和公平社會合作的理解。羅爾斯的契約論精彩之處，在於背後的平等正義觀：關乎整個國家基本制度的政治原則，不是由任何權威和精英決定，而是由所有公民共同決定。在決定過程中，每個公民的權益都受到重視，沒有人會因為能力財富和階級權力的不平等而受到歧視。這體現了民主自治的理想。

那麼，自由主義會主張怎樣的社會制度安排？政治方面，羅爾斯主張公民享有一系列平等的基本自由，包括言論和思想自由、信仰和良心自由、人身安全和擁有個人財產的自由等，也包括集會結社的自由、選舉和被選舉的自由，以至廣泛參與各種政治活動的自由。這些自由會被寫進憲法，賦予最高地位，從而保證個人權利的優先性。羅爾斯亦贊成立憲代議民主制，並透過各種制度確保政治平等得到真正實踐。

社會及經濟方面，羅爾斯提出兩條原則。第一條是公平的機會平等原則，主張透過教育及各種社會培訓，盡可能使出生在不同家庭環境的人，享有公平的競爭機會，促進社會流動。第二條是差異原則，主張經濟的不平等分配，只有在對社會中最弱勢的人最為有利時才可接受。這條原則體現了一種互惠精神：每個公民都應從社會合作中獲益，並享受到經濟發展的好處。社會發展的目標，不應是只讓一部份人富起來，其他人卻要承擔發展的代價。具體措施可包括由政府為公民提供各種社會福利保障，例如醫療、教育、房屋、失業援助、老弱傷殘津貼及退休保障等；政府亦應在經濟領域實行累進稅、遺產稅及其他措施，防止財富過度集中，進而減低貧富懸殊，儘量令每個公民從出生始，便享有發展個人能力和實踐人生理想的機會。自由主義反對財富分配完全由市場決定，因為市場競爭中很多導致不平等的因素是不公正的。這裏所說的不公正，不僅是指貪污和種種違法行為，更包括社會出身和個人天賦能力所帶來的起點不平等。

基於上述討論，現在讓我回應一些對自由主義的批評。

一，那些批評自由主義不重視社會正義、不重視平等的說法並不合理。事實上，自羅爾斯的《正義論》出版以來，自由主義已累積大量有關平等和社會正義的討論。羅爾斯對平等的理解，甚至較馬克思和很多左派更為激進，因為他認為從道德的觀點看，一個人的先天能力和後天出身都是不應得的，任何不平等分配都必須考慮最弱勢者的利益。而在制度安排上，他更認為我們不應該滿足於福利國家的模式，因為福利社會仍然容忍相當大的社會經濟不平等。如果我們不將自由主義左翼（liberalism）和放任自由主義（libertarianism）作出區分，然後以為弗里德曼、哈耶克和諾齊克等主張的小政府大市場，便是自由主義的全部，那實在是最大的理論誤解。自由主義既反對國家全能，也反對市場萬能，它真正的道德關懷是：甚麼樣的制度安排，可以讓平等自主的個體公平地活在一起，過上豐盛而有尊嚴的人生。至於實際的制度應該如何設計才能實現這個理想，則需要具體討論。

二，有人批評自由主義預設了價值虛無主義，亦難以成立。自由主義是一套完整的政治道德理論，對自由平等有很深的承擔，並視民主、憲政、寬容、人權等為普世價值，更相信憑著人的共同理性能力能夠建立公正理想的社會，因此不可能是一套「主觀」和「虛無」的政治倫理。

三，或者有人説，自由主義強調國家中立，放棄討論善好（good）的問題，不可能為個人的安身立命提供基礎，因此不值得追求。無疑，自由主義不會像儒家或基督教那樣，提供一套完整及涵蓋人生所有領域的價值和信仰體系，並要求所有人都接受。這與自由主義對人及幸福生活的看法有關。自由主義認為人有足夠的理性能力對價值問題進行自由探索，同時相信活得幸福的一個重要條件，是理性主體能夠自由選擇和認可他的人生計劃。因此，自由主義最關心的，是建立一個公正的制度，保證每個公民有自由和資源去過自己認為值得過的生活，並對自己的選擇負責。

羅爾斯所談的「正當優先於善好」，是説每個公民的價值追求都不能逾越正義原則定下的規範，而正義原則的基礎，則奠基於自由平等的公平合作這一理想。但這並不是説自由主義不重視善好。恰恰相反，正因為自由主義堅信每個人都有一己對生命的理解和追求，而這些追求對每一個體皆無比重要，所以才主張要尊重個人自主及公平地分配社會財富。再者，自由主義絕非對人毫無要求。自由主義期望公民對平等有所執著，對異於一己的信念有所寬容，對正義有恆久的追求，對弱者有真切的關懷，並能夠過上獨立自主而又有個性的美善生活。在日常生活中做一個自由主義者，絕對不見得較做一個保守主義者或者激進主義者來得容易。自由主義包容多元，而在多元的底層，是對個人的尊重和對自由平等的堅持，這些堅持構成公民的共同信念，並成為和諧社會的厚實基礎。

據説在今天的中國，不少人認為自由主義早已喪失它的道德吸引力和政治正當性，甚至成了保守反動落伍的代名詞。這教人不解。從上面勾勒出來的政治圖像來看，如果自由主義在今天的中國不值得追求，那麼在政治權威的正當性基礎、個人權利的保障、平等的實踐，以及社會財富的公平分配等根本問題上，非自由主義理論可以提出怎樣一套道德上更為可取的正義觀？這是所有政治理論均須回答的問題。而在進入辯論之前，我們至少應該知道自由主義是甚麼和不是甚麼，以及它為甚麼值得我們追求。而本書所有篇章所作的努力，就是努力論證這樣一種自由主義的觀點。

注釋

1 本文曾作為「結語」刊於拙著《自由人的平等政治》(北京：三聯，增訂版，2013)，頁230–237。這裏略有修訂。

2 Jean-Jacques Rousseau, *The Social Contract and the Discourses*, trans. G. D. H. Cole (London: Everyman's Library, 1993), p. 181.

3 Charles Taylor, "Atomism," in *Philosophy and the Human Sciences: Philosophical Papers 2* (Cambridge: Cambridge University Press, 1985), pp. 187–210.

4 John Stuart Mill, *On Liberty and Other Writings,* ed. Stefan Collini (Cambridge: Cambridge University Press, 1989). 中譯本：穆勒，《論自由》，孟凡禮譯(桂林：廣西師範大學出版社，2011)。

24. 政治哲學的旨趣

政治哲學在今天的中國，可謂顯學。君不見各種各樣的論爭此起彼落，形形色色的主義粉墨登場，林林總總的學術著作如雨後春筍。但在熱鬧背後，值得我們思考的是，在這樣的大轉型時代，甚麼是政治哲學應有的旨趣和任務？這個問題重要，因為它會直接影響我們從事政治哲學的方式以及對自身的期許。在本部份的最後一章，我希望就此談談我的看法。

在談之前，我必須強調，我這裏不是要為「政治哲學是甚麼」下一個價值上中性的定義，然後以此來評斷和要求不同理論，因為對這個問題的回答本身，必然預設了我們對政治哲學作為一種知性活動的特定理解。我們甚至可以說，每一種政治哲學理論的背後，都預設了一種特定的政治哲學觀。當然，哪種哲學觀更為合理，和所有規範性問題一樣，是可以進行理性論辯及有對錯可言的。

我認為，政治哲學最少有三個旨趣：自我理解、公共證成，和提供另類的政治想像。這是三種不同但卻彼此密切相關的知性實踐，目的都是為了建構更合理、更有正當性的政治秩序，令每個人都受到公正對待，活得更有尊嚴。

一

先談自我理解(self-understanding)。人一出生，便活在政治世界之中；這個世界，由不同的規則制度交織而成；界定這些規則制度的，是一套規範性語言，而這套語言是由一系列觀念構成，這些觀念通常指涉政治社群中的基本價值。舉例來說，自由、平等和權利是民主社會的基本價值，這些價值不僅體現於制度法律，也沉澱成公共文化，在相當大程度上影響我們看世界、看社會、看自我的方式，並直接影響個體的價值判斷、道德情感和政治實踐。一個穩定的政治社群，必然是個道德社群，它不僅提供規範，也提供意義，更為權力的正當性提供理由。

因此，要理解我們的政治世界，我們必須理解建構和支撐這個世界的基本觀念和價值是甚麼。我稱這個運用理性能力和道德能力去反思的過程為一種廣義的自我理解。我特別強調「自我」，因為我們活在世界之中而非之外，所有這些觀念和價值都在不同程度上界定和構成了我們的自我。準確點說，這裏的「自我」是廣義的指政治社群中的「我們」，而不必指特定的個體。再其次，自我理解的方式是多元的，這包括概念的定義、觀念的起源演變、價值的比較、意義的詮釋，以至尋找制度的道德和文化意涵等。

有人或會說，既然我們每天都在使用這些觀念，理解它們還不容易？實情並非如此。第一，我們使用的觀念許多都是本質上具爭議的，因而容許不同甚至對立的詮釋。例如自由不僅有所謂消極自由和積極自由、古代人的自由和現代人的自由、共和主義式的自由和自由主義式的自由，而且據伯林說，「自由」在思想史上甚至有逾200種意思。[1] 又例如我們都認為正義十分重要，但正義實質意味著甚麼，卻從柏拉圖開始便已爭論不休。至於平等和民主的意涵，更加不知有多少不同的理解。如果我們不對這些基本觀念有嚴謹細緻的定義、分析和梳理，我們便很易陷入思想的泥沼而難以自拔。

第二，觀念不是自有永有地靜止存在，而總是在特定的歷史脈絡中生成、發展和演變，並受到政治、宗教及文化等各方面的影響。我們今天視為理所當然的社會實踐，例如男女平等、戀愛自由和主權在民，在200年前的中國卻難以想像。要真正了解一個觀念，我們往往要了解一個傳統。觀念史、哲學人類學(philosophical anthropology)的研究，對政治哲學因此尤為重要。

第三，理解的過程往往也是意義詮釋和價值評價的過程，因而無可避免地牽涉到我們的世界觀和價值觀。例如面對同樣的資本主義市場，有人看到效率和公平，卻也有人看到剝削和壓迫，因為大家運用的理論框架不同，而理論框架的建構本身卻是極為艱難的工作。

第四，我們都可以見到「人作為道德存有活在一個道德社群之中」這個現象，但如何好好解釋和理解這個現象，卻殊不容易。即使我們將古今中外的道德理論放在一起，我們往往發覺所知仍然有限。讓我舉個例。我們大抵會同意，尊嚴對人十分重要。一個活得沒有尊嚴的人生，很難説得上好。但尊嚴的確切意思是甚麼？為甚麼尊嚴如此重要？怎樣的政治制度和公共生活，才能使人活得有尊嚴？就這麼幾個問題，也不見得有多少理論能夠給出滿意的答案。

讀者或會問，自我理解為甚麼那麼重要？無論是對於個人或社會，為甚麼不可以不求甚解地按著傳統和習俗生活下去？我想，最主要的原因，是沒有充分的自我理解，我們便無法知道自己從哪裏來，又應往哪裏去——尤其是在今天的中國。李鴻章曾説過，晚清面對的是三千年來未有之大變局。現在回看，這個大變局一直延續到今天：舊的觀念制度不再能有效回應時代的挑戰，新的觀念制度卻未曾建立，在這個時候，政治哲學意義上的深刻的自我理解，便不是可有可無，而是社會變革的重要前提。當然，一個社會的自我理解，需要有充分的言論思想學術自由，需要有多元豐厚的知性資源和道德資源，更需要知識群體不浮躁不虛假，謹守學術規範，形成健康、活潑、獨立和具批判力的學術傳統。

其次，自我理解是個自我啟蒙的過程，因為通過理性反思，我們可以逐步了解支配我們思想和行動的是甚麼觀念，觀念形成的社會脈絡及本身的意義何在，也可以多少知道制度背後的精神所在。某個意義上，我們都是時代的產物，但這個時代是甚麼以及我們為甚麼會如此被塑造，卻需要很多知性努力才能理解。這種理解一方面可幫助我們從蒙昧中走出來，另一方面也可讓我們和活在其中的世界形成某種形式的相互理解，同時令我們對生命有一份自我主宰的實存感。這對每個個體來說，都是極為重要的。

二

政治哲學第二個重要的任務，是公共證成（public justification）。簡單來說，就是在公共領域提出合理的理由來證明自己的觀點和立場是能夠成立的。公共證成並不是政治哲學獨有的功能。只要我們對某些政治問題形成看法，並在面對質疑時努力提出理由為自己辯護，這個過程本身即可被理解為一種公共證成。政治哲學獨特之處，是它要求我們就政治道德相關的種種議題，以一種嚴謹、明晰、系統的方式展開論證和提供理由。

公共證成有一些特點，值得我們留意。第一，證成的目的是尋求道德上合理的、正當的、真確的答案，而不是為了名譽、權力和利益。第二，證成不是簡單的立場宣示，而是道德説理。重點不在於你相信甚麼，而在於你所信的有沒有足夠的理由支持。第三，證成的基礎不是語言修辭，不是權力遊戲，而是理由本身的説服力。因此，公共證成的過程必須將欺詐、虛假、宰制、壓迫等行為減到最少。這意味著説理者必須具備相應的一種説理人的德性，包括願意聆聽，願意介入公共討論，願意容忍、尊重甚至欣賞異見等。

第四，哪些理由較有説服力，必須在公共證成的過程中逐步呈現和達致，而且原則上沒有理由是終極的或不可質疑的。與此同時，證成的過程沒有既定的邊界，例如沒有人可以説，某種理由必然只能適用於某個時間或某個文化。形象一點説，説理的過程本身是具有時間和文化穿透性的。

第五，由於證成的議題關乎政治道德，所以提出的理由必須是規範性的道德理由，而不可以是其他不相干的理由。例如當我們在論證甚麼是公平的社會分配時，論者不能只訴諸經濟效率，因為效率並不涵蘊公平。又例如在討論民主的優劣時，論者不能訴諸歷史起源説，因為一種制度是否合理和它起源於何處，是兩個範疇的不同問題。

最後，公共證成同時是一種社會批判，即對現有的不合理的制度、公共政策及行為習俗作出價值上的批評。嚴格來説，這兩者其實是一體兩面，因為社會批判往往預設了一個更值得我們追求的理想，而這個理想必須得到合理的證成。

公共證成是政治哲學追求的理想。它不僅希望這個理想存在於學術社群，也希望實現於公民社會。政治哲學理應是一種公共哲學，即平等的公民在公共領域就公共議題進行嚴謹的道德討論的活動。但要實現這個理想，既需要制度條件，也需要公民素養。例如我們必須在制度上，確保每個公民能夠以自由平等的身份且免於恐懼地自由討論，而在參與過程中，公民要學會聆聽他人和寬容異見，還要學會使用公共理由來進行有效的溝通對話。這些在今天的中國，極為迫切卻又極為欠缺。

為甚麼公共證成如此重要？因為這是政治哲學的基本使命。面對各種各樣的價值衝突，林林總總的利益要求，以及彼此針鋒相對的意識形態，政治哲學有責任通過嚴謹的道德論證，找出最合理、最公正的政治原則，並以此規範公平的社會合作。其次，通過公共證成，公民才有機會就各種重要的政治議題達致反思性認可，從而使得公共權力的行使具有正當性。最後，公共證成體現了一種公共生活的理想：自由平等的公民走在一起，就大家關心的議題，以公開說理的方式，尋求互相理解、解決分歧及實現正義。但要實現這個理想，必須要有很好的制度安排，包括充分的思想言論自由和新聞出版自由，以及充分的供理性討論的平台。

從以上討論可見，從討論的議題到討論的方式再到討論的對象以及討論所望達成的效果而言，政治哲學都是一種實踐哲學。

三

最後，在自我理解和公共證成的基礎上，政治哲學還有一個重要任務，就是致力想像和呈現人類集體生活的其他可能性。另類想像和前兩者雖然有關，但同時有根本的不同，因為既然稱之為另類想像，自然和當下的政治傳統和政治實踐有極大的差異，甚至往往被時人視為異端，因此它往往不是在社群中已經得到廣泛認同的自我理解，而且也很難在當下的社會達到普遍的反思性認可。

讀者或會問，為甚麼政治哲學要努力思考另類的政治可能性呢？因為這些可能性一旦被呈現，往往會改變我們原來習以為常的看世界的方式，因此能產生一種解放的效果，即將人們從既有的某些根深蒂固的習見偏見中釋放出來，不再受它們束縛。因此，另類可能性往往是見時人所未見，思時人所未思，並為我們提供一個新的角度去想像政治道德。這意味著，政治哲學不應只忙於在不同的既有觀點中尋找共識或建立底線，也不應只忙著回應現實政治的種種問題，因為這會局限它的視野。當然，這些另類可能性可能是錯的，可能過於烏托邦，也可能過於離經叛道而被人嗤之以鼻。當然有這樣的可能。但政治哲學如果沒有這樣的自我期許，又或我們的社會不鼓勵這樣的嘗試，借用穆勒在《論自由》的說法，我們的社會就很難有創造性，就會變得平庸，也就很難有道德進步。

以上所說或許有點抽象。讓我舉幾個例子。例如在自由主義傳統中，當洛克公開聲稱君權不應神授，而應得到人民同意時，真是石破天驚之舉。這個可能性一旦被呈現，整個現代政治便宣佈告別神權政治，走上自由民主之路。[2] 又例如穆勒讓我們看到即使在一個自由社會，大多數人仍然有可能用群眾輿論去壓制社會中少數特立獨行的個體，從而令我們意識到個性（individuality）對個人幸福和社會進步的重要。[3] 又例如羅爾斯的正義理論教我們見到，一個真正公平的社會合作，人與人之間必須共同分擔彼此的命運，並致力將自然能力和家庭出身對財富所得的影響減到最低。[4] 這些哲學家之所以能見到這些可能性，固然和他們思想的原創性有關，但同時也離不開他們所在的學術傳統，以及他們生活的時代。

注釋

1 Isaiah Berlin, "Two Concepts of Liberty," in *Liberty*, ed. Henry Hardy (New York: Oxford University Press, 2002), p. 168.
2 John Locke, *Two Treatises of Government,* ed. Peter Laslett (Cambridge: Cambridge University Press, 1988).
3 John Stuart Mill, *On Liberty and Other Writings*, ed. Stefan Collini (Cambridge: Cambridge University Press, 1989).
4 John Rawls, *A Theory of Justice* (Cambridge, Mass.: Harvard University Press, revised edition, 1999).

六　覺醒之於公民

25. 微博論自由

2014年5月15–17日，我本來應廣州中山大學三個學生團體之邀，做三場以「論自由與社會公義」為主題的講座和原典讀書會。[1] 但在5月14日下午，我獲告知三場講座由於「眾所周知」的原因而不得不被取消。當晚，我在微博上表示了嚴正抗議，認為這是對學術自由的嚴重打壓。我在5月15日下午在微博公佈，將於當晚七時就「自由的價值」與網友進行自由討論。[2] 當晚討論極為熱烈，網友提出數以百計的問題，我也全程參與回應，前後持續六小時。[3] 與此同時，中山大學200多位同學，自發回到原定舉辦講座的教室「自習」，並掛上陳寅恪先生名句「獨立之精神，自由之思想」自勉。同學們一邊朗誦、歌唱及分享個人感受，一邊觀看及參與我在網上的討論直播。這是一次有歷史意義的事件。[4] 為紀念這次事件，我決定將微博部份對話整理修訂，收進此書。這樣做的理由有三：一，這次討論的內容與本書主題直接相關；二，討論的形式和對話的過程正正是在實踐政治哲學作為公共哲學的信念；三，網友提出的問題，相當程度上反映了國人對自由及許多相關政治問題的理解，很有參考價值。[5]

(問：微博網友；周：周保松)

周：各位朋友，雖然今天去不了中山大學，但思想自由和討論自由，還是可以在微博有限度地繼續的(希望)。今晚七時，我在微博上和大家自由討論和自由有關的問題。大家隨便提出問題，我們自由交流。謝謝大家。

一

問：有言論自由的話，就有可能引發很多社會問題。比如我們可能會聽到「南京大屠殺沒有30萬」，或者「釣魚島一直由日本管理」之類讓我們無法接受的觀點，而且邊疆可能也會有獨立的傾向，我甚至覺得到時候香港一定會獨立。這種問題應該怎麼處理？

周：這些都是想當然啊，不見得有甚麼事實基礎。我反而認為，有了言論自由，大家才可以公開討論不同的觀點，包括那些你無法接受的。只有這樣，我們才能更好地知道真相，更好地判斷是非對錯。現在甚麼也不許説，只有一種官方觀點，難道不是更糟糕嗎？

問：我覺得大陸與香港不同，人民參與討論的能力不夠，參政議政的素養不夠，不適合全面放開管制。要開放言論自由應該一步一步來。如果全面開放，確實會迎來言論自由的好處，但是在大陸，付出的代價也會是巨大的。這裏的利弊權衡，周老師怎麼看？

周：正因為參政議政的素養有待改善，我們才應該創造一個自由的環境，讓大家去學習和實踐啊。如果我們一直活在一個不自由的環境，我們就很難學會自由思考和獨立判斷。再者，從來沒有人會説言論自由是無界限的，但今天的中國不是自由太多，而是太少。落實憲法賦予人民的基本自由，我不僅見不到有甚麼代價，反而覺得可以帶來更積極的社會轉變。

問：周教授，關於自由，你所讀過的書中，最推崇哪幾本？

周：推薦以下：J. S. Mill, *On Liberty*（《論自由》）; I. Berlin, "Two Concepts of Liberty"（《兩種自由的概念》）; J. Rawls, *A Theory of Justice*（《正義論》）; J. Raz, *The Morality of Freedom*（《自由的道德》）; Q. Skinner, *Liberty before Liberalism*（《自由主義之前的自由》）; F. A. Hayek, *The Road to Serfdom*（《到奴役之路》）。這些書都有中譯本，不過譯本的質量比較難說。

問：因為我是非政治主修，請問能否推薦一些像《正義》、《金錢不是萬能的》這樣的不那麼艱深的著作？

周：可參考以下幾本：Jonathan Wolff, *An Introduction to Political Philosophy*; Will Kymlicka, *Contemporary Political Philosophy*; Jean Hampton, *Political Philosophy*; Adam Swift, *Political Philosophy*，都是好書，也都有中譯本。[6]

問：周教授，口氣不必太大。只想問你現在最基本的議論自由有沒有？追求自由是人之天性，但任何自由都是有度的，絕對的自由對社會未必是好事。

周：朋友，沒有最基本的言論思想自由，你連在這裏和我這樣討論的機會都沒有啊。努力爭取言論思想自由得到充分保障，是所有會思想的人都應該支持的吧——不論你是左派右派毛派儒家還是基督教。因為沒有這些自由，大家想做甚麼派都不可能。我當然同意，所有的自由都要有度。

問：其實你現在在網上不是在討論嗎？網上的不同思想難道被打壓了嗎？即使你認為自由度還不夠，但也絕非你所想像的那麼糟糕。

周：自由是個程度的概念，我沒有説我們現在一點自由都沒有。但你也應知道，小秘書一直都在，許多發言被刪，許多微博號被封，許多觀點根本不容出現。而學術新聞和出版自由受到的種種限制，我想大家都清楚。至於政治自由，就更加不用説了。

問：想起胡適先生的「容忍比自由更重要」，包容他者的不同是享受自由、營造自由環境的前提。周老師，我有時也在想：思想一直被禁錮的人，能體會自由的珍貴與力量麼？就如同精神科中嚴重抑鬱的患者，還能體會歡樂愉悦為何物麼？

周：所以，自由人的意識很重要。自由不僅是一個外在的限制的問題，更牽涉到主體自身如何理解和感知自由的受限制對他意味著甚麼。對於一個從小就不曾經歷過思想和行動自由的人來説，自由對他的價值，可能真的不那麼重要。

問：老師在「毛概」課上曾經展開過「你自由嗎？」的討論，我驚訝於同齡人的答案大部份都認為自己很自由。作為一個電腦專業的學生，我想説即使我不討論政治，我也是不自由的。GFW把不少海外技術網站都遮罩了，我們要想學習也都要翻牆，這僅僅是不受限制的權力侵害自由後果的冰山一角。

周：你説得很對。這其實是個大問題。因為我們自小就生活在一個不自由的環境，所以我們錯誤地以為這種種不自由的狀態都是正常的，事情本來就該這樣。但只要試過翻牆出去見過外面的世界，我們自會知道，加諸於我們身上的枷鎖有多嚴重。

問：前段時間，有網友好心提醒周保松老師可以在「有限的尺度」內進行政治討論，小心翼翼地爭得一定空間。可我個人反倒覺得，我們需要做的不是正視這張鐵幕，而應該無視這張鐵幕，在我的程序裏面根本沒有它。如果當局要禁止自由，那是當局的無恥，如果我委曲求全就是我的不對。爭自由就是要爭自由！

周：同意。如果自由本來就是我的權利，為甚麼我們要乞求當局的施捨，而不是堂堂正正地去爭取呢。我有時覺得，我們太容易對政府有太多的體諒，例如這個國太大太複雜啦，一切都要慢慢來啦，因此政府無論做了多少不合理的事，似乎都可以被原諒。但我們是否想過，政府存在的目的，難道不是為我們服務，不是好好保障我們的權利嗎？

周：謝謝大家的問題，很精彩。但我現在要去接女兒放學了，七點才能回來再聊。抱歉。[7]

二

周：各位朋友，這個時候，我本應在中山大學和同學們愉快地討論自由的。既然講座不得已取消了，我們就在這個平台就「自由」這一議題進行自由討論。大家隨便發言，我儘量回答，也歡迎大家互相回應。[8]

問：周老師，請問在您成長的過程中，有哪本書對您的價值觀形成產生了重要的影響？

周：最大的影響，是羅爾斯的《正義論》。最重要的，倒不是他的立場，而是他做政治哲學的方法、治學的態度和看問題的方式。這本書是當代政治哲學的分水嶺。記得多年前，德沃金有一次在倫敦親口和我說，“You must start with Rawls”(讀政哲，必須由羅爾斯開始)。不過，羅爾斯很不易讀，要花一點力氣才行。

問：在一個沒有自由和低智的國度，討論這些太奢侈了。

周：那我們就一起努力，令它變得不再奢侈。

問：自由是一個人的自然權利，但是出現政府了之後，自由的範圍就由政府來設定並且由政府來保護，這樣不就自相矛盾了嗎？那為甚麼我們還需要一個政府？

周：我認為，不一定要將自由理解為「自然權利」，也不要說那只是西方的東西。我們是在實實在在的壓迫中，感受到自由的可貴。政府和自由之間，不一定是對立的關係。因為沒有政府，我們許多自由根本無法得到保障。所以，重點是要有公正的、好的、權力受到監督的政府，而不是不要政府。

問：你好，我想問當一個人看清社會百態看清人情冷暖，內心不知何去何從時，應該怎麼做。我是一名高中生。

周：不要輕言放棄。只要你在乎自己，只要你認真對待生命，就一定能在生活中找到活著的意義。

問：在我所讀過的《政治哲學導論》譯本中，作者對羅爾斯的正義原則的評價也是認為，其開創性的舉措是構思了無知之幕背後的理性決策者這個思想實驗，別出心裁。但是老師，如果決策者對於種種關切自身利益的訊息都不曾考慮，這樣的「無知」下所作出的決斷，對他們而言訊息是否不完整呢？如此決策可靠嗎？

周：很專門的問題。我認為，無知之幕的設計本身，尤其是理性選擇（rational choice）部份，其實不是羅爾斯理論中最關鍵的部份。無知之幕背後真正要體現的，是對自由和平等的理解以及相應的「社會是自由平等的個體之間的公平合作體系」的理念。我在《自由人的平等政治》一書中對此有過相當詳細的討論。而羅爾斯從八十年代初開始，開始稱他的理論為道德建構主義而不是契約論，這是相當重要的一個轉變，因為建構主義和契約論，是兩種很不同的道德證成方法。[9]

問：請問沒有無知之幕，人如何回到原初狀態呢？沒有原初狀態，人們如何確定公平的基準，以及確定相互性標準呢？無知之幕對羅爾斯的理論，我認為是不可或缺的，但不是針對rational計算那一部份而言，而是對reasonable而言。

周：當然，我想羅爾斯也會認為無知之幕是必要的。但這裏所指的必要，到底是甚麼意思呢？正如你所說，設計的目的，是要確保一個公平的基準。既如此，要點就不在無知之幕背後的人擁有多少資訊，而在羅爾斯這樣做的道德理由是甚麼。簡單點說，無知之幕基本上是個人為的設計，目的是反映和體現自由和平等的理念。

問：您如何詮釋漢化了的「自由」或者說「政治自由」呢？迄今為止，看到的都是西方觀念啊。

周：自由就是自由，沒甚麼漢化和西方。當我們的行動和思想受到限制，當我們被關在牢裏，當我們不可以自由表達自己的觀點，我們就是不自由——無論我們生活在哪裏。

問：自由要看度，要看具體歷史環境，要看具體國情。如果是台灣式的自由，那完全是鬧劇。有些場合，香港式的自由也很不合時宜。我們需要自由，但不能以混亂為代價。

周：這種想法十分普遍，而且往往被用來為今天中國的不自由辯護。但到底中國是怎樣的國情，特殊到這樣一個地步，竟然可以如此嚴重地限制憲法中賦予公民的基本自由和權利？為甚麼人民一旦享有這些自由，中國就會天下大亂？似乎從來沒有人好好論證過。而且，自由和混亂根本是兩回事。從來沒有人會説，有了自由就可以為所欲為。至於台灣這個自由社會是否真的如此不堪，你有機會去走走再下判斷未遲。

問：在內地，肆意突破自由邊界的人很多，如言論自由的邊界。同時自由是甚麼、邊界在哪裏等等也是需要學習和實踐的。這個過程並不輕鬆。很多人不在乎自由，也不想付出精力和時間。請問周老師，在很多人並不把「自由」當做一種價值的前提下，自由還是一個共同體值得追求的價值麼？如何證成「自由」是人所必需的？

周：很好的問題。我這幾年寫的不少文章，其實就是在努力做這個「自由的證成」，即分析自由的確切意義及論證自由的價值。我相信，在絕大部份情況下，很少人會認為自由是不值得追求的。今天真的有甚麼政治理論能夠提出強而有力的道德理由，去反對人身自由、思想自由、新聞自由和信仰自由嗎？我相信不太可能。自由之所以必須，因為人沒有最基本的自由，就很難像一個人那樣活著。人是甚麼呢？人是會思考、會選擇、會行動、會有人生計劃的存有。要成為這樣的人，我們需要自由。

問：老師如何看待無政府主義？

周：無政府主義有很多種。但我想，我們很難真的活在無政府的狀態，因為沒有任何政治權威時，很可能就是戰爭狀態，尤其在現代社會。你有興趣可以讀讀霍布斯的《利維坦》，裏面有很深刻的洞見，雖然我們不必接受他最後的結論，即為了避免戰爭狀態，必須接受一個擁有絕對權力的主權者。[10]

問：周老師，自由與不自由的界限在哪？

周：問題問得太大。我們要問下去：我們在談哪一種自由？這種自由的價值在哪裏？在甚麼情況下，國家才可以合理限制這些自由？這些都要具體談，並一步一步論證。泛泛而論地説任何自由都一定會有界限，其實意義不大，因為説了等於沒説，更不能以此作為限制自由的理由。

問：請問自由是一種天賦能力，即消除人自由意志的內在障礙？還是一種經過他者確認的擁有一定權利的政治身份？

周：很好的問題。自由這個概念，既有內在的一面，也有外在的通過法律來界定的一面。但我想，自由最重要的特質，是主體能夠免於限制（外在或內在）去做自己真正想做的事。一個人在某個特定處境享有某種自由，即指他能免於某種限制去做他想做的事，例如免受限制去表達自己的觀點或去選擇自己的信仰等。

問：老師，請問您怎樣看待馬克思主義？

周：問題太大。但我很希望，中國有一天，可以自由討論和評價馬克思主義，而不是成為人人都被迫修讀的政治思想課。也許只有到那時，馬克思主義才會恢復生命力，得到大家認真對待。

問：有一個淺顯的問題想聽聽您的看法。Mill values personal autonomy and believes that people are best at making decisions for their own than anyone else. 但是請問您對“the fact that people have imperfect rationality and sometimes they make awful decisions”怎麼看？[11]

周：好問題。我的基本想法是，人當然有不理智的時候，也會做出不合理的甚至錯誤的決定。儘管如此，為甚麼我們仍然要給予人選擇自由呢？我想，因為我們尊重人是自主的個體，可以對自己的生命負責，並將這個道德身份看得很重。

問：周老師，請問對於胡適先生講的「容忍比自由更重要」，是否基於當時國情的考慮？比如，胡適經常提起「兩害相權取其輕」，才使得他周旋在政府和知識分子群體之間。

周：我寫過一篇〈自由與容忍〉，批評胡適先生的觀點。我的基本想法是，胡適先生視容忍為自由主義的基礎，然後再將容忍的基礎建立在某種懷疑論之上，是站不住腳的，而且這種論證其實不能為自由主義的制度作出有力辯護的。[12] 至於胡先生如此強調容忍的價值，當然和他身處的時代及他所想要扮演的角色有關。這是後話。

三

問：請教您如何看待學校洗腦式的教育？

周：當然很不好。洗腦教育邪惡之處，是因為它完全不尊重人的自主性，並強行將人變成不會思考只懂盲從的人。我常覺得，中國今天教育最要不得的，就是從中學開始便要強迫所有學生修讀政治思想課，那是對學生的獨立思考最大的傷害。

問：周先生怎麼看待愛國主義？

周：愛國是一種很自然的情感，就像一個人愛家和愛其他社群那樣。但我們不能停在這裏。而要問下去：愛國家的甚麼？怎樣的國家才值得我們愛？如果當下的國的作為，和我們所堅信的價值有極大差距時，我們應該批評它，而不是毫無保留地擁抱它，因為這樣很易轉化成狹隘的集體主義和排外主義。

問：古語云，愛之深，責之切。愛國家是無條件的，因為愛國家不是愛她的美麗，而是愛他的一切。

周：愛國家真的是無條件嗎？即使在國家令3,000萬人餓死，一代知識分子被徹底摧毀，人的基本自由受到嚴重限制的時候，我們仍然要無條件的愛這個國？自由主義從洛克開始，一個最重要的見解，就是愛國是有條件的。如果國不能好好保障我們的權利和福祉，我們就有理由不愛。[13]

問：伯納德．威廉姆斯(Bernard Williams)寫到：容忍有兩種，一種是在堅決不認可的情形下仍然接受他人及其行為，另一種是不再持有堅決不認可的態度，多少有懷疑主義或漠不關心的色彩，只有前一種才在嚴格意義上可以稱為容忍。願意看到老師更詳細的文章。

周：對。Williams那篇文章很精彩。[14] 對於容忍的討論，我曾寫過一篇〈自由主義、寬容與虛無主義〉，有興趣可找來一讀。[15]

問：有人認為，觀念的市場未必能保證理性觀念的勝出，比如有人發現在微博上，造謠貼的傳播率遠遠高於闢謠貼，這種情況下，你如何捍衛言論自由的價值？

周：好問題。這個問題可被理解得更闊一點：如果容許人有言論和選擇自由，如何保證自由必會帶來好的結果(對個人和社會)。穆勒在《論自由》中就好努力想證明這點。或許我們可以做一些經驗調查，來印證自由社會能夠帶來許多好處，例如發現真理、文化多元、科學創新、人的個性發展等。

而我們也需知道，自由的實踐不能抽離於社會條件。自由的行使要有好的結果，需要許多條件配合，例如在一個法治和新聞自由得到充分保障的社會，所謂造謠貼的問題也許就不再是甚麼嚴重的問題，因為有媒體在監督政府和報導真相，同時民眾對政府有較大的信任，造謠者會受到法律制裁等。

退一步，即使有人行使他的自由做了一些對己對人不好的事(在法律範圍內)，我們仍然容許他做，而不是動輒用家長制去限制他，因為我們要尊重他是獨立自主，且可以對自己行為和生命負責的人。人的自主性，構成人的尊嚴的基礎，並由此證成自由的重要。

問：自由主義的施行，是否需要整個社會的某些倫理共識作為前提？如何達成這種共識？

周：好問題。自由主義要在中國生根，的確需要整個社會很深的倫理共識，包括對人的獨立性和自主性的尊重、對不同觀點的容忍、對程序公正的重視等。中國有很強的集體主義傳統，這和自由主義有很大張力。如何做？在制度上、文化上和教育上，一步一步來播種及改革吧。但願假以時日，水泥地上也能種出花。

問：老師，我還想問中國人配得上享有自由嗎？幾千年來，中國人更多的是屈從和奉承，特別是1949年後。

周：配的。我們每一個人都配享自由，配享有尊嚴地生活，配享一個公平公正的中國。我們一定要有這樣的信念。我從來不相信甚麼「中國人的國民性就是劣質」這類說法。我們今晚這樣認真的思想討論，本身就足以證明我們配享自由。

問：在看有關自由的著作時，我經常會產生一個疑問：為甚麼在經濟領域，像美國的一些保守派會主張契約自由，政府儘量少管；而在一些涉及到個人的領域，比如墮胎之類的，這些保守人士卻積極主張政府去干預。這是為甚麼？

周：這個觀察很好。我也認為，經濟上的放任自由主義者和文化上的保守主義者，是有內在張力的。如果一個人同時持有這兩種立場，到底如何能夠自圓其說是很有意思的事。

問：周老師，我想問，倘若有人已經索性不要臉，或者擁有了某種自信，要將他們的獨裁統治貫徹始終，且不斷優化、細緻化統治技術，始終不給人民自由，甚至不給討論自由的權利，啓蒙的正常人趕不上洗腦洗成的腦殘生產速度，這個國家的自由，還有希望嗎？

周：不要這樣悲觀。我相信，嘗過了自由的滋味，很少人還願意回到被奴役的狀態。我們的社會在不斷開放，思想控制會愈來愈困難。而且這個國家有沒有自由，不能只看掌權者在做甚麼，同時也得看我們在做甚麼。只要愈來愈多人意識到自由的重要，並在生活中努力開拓自由的空間，這個國家就有希望。

問：周老師好，有個問題還請賜教：今天在談自由的時候，我們會發現許多人本身其實是缺少獨立判斷能力的。我們慣於接受「大多數」或者「權威」的判斷，然後服從，令我們陷入「不去自主地做判斷也能活得挺好」的感覺中。那麼，您認為這樣的一種惰性是否可以克服，又該怎樣克服呢？

周：問得很好。要改變這種狀態，首先還是要在制度上爭取自由得到真正的保障和落實。有了言論思想自由，有了新聞學術自由，就會有較好的條件去培養能獨立思考的人。我常常想，到那一天中國有了這些自由，中國人的創造力就一定會爆發出來，就會有更多了不起的哲學、文學、藝術和科學。我們長期生活在不自由的狀態，尤其看到許多年青的自由的心靈被迫接受不自由的教育，實在教人難過。除了制度建設，要克服你所說的惰性，當然也需要我們個人的努力。做一個有主見、不盲從、敢於特立獨行的人，其實無論在哪個時代哪個地方，都不容易。

問：我是一名在京大學生，周老師可否推薦幾本適合我們看的書，不一定關乎自由，只要讀了能讓我們在體制中洗過的腦清醒一些的書就好。

周：推薦你讀 J. S. Mill, *On Liberty*（《論自由》）。網上很易找到英文版的。要慢慢看，尤其是〈論人的個性是幸福生活的重要元素〉的第三章。讀完而又能有所體會，會令你受用一生的。

問：老師，如何面對列奧．施特勞斯（Leo Strauss）對自由主義的批評？即自由主義植根於相對主義與歷史主義的土壤，因而造成現代性的嚴重危機。

周：我不認為他的批評是成立的。我在《自由人的平等政治》一書中，有專門一章回應這點，你有興趣可找來讀讀。[16]

周：謝謝大家那麼多的問題。不過，我要先陪女兒玩一會。稍後繼續。抱歉。

四

問：不見面，反而聊得更熱烈、更深入。

周：是的。今晚是歷史性的一夜。我就好像人在中山大學，和同學們在一起一樣。

問：還有一問希望周老師回答：如果政治不過是施密特指出的敵我之區分，且如福柯所揭露的現代社會的自由其實也只是權力運行的某種改變(而且自由更少)，那麼我們如何寄望於真正的政治自由？另，現代社會我們還可以寄望於政治的德性並重塑其德性嗎？自由政治是否可以是德性政治？謝謝！

周：我不熟悉施密特和福柯，不敢隨便發言。但要回答這條問題，我們需要先了解甚麼是真正的政治自由，然後再看在甚麼意義上，民主社會公民享有的自由更少。不過，我同意即使在許多成熟的民主國家，離平等的政治自由也有很大距離，因為資本主義導致的貧富差距愈來愈大，使得一小部份富人不合理地擁有極大的政治影響力。自由主義作為一套政治道德，自然有它對公民德性的要求。但這是否便等於你所說的德性政治呢？這要進一步釐清才能談下去。

問：我也一直相信自由同樣也應當是中國人的普遍價值追求。但困惑我的是，起碼現在是本科生的我，覺得關於政治學的一整套話語體系都來自於西方，總是在某程度上暗含著西方國家的自由、民主等才應是我們的價值取向。

周：你可以試試先不要想甚麼西方東方，而是直接問自己：甚麼樣的制度才是我想要的？怎樣的社會才能令我們活得像個人，活得有安全感，活得有尊嚴，可以自由地追求自己想過的生活？如果自由重要，那是因為它能幫助我們解答這些問題，而不是因為它來自西方。

問：周老師，我覺得你是真正意義上的左派。在當今的中國，自由和平等這一對價值，您如何排序？

周：自由和平等不是互相排斥的概念。以民主為例。民主既體現了平等（一人一票），也實踐了自由（投票本身即是一種自由選擇）。又以權利為例。中國憲法說，每個公民都可以平等地享有言論和思想自由的權利。所以我常說，自由主義追求的，是自由人的平等政治。

周：各位朋友，我們從七點開始談到現在，已四小時。很感謝大家的問題，特別感謝崔衛平、郭于華、劉瑜等老師加入討論。我更要向中山大學的老師和同學致敬。你們用你們的行動，實踐和體現了自由的價值，捍衛了中大的尊嚴。這是很了不起的事。今晚大家如此理性開放的討論，即證明我們每個人都配享自由。謝謝。

我上微博以來，一直在抗議小秘書。不過今晚，新浪沒有作出任何干預，容許這場討論繼續，我很感謝。也正因為此，我們對中國的未來，應該多點信心。我們身在其中。我們當下所寫所說所做，都在一點一滴拓寬自由的空間。

今晚的討論到這裏結束吧。討論了六小時，我有點累了。未答的問題，我們之後慢慢談。自由是現代社會的核心價值。我們的傳統，對於自由這個價值沒有留下甚麼道德資源；我們的國家，離自由還有好遠的路。但看看我們今晚的討論，看看中山大學同學的勇氣，我們沒理由灰心。晚安。

五

問：現在的大陸在言論自由方面，確實有很大很大的進步空間。但假如一下子就開放所有禁忌，由於國民長期以來參政論政的素養不高，很可能會導致大量的傳謠現象與社會不穩定狀況。而所謂逐步開放聽起來又太不具體。請問老師您對言論自由在大陸的發展是否有些建議？[17]

周：我認為這種思路正是官方想要的：因為你們這些平民質素不高，所以不給你們自由是為你好，因為一有自由就亂。但情況真的是這樣嗎？中國一有言論新聞自由，就會大亂？如果真的如此，為甚麼其他自由國家沒有大亂？更何況，享有言論新聞自由，從不代表人們可以為所欲為，隨意造謠誹謗。還有法律在啊。

問：萬事萬物的存在都需要一定的基礎，以你研究自由這麼多年來看，自由的基礎是甚麼？

周：自由的基礎，就是我們是自由人。如果我們不是能作反思、能作判斷、能作選擇、能為自己生命負責的個體，自由對我們也許便沒有甚麼價值或價值很小。

問：不知道周老師所說的自由，具體怎麼理解？

周：自由其實不是那麼難理解。例如你此刻可以沒有受到限制和我自由討論，你就是在享有言論思想的自由。如果小秘書下一刻阻止我們，我們就失去了這種自由。換言之，如果外人對我們的干涉愈少，我們就享有愈多的自由。免受外力的干預去做自己想做的事，是自由最基本的概念吧。

問：我不知道甚麼是所謂的「自由」，我只知道國有國法，家有家規，任何國家和社會制度都沒有絕對的自由，大家都必須遵守遊戲規則，不是你想説甚麼就説甚麼的。

周：我同意沒有國家是有絕對自由的，而且這不見得理想。我常強調，自由是複數而不是單數，例如思想自由和隨地吐痰的自由，是兩種不同性質的自由(即免於限制)，但沒有人會認為後者有價值吧。所以真正的問題是：一個國家應該保障公民享有哪些基本的重要的自由。聯合國的人權宣言便有這樣一張自由清單。

問：我個人認為中國的不自由跟中國人的劣根性有關係。不知為何，我一直認為中國人本質上就有不足、愚昧、缺乏普世價值。

周：真的不要這樣想自己。今天社會上出現很多不理想的情況，例如貪污腐敗、爾虞我詐、人壓迫人，很大程度上和制度有關，而不是中國人天生就有劣根性。人當然有自私的一面，但只要好的公正的制度建立起來，人性中良善的一面就會慢慢發展起來。我們都要有點信心。

問：是否可以這樣理解：自由是基於人類社會的一個概念，在此概念之上會衍生一個規則系統，來調節人際關係。積極自由更傾向於導致強制、奴役和崩潰，消極自由更容易帶來系統及其中個體的平衡。

周：我不太同意這個源於伯林的說法。我之前寫過一篇〈消極自由的基礎〉回應過伯林。[18] 我有個判斷，就是伯林的消極和積極自由二分，不僅對我們更好地認識自由沒有幫助，反而帶來更多思想上的混亂。老實說，到目前為止，中文學界對於自由的認識，仍然很有限。我們需要好好努力才行。

問：老師，如果給「平等」一個定義，您會怎樣描述呢？

周：平等最直接的定義，就是根據某個標準，A和B是一樣的。如果加多一個規範性要求，就是基於這個標準，A和B應該受到某種相同的對待。例如基於我們都是中國公民，我們應該享有憲法賦予的平等的政治和公民權利。

問：按照中國目前的國情，您覺得具備實現一人一票制的條件嗎？因為有一種說法是如果現在馬上給所有人投票權，那麼這個國家必定會亂。這是投票權和保證可以吃肉之間的矛盾嗎？

周：我不認為有了民主中國就會亂。台灣和南韓都相當順利轉型了。當然，如何轉型，中間牽涉到許多制度設計及現實約束，也需要許多條件配合，例如司法獨立、軍隊獨立於政黨、新聞及結社自由、多黨政治的發展等等。只要政府願意進行政治改革，那麼一步一步走便是。

問：老師，自由概念本身是根植在關於人的內在價值（諸如自決、自律等）之上的概念，如果有人問：那人何以以此為貴？作為回覆，我會回答：唯自律與自決驅使人去追問如此問題，問此問題本身就是在作為自決者探尋人的價值。所以問題本身就體現了自由之基礎。不知您對這番回答持何意見？

周：這種思路不錯啊。先確立了人是主體，是能動者（agent），自由的價值才能彰顯。自由之所以重要，最根本的，是對那個具具體體在實踐自由和進行選擇的主體重要。這是思考自由問題的關鍵。

問：按照羅爾斯的想法，自由的價值在於它們是發展兩種基本道德能力的前提條件。但是，對於一些殘障人士，她們可能缺失了其中某種能力或部份能力者，使得她們無法參與到正義原則的選擇過程。這時，她們的自由如何體現和保證，價值在哪裏呢？

周：Martha Nussbaum在她的《正義的疆界》一書便以此來批評羅爾斯。[19] 我想羅爾斯會説，對於極為欠缺兩種道德能力的人，基本自由對他們的價值是有限的，例如政治自由對一個沒有政治參與能力的人，價值是有限的。當然，這並不意味我們要忽略這些人的福祉。

問：周老師很推崇《論自由》和《正義論》兩本著作，但羅爾斯的差異原則（difference principle）與穆勒關於自由界限的原則在某程度上是存在衝突的。周老師如何調和兩者？

周：關鍵之處在於，不是所有對自由的限制都是道德上錯的。國家的賦稅制度當然對於要納稅的人的自由客觀上構成限制，因為你不交稅會坐牢。但如果稅收制度是有合理的理由支持，因此是公正的，那麼這種對自由的約束便是能夠證成的。

問：我是否可以這樣理解：周老師認為公正是高於自由的，在羅爾斯與穆勒的觀點發生衝突時，還是偏向羅爾斯，約束自由以換取公正。但這似乎又引出另一個問題，如果差異原則下的公正高於自由，這是不是意味著更多的自由有可能被犧牲，以換取所謂的公正？

周：公正和自由不是對立的概念。你留意羅爾斯的第一條原則，是平等的基本自由原則。也就是說，基本自由恰恰構成公正社會的首要條件，而基本自由具有優先性。對他來說，擁有財富的多寡，不屬於基本自由。

問：如果自由僅僅詮釋為個人選擇的自由，那就不是一個可成為信仰的，甚至不能算深刻的思想，或者血液裏的情感。在中國不是這樣嗎？中國式自由幾乎等同於放任自流、隨地吐痰了。

周：所以，我一直在強調，不是所有自由都是重要的或值得追求的。我們重視的，是一些被視為人的權利的基本自由，例如人身自由和信仰自由、言論思想出版及新聞自由、集會結社和組黨的自由、擁有私產的自由等。這些才是自由社會的基礎。

問：學術問題要的是嚴謹，不是在這裏能扯清的。

周：請不要瞧不起這樣的討論。我覺得，大部份網友都很認真思考，這樣的交流也很有意思。政治哲學作為公共哲學，最重要的意義，就是這樣的自由交流。如果我們的水準還不夠好，大家來努力提升就是。老實說，我覺得我們這次做了一點了不起的事。在中文世界，這很可能是第一次那麼多人一起自由討論「自由」，而且是如此平和理性，沒有任何謾罵。我們也在這個過程中，慢慢學會如何進行公共討論。所以，千萬不要看不起自己。

周：我終於將600多條評論看完一次，並盡所能做了回應。因為能力和字數所限，許多問題恐怕還是說得不夠清楚。好在來日方長，我們可以慢慢討論。必須再次強調，我絕對不是甚麼權威，我的觀點更可能偏頗甚至全錯，但我們討論的絕對是真實且重要的問題，除了理性討論，我們別無他途找到對的答案。謝謝大家。

注釋

1 第一場講座的題目是「論自由的價值」，第二場是「思考社會正義：這個社會會好嗎？」，第三場的原典讀書會，讀的是J. S. Mill, *On Liberty*（穆勒，《論自由》）。

2 原文是：「各位朋友，雖然今天去不了中山大學，但思想自由和討論自由，還是可以在微博有限度地繼續的（希望）。今晚七時，我在微博上和大家自由討論和自由有關的問題。大家隨便提出問題，我們自由交流。」

3 在短短三天內，單是在這一主題下的單條微博，便有800條評論，1,800條轉發，逾400萬人閱讀。我的微博地址：http://weibo.com/pcchow.

4 這裏所謂的歷史性，我認為有兩重意思。第一，在今天中國這樣的時局下，中山大學同學這次自發的公共參與，在校園內外產生不小影響，很有可能成為該校爭取學術自由的重要一頁。第二，以我所知，這是中國首次就「自由」這個議題，在網絡上有如此大規模的認真的知性討論——尤其在目前的政治高壓下，能出現這樣的討論，就更為難得。

5 為保障網友私隱，提問者的微博網名會被隱去。除了必要的修訂（例如錯別字或清晰問題），所有提問會儘量保持不變，而我的回答則會作出一定增刪，以便更好地表達我的想法。我要在此特別多謝網友Hazel Shum、Scorpio及包蘊涵，為整理對話紀錄付出的努力，尤其是Hazel Shum花了極大工夫整理出一個完整版本，為這次討論留下重要記錄。

6 以上提及的書的出版資料，可見書末的「參考書目」。

7 以上是2014年5月15日晚上七點前的討論。

8 這是當天晚上七點正發的微博，標誌整個討論正式開始。

9 可參考John Rawls, "Kantian Constructivism in Moral Theory," in *John Rawls: Collected Papers*, ed. Samuel Freeman (Cambridge, Mass.: Harvard University Press), pp. 303–358.

10 Thomas Hobbes, *Leviathan*, ed. Richard Tuck (Cambridge: Cambridge University Press, 1991).

11 這個問題的大意是：「穆勒重視人的個人自主，同時相信每個人都能為自己做出最好的決定。但真實情況卻是，人們的理性能力並不理想，因而有時會做出很可怕的決定。」

12 詳見本書第 8 章〈自由與容忍〉。

13 不少網友後來指出，我們要將國家和政府作出區分。當然，如果我們所指的國，不是政治意義上的國，而是文化意義上的，而這兩者並不必然重疊，那我們當然可以說，我們真正愛的，是後者而非前者。但我在此處所指的，顯然是政治意義上的國，或所謂的政體。

14 Bernard Williams, "Toleration: An Impossible Virtue?," in *Toleration: An Elusive Virtue*, ed. David Heyd (Princeton, New Jersey: Princeton University Press, 1996), pp. 18–27.

15 周保松，《自由人的平等政治》(北京：三聯，增訂版，2013)，頁101–143。

16 同上註。

17 這部份討論，為5月17日我繼續對網友提出的問題所作的回應。

18 見本書第 6 章〈消極自由的基礎〉。

19 Martha C. Nussbaum, *Frontiers of Justice* (Cambridge, Mass.: Harvard University Press, 2006).

26. 論思想自由

思想和表達自由，以及與之密切相關的新聞和出版自由，是自由社會的基石。早在1929年，著名歷史學家陳寅恪就說過「思想而不自由，毋寧死耳」的話。但很不幸，自1949年以降，這些自由在中國受到嚴重壓制，國人長期活在不自由當中。香港雖稱自由之都，近年新聞、出版、言論自由的空間卻日益收窄，不少人稱此為溫水煮蛙。蛙熟之時，也就是思想不自由之日。2014年的雨傘運動，港人不僅在爭普選，也在爭自由，因為愈來愈多人意識到，沒有民主制度的保障，自由一如建於浮沙之廈，隨時崩塌。問題是：思想自由為何如此重要？又或換個問法：思想不自由，會帶給我們怎樣的傷害？

一

為了便於討論，試想像我們活在一個沒有思想自由的社會。在這樣的社會，警察不僅維持社會秩序，還要維持思想秩序，確保所有人不會「離經叛道」，故此新聞媒體會受到嚴密監控，書籍出版要通過嚴格審查，網上言論更會受到各種高牆阻擋。但這還不夠，因為要有效控制思想，不能只靠武力威嚇，還須令活在其中的人心甘情願接受官方的意識形態，並在靈魂深處自覺抵制其他「異端」思想。

教育和宣傳在這個社會遂變得特別重要。不過教育的目的不是培養學生成為獨立的思想者，而是通過指令式的規訓灌輸，配以精密設計的洗腦課程和考試賞罰制度，令學生自小缺乏理性反思能力，唯權威是從，並在思想、審美、情感和行為各方面，變得千篇一律，不敢逾雷池半步。至於宣傳部門，則會用盡各種手段抹洗和擋去所有異議聲音，令人們時刻活在「自豪感恩」的狀態，並相信在各種可能的世界中，當下活著的就是最好的世界。可以想像，要維持這樣的狀態，國家必須投入龐大的人力物力，並在生活各個層面嚴格控制人的思想，言論出版學術信仰諸自由遂受到極大限制。

活在這樣的社會，有甚麼不好？首先，我們會時刻感到恐懼。你必須小心翼翼，思想不能出軌。因為你知道，如果你讀了一些不該讀的書，說了一些不該說的話，就會有人找你麻煩。更麻煩的是，你往往不知道警戒線在哪裏。一不小心，無妄之災就會降臨。你遂慢慢學會自我審查，時刻揣度哪個審查者容許甚麼、不容許甚麼。去到某個點，警察不僅守在外面，同時進駐你的內心。恐懼——無處不在的恐懼——遂蠶食你的生命，並令你失去對人的基本信任。久而久之，人們就會放棄思想，徹底服從，失去獨立思考的勇氣和意識。

其次，這樣的社會極為乏味。生而為人之所以有意思，很大程度上是因為人生充滿各種可能性。我們每個人生下來，就有不同的性格和興趣，不同的理想和追求。只要有一個自由的環境，人們自然會作出不同的選擇。在這樣多元異質的世界，我們不僅自己有機會活得精彩，更可以受益於別人的精彩。例如我雖不是作家，卻可讀到別人偉大的作品；我雖不懂演奏，卻可享受他人美妙的琴音。多元之好，正在於能充分呈現生命的豐富。如果這個社會只剩下一把聲音、一種觀點，所有差異被硬生生壓下去，那將是對人性最大的扭曲。我們失去的不僅是可能性，更是想像可能性的能力。我們的生命，遂未曾燦爛已枯萎。

第三，在這樣的社會，我們將難以發現真理。當權者當然不會這樣想。他們會説，他們所代表及教導的，就是永恆的絕對的唯一的真理。但穆勒 (J. S. Mill) 在其名著《論自由》中早已告訴我們，這樣的斷言背後有個假設，就是他們永遠不會錯。但這個假設並不成立。歷史早已一次又一次告訴我們，沒有任何人、任何理論可以有這樣絕對的確定性，因為每個人都有機會犯錯。事實上，人類知識發展的過程，正是不斷試錯和否證的過程。我們渴望找到真理，卻沒有肯定之門。唯一的方法，就是容許不同觀點公開討論自由辯駁。也就是説，沒有充分的言論自由，思想的原創、制度的改良和人類文明的進步，不僅無從談起，我們更要為為此承受極大的代價。[1]

但這個觀點要成立，必須有個更深的前提，就是我們必須認同真理本身的價值。如果統治者根本不在乎真理，這個論證對他似乎就不見效。問題是，統治者一旦放棄真理的信念，那他還剩下甚麼？難道他可以公開承認説：「我所宣傳的所教育的其實都是謊言，但沒關係，請你們繼續相信我、服從我」? 當然不可能。沒有人願意活在一個明知是虛假的世界。我們努力思考，是因為相信思想有真假對錯可言；我們願意為某個主義奮鬥，是因為相信它真的能帶來更好更合理的生活。一旦我們發現這些全是假的，一切努力便全無意義。所以，只靠謊言支撐的統治，剩下的其實只有暴力。但暴力可以令人懼怕，卻無法令人心悅誠服。

二

第四，這樣的社會，人的能力將無法得到合理發展，而發展這些能力是人活得好的重要條件。這也是穆勒的觀點。他認為，即使有些習俗被證明是好的，我們也不應強加於人們身上，而應鼓勵他們自己為自己做決定。因為只有在做選擇的過程中，人們才有機會運用人的感知、判斷、辨別、理性推論和道德反思的能力。唯有如此，人才有可能成為懂得思考且為自己生命做決定的人。穆勒因此說，我們不應只看人們結果做了甚麼，還應看他們以怎樣的方式去做。這其實意味著，在一個沒有思想和選擇自由的社會，人們的生命將有極大欠缺，因為他們許多寶貴的潛能根本沒有得到發展的機會。[2]

第五，這樣的社會，人們將難以參與正常的公共生活。公共參與的前提，是公民能夠無所恐懼地在公共領域就公共事務自由表達自己的意見。但在一個表達自由嚴重受限的社會，這些都無法存在。我們明明活在政治世界之中，世界卻將我們排斥在外。我們遂成為這個世界的異鄉人。這種政治排斥，使得我們對活著的世界缺乏最基本的認同和歸屬。久而久之，我們的生活遂失去公共性的一面。失去公共性意味著甚麼呢？意味著我們活得不完整，意味著我們失去許多只有在公共參與中才能好好實現的能力、價值和社群關係，包括我們的公共理性能力，包括我們對社會正義的想像與實踐，更包括我們與其他公民在公共交往中建立起來的信任和友誼。

最後，這樣的社會，會令我們失去做人的尊嚴。帕斯卡爾（Blaise Pascal）有個很有名的說法：人是一根能思想的蘆葦，而人的全部尊嚴就在於思想。[3]思想和尊嚴的關係到底在哪裏？我的理解是，思想彰顯了人是有自我意識和反思意識的自由主體。人的主體性必須通過自由思想來呈現。不容許人們有思想的自由，實際上就是不把人當作人，不尊重人作為有自由意志的主體這個最值得我們珍惜的身份，而這是對我們的人格最大的侮辱。陳寅恪先生如此高揚「獨立之精神，自由之思想」，我相信其理也在此。

三

如果以上六點所說有理，我們即可見到思想不自由對人帶來多大的傷害。這些傷害，在最深的意義上，腐蝕我們的福祉和尊嚴。我們甚至可以說，一個長期活在不自由中的人，他的整個生命將受到嚴重扭曲。他的思考，他的行動，他的情感的培養和表達，他與別人的關係，他感知世界和與世界相處的方式，都會因為不自由而深深受損(而他自己未必充分自知)。我們由此可以認為，確保每個公民享有基本的思想言論自由，是所有負責任政府的基本義務。道理很簡單，政府行使公權力的正當性基礎，必須得到公民的認可。如果一個政府無法保障公民最基本的福祉，它的統治便難有正當性可言。

讀者應可留意到，我的論證是直接訴諸於個體的福祉，而不是抽象的集體利益或社會總體後果。我的思路是：我們每個人都渴望過上好的生活，好的生活需要一些重要的條件，這些條件的實現需要一個自由的環境，而這個環境必須由政治制度來保障。自由之必要和重要，直接植根於我們當下每個人渴望活得好的欲望。[4] 基於此，我們可以進一步認為，在制度上爭取和捍衛人的思想言論自由，理應是所有思想派別共守的底線。當我們去判斷及評價中國不同的政治理論時，我們可以直接問一個問題：思想言論自由在這些理論中有甚麼位置？其建構的理想社會，能否充分保障公民平等地享有思想、言論、出版及新聞自由的權利？這個問題絕非可有可無，而是每個公民基於自身利益的大哉問，也是不同理論的試金石。

問題一旦提出，讀者或會發覺，今天中國形形色色的國家主義、民族主義、威權主義乃至政治保守主義等宏大理論，往往不重視個體的自由和權利，遑論將其放在制度設計的首要位置。我估計其中一個重要原因，是這些理論往往預設了一種集體主義式的立場：國家是一整體，有其獨立於個體的意志和目標。在實現其意志和目標的過程中，個體只是國家的工具和手段。一旦個人自由被認為妨礙了國家利益，前者便必須被限制甚至被犧牲。在這種政治想像中，個體不僅沒有任何獨立自足的道德地位，而且必須從屬於一個建構出來的政治大我。要讓自由在中國生根，我們必須打破這種想像。我們應該學會接受：國家是由一個一個真實的個體組成；每一個體都有受到國家公正對待的權利；在不影響他人同樣權利的前提下，每一個體的基本自由都應受到國家的尊重和保護。

讀者或又會問，既然自由如此重要，為甚麼社會上卻有那麼多人不懂得珍惜；不僅不珍惜，還要嘲笑那些努力為所有人爭取自由的人，甚至支持政府各種壓制自由的行為？好問題，原因有許多。但我想最根本的一點，是這些人沒有充分意識到自己是或可以是獨立自主的自由人，並視這個身份為生命的重中之重，蓋這種自由意識並非自有永有，而必須是個體在經受種種壓迫束縛的痛定思痛中，在參與公共事務的充權實踐中，在一次又一次生命的慎重選擇中，逐步發展起來。就此而言，追求自由不僅是在追求一種制度，也是在經歷一種覺醒，更是在構建一種自由人的主體意識。當這種意識遍地開花，自由自會如風如水如空氣般，在大地流淌。

注釋

1 John Stuart Mill, *On Liberty and Other Writings*, ed. Stefan Collini (Cambridge: Cambridge University Press, 1989), pp. 19–55.

2 Ibid., pp. 58–60.

3 Blaise Pascal, *Pensées*, trans. W. F. Trotter (London: Penguin, 1995), Section VI, no. 347.

4 我的觀點並不排斥其他的自由論證，例如自由有助於科學和技術的創新、促進經濟生產力的提高、有效監察政府和避免權力腐化等。這些理由都重要，但我在這裏特別將焦點放在個體身上，因為自由最直接保護的，是脆弱、易受傷害卻同時有思想能選擇的獨立個體。只有將個體的權利和福祉放在思考的中心，我們才能更清楚看到言論思想自由為何被視為人的基本權利，並應受到憲法的最高保障。

27. 個人自主與民主實踐

英國哲學家伯林(Isaiah Berlin)在他那篇被人譽為二十世紀最重要的政治哲學論文〈兩種自由的概念〉中指出，自由和民主是兩個完全不同的政治概念，不應將兩者混淆。自由在這裏所指的，是一個人能否免於外在干預而行動的自由，民主則是指人們能否在政治上實行自治。伯林稱前者為消極自由(negative liberty)，後者則屬於積極自由(positive liberty)的範疇。他繼而指出，一個開明專制君主完全可以給予臣民相當大程度的個人自由，同時一個民主政體亦有可能剝奪公民的個人自由。因此，自由和民主之間，概念上沒有任何必然聯繫。[1]

伯林這個觀點，符合不少人對香港的判斷，即香港是個「有自由，沒民主」的社會。倘若真的如此，那麼香港當下的雨傘運動，背後主要的道德訴求是甚麼？我想許多人會說，我們在爭取真普選，或學聯同學所稱的命運自決，但普選自決和自由之間，真的一點關係也沒有？我認為不是。以下我將論證，自由和民主之間其實有密切關係。今天的年青人站出來爭取民主，背後有著對個人自主(personal autonomy)的追求，而個人自主是政治自由的基礎。

一

談下去之前，讓我們先對「自由」做些概念分析。甚麼是自由呢？當一個人在某個特定處境，能夠免於束縛和強制去做自己想做的事時，他就是自由的。這些束縛和強制，往往通過制度和法律加諸我們身上。如果我們不服從，就會受到國家權力的干預。故此當我們談及思想言論自由時，即表示我們能夠免受政府限制而去公開表達自己的觀點；談及遊行集會自由時，即表示我們能夠免受警察干預而去參與各種政治活動。

第二點需留意的，是自由是個複數而非單數的概念。當我們談自由時，總是在談免於某種特定限制而去做某事的自由，而不是在談自由本身（freedom as such）。所以，當我們形容香港是個自由城市時，其實是指一張自由的清單，裏面包括人身自由、言論思想自由、信仰自由、新聞和資訊自由、遊行集會結社自由等等。但與此同時，我們的社會也會設下不少限制，例如在公共場所不准吸煙、不容許購買盜版唱片或隨便過馬路等。

由此可見，自由不是說人們可以為所欲為，更不是說所有自由同樣重要。自由社會最重要的，是保障我們的基本自由。這一系列自由，構成一個自由體系，這個體系定義了公民的基本權利。所以，權利和基本自由息息相關。當我們視某些自由為基本權利時，即意味著這些自由具有很重的道德份量，政府有責任去保障這些權利。

二

現在讓我們轉去討論民主。我們一般對民主的理解，就是通過一人一票的方式，定期選出國家元首和國會議員。廣義一點說，民主是個集體決策的過程，由平等的公民就重要的公共事務作出共同決定。和君主制及貴族制不同，民主制體現了一種平等公民集體自治的理念。

那麼，民主和自由之間到底有何關係？我們會直接見到兩重關係。第一，完善而運作良好的民主制度，需要基本自由的支持。我們平時所談的自由民主制(liberal democracy)或憲政民主制(constitutional democracy)其實包括兩部份，一方面是一人一票的選舉，另一方面是憲法保障的基本自由。好的民主制度不應只著眼於投票，同時要看民主的精神能否得到充分體現。例如我們必須要有組黨結社的自由，否則便不能有多黨競爭；我們也要有新聞及出版自由，否則選民便無從了解不同的政治觀點；我們更需要良好的法治制度，包括司法獨立，確保法律不會成為打壓異見人士的工具。

第二，民主選舉反過來也是保障公民權利的重要工具。道理不難理解。正如伯林所說，如果專制者夠開明，的確可以給予人民較多自由，例如較大的言論空間，但這個酌情權完全控制在專制者手上。只要專制者變得不那麼開明，又或換了一個統治者，這些自由就可能隨時被犧牲。只有統治者是我們選出來的，他才不敢為所欲為。我們手中的選票，是最好的權力制衡工具。就此而言，民主對於自由的保障十分重要。沒有民主制度，我們享有的自由便會岌岌可危。我們只要看看香港近年的情況，尤其是新聞出版自由及法治方面的倒退，對此應該體會甚深。

三

討論至此，相信不會有甚麼爭議。但伯林可能會說，這不正正印證了自由歸自由，民主歸民主，兩者雖然互補但在概念上卻涇渭分明嗎？不見得。民主最核心的精神是甚麼？是選擇。這次的雨傘運動，最重要的就是要爭取每個公民都有自由選特首的權利，從而打破政治權力被小圈子集團壟斷的局面。這種選擇並非可有可無，而是政治選擇：我們共同決定誰有權統治我們。

這種選擇如此重要，因為手握權力的人，會深遠地影響我們的生活，包括我們的自由和權利、福利制度、土地分配、教育政策、養老金、醫療政策等等。既然影響如此巨大，我們自然有正當的理由問：「如果一個政府從來沒有得到我們的認可，它有甚麼資格統治我們？」一旦我們提出這個問題，便已觸及自法國大革命以降整個現代政治的核心精神：政治權力的正當性，必須得到人民的同意和授權。

以香港為例：回歸十多年以來，從董建華、曾蔭權再到梁振英，政府管治的正當性危機日益嚴峻，問題的癥結不一定在於這幾位特首能力不足，而在於他們的權力沒有得到香港市民授權，遂無法建立起統治權威。立法會主席曾鈺成是建制派人物，但他也曾多次公開聲稱，2017年香港如果沒有真普選，不管誰做特首，香港都將難以管治。為甚麼？因為他也清楚看到，時代變了，市民對民主的訴求愈來愈強烈，如果繼續維持目前的小圈子操控政治，危機只會加劇。

但我們也經常聽到有人嘲諷說，殖民地時期又不見香港人如此熱衷民主，回歸後卻有那麼多不滿，說明骨子裏還是殖民地心態作祟。這種說法沒有道理。第一，事實上從上世紀八十年代起，香港人已展開一波又一波的民主運動，中間不知經過多少困頓挫折；第二，退一步，即使當時不爭取，也絕不代表今天爭取便不合理，否則我們不用再談甚麼社會進步；第三，也是最重要的，回歸以後，香港不再是殖民地，而是享有高度自治的特別行政區。港人努力爭取普選，恰恰證明在告別殖民地心態，並視自己為這個地方的主人。那些嘲諷者或許認為特區政府和殖民地沒有本質上的分別。但這種想法不僅在政治上極不正確，而且忽略一個重要事實：回歸以後，香港人的主體意識已出現根本轉變。

所謂主體意識，就是自覺自己是政治社群平等的一員，有權利參與社群的公共事務，而不只是局外人或者過客。就此而言，主體意識是一種自主意識，並最少包含兩個層面。第一，我們理解自身為自己的主人，而非別人的附庸或奴隸。我們渴望掌握自己的生命，並願意為自己的決定負責。第二，既然我生活的地方是我有份的，同時政府的決策影響我們每個人的福祉，我們因此希望當家作主，享有平等參與和決定政治事務的機會。換言之，民主政治的背後，有著對個人自主的肯定和堅持。

四

為甚麼在這個時代，我們如此重視自主精神？這是好問題。要知道，在中國傳統社會，這種想法沒有任何位置。對當時的人來說，可以做甚麼及應該做甚麼，主要由家長、家族或傳統來決定，作為個體的「我」幾乎沒有發言權。而在政治上，從秦始皇以降，從來沒有人說，做皇帝的必須要得到大家的認可和授權。中國帝皇的統治權力，來源於超越的「天」，所以皇帝叫「天子」。同理，西方君主制長期也沒有選擇的自由，權威來自於上帝，於是有所謂「君權神授」。

但這種論述，到了洛克和盧梭的年代，開始漸漸被打破。洛克在《政府二論》中認為，人生而自由獨立平等，除非得到人的同意(consent)，否則沒有人可以有權統治我們。[2] 盧梭也在《社會契約》第一篇開宗明義告訴我們「人生而自由」，沒有人有義務要受到各種制度枷鎖的約束，除非制度具有正當性。[3] 這是非常重要的範式轉移

(paradigm shift),因為權力的來源再不是來自於天或上帝,而是來自於人,來自於我們這些生而自由平等的個體。從此以後,我們不會再覺得人先天受制於某個外在權威,而是自己就是自己的主人。這是現代民主政治最大的推動力。

這個推動力背後的道德力量從何而來?簡單點說,就是我們希望支配自己的命運。我們的選擇未必就是最好,甚至有了民主以後,亦不保證我們便能選出最理想的領導人。台灣不是也選了一個陳水扁出來嗎?但它最少可以讓你四年後,用手上的選票去選另一個你喜歡的人。政治選擇的背後體現出我們是自主的主體,而這正是自由社會最基本的精神。我們之所以那麼關心選擇的自由,包括選擇職業的自由、談戀愛的自由、婚姻的自由、信仰的自由、性傾向的自由,全因為我們希望支配自己的人生。即使我的選擇可能錯誤,即使我的道路未必人人認同,但卻是我的選擇。

重視選擇的背後,預設了人是能夠對一己生命負責的理性主體。如果人不能做出理性選擇、分辨真假對錯,我們自然沒有理由將那麼多重要的決定交到個體手上。所以,民主實踐的過程本身,就是在實現人的理性和道德能力。與此同時,我們也是在追求一種集體自治的理想。在日常生活中,我們許多時候是為自己做選擇,然後對自己的決定負責。但在民主參與裏,我們做的是集體決定。我們是以自由平等公民的身份,共同決定自己所屬政治社群的未來。就此而言,民主和自由不是兩回事,因為實踐民主的過程就是在實踐人的政治自由。而我們對自由的重視,離不開對個人自主的重視。政治領域作為實現個體自主不可或缺的一環,恰恰需要充分的政治自由來體現。尊重個體的自主性,不是抽象的哲學理念,而是現代自由社會的基石,並在最根本的意義上界定和構成人的自我。

一旦明白這個道理，在一個不民主的社會，人們自然會問，既然我們如此重視自主，為甚麼在政治上，我們卻沒有權利去做出自己的選擇？問題一旦被提出，我們遂馬上見到，我們其實長期活在一個割裂的世界：我們有吃喝玩樂的自由，有投資炒樓的自由，有這樣那樣消費的自由，但卻幾乎沒有政治參與的自由。我們自小被反覆教導，香港本質上是個經濟城市，人骨子裏是個經濟動物，所以沒有民主，影響的只是那些玩政黨政治的人，但對我們大多數人的生活沒有任何影響，更加不會損害我們的個人自由。

這種割裂真的沒有問題？絕對不是。這種割裂，會給人帶來很大的傷害，其中最重要的，是我們無法在公共生活中實現「道德自我的完整性」。這個說法看似有點奇怪，但其實不難理解。我們每個人的生命都是一個整體，而我們的生活由不同領域組成。如果我們要實現自我，則必須在不同領域，通過自由選擇去實現人的自主性。如果我們在政治領域被剝奪參與的權利，也即意味著我們的道德自我是不完整的，因為我們無法通過民主實踐去完善和實現人作為自由人的主體性。這種缺失會深遠地影響我們對政治社群的歸屬感，同時損害我們自主能力的發展。

或許有人會反駁說，既然人生有不同領域，政治領域的路堵了，那你可以在其他領域發展，何苦一定要參與政治？這是許多人長期活在政治不自由狀態下形成的生存智慧。但我們要知道，政治不是眾多領域之一，並容許我們任意進出。我們打從出生起，就已活在政治之中。這些制度決定我們在社會中能夠享有多少自由和權利，並在相當大程度上決定我們成為怎樣的人及過上怎樣的生活。因此，如果我們被粗暴地排斥出政治世界，並完全由他人支配我們的命運，我們實際上也就是這個世界的二等公民，甚至有一種異鄉人的疏離：我們明明活在世界之中，這個世界卻不屬於我們，且更要被迫活在他人意志之下。我們的自由和平等意識愈強，遂愈感受到屈辱和不平，遂愈體會到生命最重要的一塊被閹割的痛苦。

討論至此，我們應可見到，文初提及的那個著名的伯林命題其實並不成立。民主的理念是希望自由平等的公民能夠走在一起實踐一種集體自治的政治。公平的選舉投票，本身就是政治自由的體現。而政治自由的基礎，則在於我們對於個人自主的重視。更值得留意的是，民主的價值遠遠不限於政黨和選舉政治。民主的實踐更意味著自由平等的個體走在一起，共建屬於我們的家園，並藉此實現我們完整的道德人格。

注釋

1 Isaiah Berlin, "Two Concepts of Liberty," in *Liberty*, ed. Henry Hardy (New York: Oxford University Press, 2002), pp. 176–177.

2 John Locke, *Two Treatises of Government*, ed. Peter Laslett (Cambridge: Cambridge University Press, 1988), p. 330.

3 Jean-Jacques Rousseau, *The Social Contract and the Discourses*, trans. G. D. H. Cole (London: Everyman's Library, 1993), p. 181.

28. 抗命者言

上——被捕之前

我是2014年12月11日下午五時零一分，在金鐘夏愨道被香港警察正式拘捕，罪名是「非法集結」和「阻礙警務人員執行職務」，於我則是選擇公民抗命，並承受刑責。在我的人生規劃中，從來沒想過會走到這一步。而跨出這一步後，前面的人生路途將會有何影響，此刻也難以預計。但趁記憶和感受仍在，我希望將這段經歷和反思記下來，為個人做個紀錄，為歷史留點見證。

我決定響應學聯號召，在警方清場時和平靜坐直至被捕，是12月10日晚上的事。當天黃昏六時，我一個人去到金鐘，將整個佔領區好好地轉了一圈。然後在八時許，我在干諾道中高架橋的石壆上，靜靜躺了大半小時，覺得已想清楚，心裏踏實，竟然沉睡了一會。醒來，見到有個女孩蹲在馬路上，一筆一筆畫著一個叫「天下太平」的人圖案，裏面有一把一把的黃雨傘。我一時有感，也在地上拾起兩支粉筆，走到無人之處，寫下「我們沒理由悲觀，我們非如此不可」兩行字。站在天橋，看著下方燈火依然通明的自修室，以及四處留影的人群，我知道，這是最後一夜。那一夜，我沒特別做甚麼，就一個人一個帳篷一個帳篷去看，嘗試記下一張一張面容。

回到家，已是深夜，我告訴妻子我的決定。經過好幾回討論，我最後總是説，我沒法不這樣做。妻子知我心意已決，不得已地説，但願你明早起不了牀，而到你醒來時，一切已經過去。早上八時半，我起來，三歲女兒正要出門上學。我抱著她，説爸爸今晚不能回家吃飯，很對不起。我特別叮囑妻子，不要告訴女兒我的事，免得她留下陰影。最近這個月，她在電視上一見到警察，就會忍不住大叫「警察拉人」，聲音中帶著恐懼。

* * *

回到金鐘，已近十時。步出地鐵站，陽光普照，世界卻已不再一樣。夏慤村一片狼藉，人影寥落，連儂牆上萬千的心願已經不見，只剩下「We Are Dreamers」三個字，孤零零掛在牆上。至於本來寫著「就算失望，不能絕望」的外牆，現在則只餘「初衷是愛」四個大字。字是白色的，紙是黑色的，牆是灰色的。9月28日，我就在這道牆數步之外，與無數市民一起，親嘗第一枚催淚彈的滋味。當時，我沒有意識到，那是香港歷史轉捩的一刻。我更不可能料到，75天後，我會再次和無數市民一起，擠著地鐵回到金鐘——他們去上班，我去等被捕。

我在牆前默站良久，在陽光中，見到Johnson（楊政賢）和Eason（鍾耀華）聯袂從遠處走來。他們兩人都是政政系學生、中大學生會前會長。Johnson是民間人權陣線前召集人，Eason是學聯常務秘書、與政府談判的五名學生代表之一。在接著下來的清場當中，Eason是第一批被捕，Johnson是最後一批。我們沒有多説甚麼，只在一張

「We'll Be Back」條幅前留下一張合照，然後一起向著夏慤道和添美道交界方向走去。在那裏，一眾抗命者早已坐在地上，等待最後時刻。

去到現場，我發覺人數較我想像的少得多，坐著的也就二百來人，遠較圍在外面的記者和旁觀者少。我更料不到的，是泛民派十多位立法會議員也來了，李柱銘、黎智英、余若薇、楊森、李永達等也在。這和我原來的想像很不一樣。我本來以為，會有許多年輕人留下來的。但我對此並不失望，甚至隱隱覺得慶幸。年輕人付出的已經夠多，實在不必再有更多的犧牲。但真要深究原因，這次和 7 月 2 日的預演佔中有那麼大的不同，我估計是因為經歷過雨傘運動，年輕一代對於公民抗命的理解，已經有了根本轉變。

如果將盧梭在《社會契約》中的話倒過來說，就是香港政府經歷了一場深刻的從「權威」(authority) 墮落到「權力」(power) 的過程。[1] 沒有正當性的權力，最多只會使人恐懼屈從，但卻無法產生政治義務。而當公民不再覺得有服從的義務，公民抗命中最核心的「忠於法律」的道德約束力便會大大減弱。香港之前的危機，源於權力沒有得到人民的投票授權，但人們仍然願意有條件地接受，因為它多少仍然謹守法律程序和專業倫理。現在的危機，是當局以不受約束的姿態恣意濫用公權力，遂導致權力正當性的進一步喪失，並引發更為廣泛的政治不服從。

我最初坐在後面，但後來覺得既然要陪伴學生，和他們在一起會好點，遂移到第二行最右邊。坐在我旁邊的，是一名叫 Mena 的年輕女孩。我以為她是學生，問起才知道已在職，從 10 月起便在學聯幫忙，是眾多義工中唯一選擇坐下的一位。我問她，為甚麼要做這樣的決定。她説因為這樣做是對的。我再問，你父母知道嗎？她笑了笑，説早上用了一個小時説服媽媽。和我同排的，還有周博賢、何芝君、何韻詩、羅冠聰等，再遠一點有我以前的學生黃永志，以及當年中大讀書時的同期同學蒙兆達和譚駿賢；而坐在我後面的有韓連山、毛孟靜、李柱銘、李永達等。我發覺，今天坐下來的，不少都有政黨和 NGO 背景，像我這樣的「獨立人士」似乎並不多。

＊　＊　＊

由於警方清理障礙物進度緩慢，所以中間有好幾小時，我們是坐在原地等待，聽著警方重複地警告留守者必須盡快離開，並看著他們逐步將佔領區的出入口封鎖。現場氣氛並不特別緊張，大家間或會喊幾句口號，情緒卻說不上激昂。我雖然內心平靜，但在某些時刻，當我坐得累了，站起來看著密密麻麻的記者，看著不遠處嚴陣以待的警察，看著天橋上站著的旁觀者，再低頭看看身邊一臉疲憊的學生時，總難免泛起幾分迷惘傷痛：為甚麼我們在這裏？為甚麼其他人不在這裏？為甚麼我們的「非如此不可」在別人眼中卻是如此毫無份量？香港這個城市，真的值得我們為她這樣付出嗎？

我必須老實承認，在警方開始拘捕行動時，我腦裏真的想過，只要我站起來、走出去，我就不再是「他們」，我就可以坐地鐵返回校園，重過我的安穩生活。眼前需要承受的一切，本來並不屬於我的世界，我也沒有對任何人做過任何非坐下來不可的承諾，為甚麼我要做這樣的抉擇？我問自己。

這其實是我這兩個月來一直在思考的問題。我想了解，到底是甚麼原因，促使那麼多年輕人站出來，走上抗爭之路，甚至願意為此付出極大的個人代價。那當然不是受人唆擺，或為了得到甚麼個人好處。根據鄭煒和袁瑋熙做的一個頗有代表性的佔領者調查，參與運動且堅持留守中佔最大比例的，是教育水平高且收入不錯的年輕白領和專業人士（超過 55%）。按道理，他們已是既有遊戲規則的得益者，如果只為個人著想，他們實在沒有理由這麼做。他們站出來的主要原因，是「要求真普選」（87%），即自由平等的公民能夠行使他們應有的政治權利。[2]

但民主對他們為何如此重要？不少人馬上會說，那是因為他們相信，普選能夠解決香港當下的許多困難，例如房價過貴、貧富懸殊又或林林總總的社會問題。換言之，民主只是解決問題的手段。我認為這樣的解釋沒有太大的説服力。首先，即使那些問題是真問題，不見得有多少人會天真地以為民主是萬靈丹，只要有真普選，問題就會迎刃而解。退一步，即使民主真能有助於解決某些問題，仍然很難成為人們站出來的最直接和最強的理由，畢竟這些宏觀的制度性的後果，對當下的個體來説，實在過於遙遠和不確定。

*　*　*

我更願意相信，如果在某些關鍵時刻，個體經過深思熟慮後仍然願意為了某些價值而承受巨大代價，那必然是因為這些價值早已以某種方式走進他們的生命，並構成他們的道德自我不可分割的部份。當這些價值受到無理踐踏，個體遂直接感受到傷害和屈辱，並自覺尊嚴受損。正是在此意義上，人們即使恐懼，即使知道極難改變當權者的決定，卻仍然堅持站出來，因為他們是在捍衛自己的人格尊嚴。

我認為，只有在這樣的道德背景下，我們才能夠恰當理解，為甚麼在這次雨傘運動中，有那麼多默默無聞的香港人，願意為了真普選而不惜承受催淚彈和警棍的傷害，甚至願意為此而被拘捕。獅子山上那條「我要真普選」巨型標語之所以引起全香港人如此深的共鳴，是因為真普選承載的不僅是一種制度，更是我們共同的價值吶喊——每個公民都應受到平等的尊重，都應有平等參與政治的權利。這是一種平等尊嚴的政治。

對於統治者和特權階層來說，這是他們所不能理解的世界。他們無法理解，人除了是經濟人，還是道德人；人除了要麵包，還要權利和尊嚴。新的一代，不再願意用舊的價值範式去理解自身和理解這個生於斯長於斯的城市。當觀念改變，行動就跟著改變，新的主體就會形成。雨傘運動清楚地告訴當權者，香港人不再願意繼續逆來順受，而是會為自己的權利而戰。任何不能有效回應這種政治訴求的制度，往後都會受到極大挑戰。這個過程要經歷多少苦痛和承受多大代價，是我們所有人 ——尤其是當權者 ——必須認真對待的問題。

正是受這些問題困惑，在我當天的背包裏除了衣服和水，我還帶了一本 Christine Korsgaard 的《規範性的起源》。[3] 當時《倫敦書評》一名記者好奇，特別走過來問我在讀甚麼書，我們遂在一片嘈吵中聊了一會道德和身份的問題。《獨立媒體》的記者也過來問我為何要坐下來，我想了一會，説這是為了成全自己的人格。這種成全，不是向別人交代，而是向自己交代，向自己內心的信念交代。我當時實在沒想那麼多，只是覺得如果不這麼做，會良心不安，自己的生命會有所欠缺。因為這次被捕，我或許會失去一些東西，或許會承受一些壓力，但我當時的確很坦然。

* * *

我相信，在這場運動中，每一名全情投入的參與者都會經歷過許多不為人知的掙扎，然後做了自己認為對的道德選擇，並為此承擔也許只有自己才能明白的種種代價。在廣角鏡下，我們很容易只見到波瀾壯闊，卻看不到真實的個體如何在其中踏實地活出他們的信念。在這場運動中，最最教我不忍和動情的，正是這些平凡卻又偉大的香港人。清場前夕，我就不禁多次站起來，仔細凝視現場每一張臉。其中三張，我印象尤深。

區龍宇，退休教師，一生關心工人權益，兩袖清風，好讀書，為人爽朗正直。19年前，我們在英國初遇，曾為自由主義和馬克思主義激辯兩天兩夜。這場運動一開始，他便全情投入，在面書上和年輕人自由討論，在佔領區踏實做事，完全不像一個「六十後」。當天他握著我的手，說：「我老了，無所謂；你還年輕，還有許多事情要做，應好好考慮是否值得留下來等被捕。」

周豁然，中大人類學系學生，人如其名，豁達安然，喜歡耕田，關心環境保育，是中大農業發展組核心成員，更積極投身土地正義聯盟的各種行動。2014 年 6 月 20 日反東北發展集會後，她首次被捕。7 月 2 日清晨，我在遮打道，親眼看著她被警察再次抬走。9 月 28 日，她在示威現場最前線。後來她告訴我，她當時選擇了不戴眼罩不撐雨傘，直面警方的胡椒噴霧和催淚彈。當天她和朱凱廸、葉寶琳等坐在最後面。我走近她，細聲說：「你已被捕兩次，這次就不要了吧。」她笑了笑，甚麼也沒說。

朝雲，公民記者，人瘦削，臉蒼白，眼中常有憂鬱。佔中運動開始後，他辭去工作，全程委身，無役不與。將來人們回望或許會見到，如果沒有朝雲的攝影和文字，我們對這場運動的認識，將會很不一樣。但朝雲不僅僅是紀錄者：預演佔中，他被捕；旺角清場，他被捕；金鐘清場，他留到最後，按下最後快門，將相機交給朋友，被捕；後來銅鑼灣清場，再次被捕。當天，我們沒有機會交談。我們隔著人群，遙望對方，彼此相視而笑，然後道別。

能夠和這些朋友一起，是我人生最大的福氣。謝謝你們。

中——公民自辯

2014 年 12 月 11 日下午四時許，清場時刻終於來臨。先是擠在我們前面的記者起了一陣騷動，然後中間空出一道缺口，警察遂從缺口湧入。我們一排排坐下來，手緊拖著手，身體向後傾，抬頭仰視天空，時不時高喊「公民抗命，無畏無懼」、「我要真普選」、「人大不代表我」等口號。數不清的攝影機和錄影機，數不清的人頭。

很嘈吵，也很寂靜。我們好像在世界中心，卻又好像在世界之外。

我靜靜坐著，思緒卻不受控。我想起了蓮生——鍾玲玲的小說《愛蓮説》中的女主角，1971 年因為參加維園保釣運動被捕。[4] 我的大學時代，曾反覆讀過此書且深迷其中。我在想，從 1971 到 2014，從維園到金鐘，從保釣到普選，到底存在甚麼我不知道的秘密。我又想起上星期最後一課時，我曾和同學一字一句細唸《正義論》那段論愛與正義的話：「傷得最少的愛，不是最好的愛。當我們愛，就須承受傷害和失去之險。」[5] 我的思緒甚至回到 9 月 22 日，那是整場運動開始的第一天，我在新亞書院圓形廣場和來自不同院校的同學談「民主實踐與人的尊嚴」。那天陽光燦爛，同學清一色素白，金色光線灑在年輕人臉上，眼中盡是希冀。還記得當時我和同學説，我們活在世界之中，我們改變，世界就跟著改變。

我的思緒很快被打斷。第一名被捕的，是中大學生會的石姵妍同學；第二名，是學聯的鍾耀華同學；第三及第四名，是學民思潮的周可愛和吳文謙同學，第五名是學聯的黎彩燕同學。被捕程序是這樣：先由負責警司走到抗命者跟前，宣讀拘捕令，然後問抗命者是否願意自行站起來。如果答否或保持沉默，幾名警察就會馬上過來，捉緊抗命者的手腳，再將整個人抬起來往外搬，然後押往停在數十米外的旅遊巴。

我坐在第二排，近距離看著前面的人一個一個被捕，第一次如此真實感受到，良民和罪犯，也就是瞬間之事。一秒前，你還是自由身；一秒後，你便成階下囚。諷刺的是，到底誰有權擁有這些權力，權力的正當性從哪裏來，卻正是當下我們這些等著被捕的人所要奮力抗議的。

很快來到我這一排，我轉身和背後的韓連山、李柱銘、黎智英等先生握手，謝謝他們一直以來的努力。我抬頭，見到「希望在於人民，改變始於抗爭」的橫額仍在隊伍中間。去到何韻詩，人群起了一陣哄動，記者蜂擁而上，但與他人無異，她很快也被帶走；接著是何芝君老師。再接著，就到我旁邊的年輕學聯義工 Mena。我鬆開她的手，輕輕說了句，別怕，待會見。輪到我時，我向警司表明，我會自己站起來走出去，兩名警察遂將我押出人群。離開前，我喊了句「公民抗命，堂堂正正」。那一刻，是下午五時。在 209 人中，我排第 23。

* * *

我和其他 208 名被捕的公民，和早前伴隨佔中三子向警方自首的 60 多人，再聯同 7 月 2 日凌晨在中環被捕的 511 人，都清楚表明是在實踐公民抗命，目的是要中央政府兌現承諾，容許香港在 2017

年有特首真普選。故我稱這些人為抗命者。這場雨傘運動，從9月28日警察發射催淚彈並觸發逾十萬示威者佔領金鐘開始，到12月15日銅鑼灣清場為止，歷時79天，無數市民以不同方式參與其中，一整代年輕人政治覺醒，是香港歷史上規模最大的公民抗命運動。「一切都回不去了」，更是許多抗命者的共同體會。

但我同時也知道，並非所有市民都認同這次運動，有的甚至極度反感，認為佔領者知法犯法，破壞法治，影響市民生計，幹著一件明知徒勞且嚴重傷害香港利益的事。公民抗命作為一種公開的政治抗爭，必然會對其他公民及政治社群帶來影響，我們這些行動者，遂有無可推卸的責任去解釋一己行動的正當性。故我想在這裏，為我的行動做些辯護。

更重要的是，香港是我們每個人的家。如果自由、民主、法治、公正是我們共同追求的價值，那麼我們應該知道，我們真正的敵人，不是黃絲帶或藍絲帶，而是剝奪我們政治權利的體制和在現有體制下享受各種特權的人。要改變這種情況，我們不可能無止境地逆來順受，然後寄望特權者有一天突然良心發現。我們知道，這不可能。我們的權利，只能由我們一點一滴地去爭；要爭，我們就必須團結；只有團結，我們才有力量。這是香港人必須認清的現實。故此運動過後，我們實在不應再糾纏於藍黃之爭，而應盡可能尋求理解，共同面對前面更為艱難的挑戰。

公民抗命的核心理念，是指公民有意地公開地不服從法律。為甚麼要不服從？因為要做最嚴正的政治抗議。為甚麼要抗議？因為政府做了極不正義的事。為甚麼非要用這種方式不可？因為之前已試過其他法律容許的方式(例如遊行靜坐或簽名運動)，政府卻不為所動。如何確保這種方式能令政府改變？沒法確保。因為公民抗命是一種弱者的抗爭，同時是在公然挑戰政府的統治權威，因此為了維持其統治，政府有很強的理由去依法拘捕抗命者，甚至嚴懲，以收儆戒之效。更為弔詭的是，抗命者為了顯示對既有法律體制的忠誠，更會自願接受刑責，而非主動逃避又或作出武力反抗。

既然如此，公民抗命的力量從哪裏來？從不抗命者那裏來。公民抗命的本質，是抗命者希望通過自我犧牲，激發大多數人（包括政府人員）的良知和義憤，從而形成更大規模的社會抗爭，最後促成法律及政治改革。如果沒有大多數公民的支持，僅憑極小部份抗命者的血肉之軀，不可能對政府產生壓力。

就此而言，公民抗命不僅是政治抗爭，同時也是道德教育。這場運動，有人認為我們不僅要佔領街頭，還要佔領人心，爭取大多數市民的支持，因為得不到人心，抗命者所付出的犧牲便可能得不償失。正是在此背景下，我們才能較易理解公民抗命理論為何特別強調「公開」(public) 和「非暴力」(non-violent) 這兩項原則。唯有公開，其他公民才有機會知道抗命者行動背後的理據及其正當性，從而增強對抗命運動的信任和認同；唯有非暴力，才能避免政府轉移焦點，甚至以維持社會秩序為由強力鎮壓運動，同時也才能更易得到民眾的同情和支持。

正因以上特點，所以我們很難要求一場公民抗命運動畢其功於一役，因為它不是武裝暴動或顏色革命，而是相當漫長的和平抗爭故意違法只是手段，而非目的本身。如果我們可以通過不違法來進行更有效的抗爭，我們便沒有理由違法，甚至有義務去守法。由此可見，公民抗命是處於合法抗議和全面革命之間的一種抗爭方式：它雖然違法，但它無意否定整個法律制度的權威。或者更準確點説，它的終極目的，是用違法的手段去促使整個制度變得更加公正。這裏面有個基本假設：我們當前的制度，雖然某些法律和政策極不公正，但整體而言仍然具有政治正當性，因而值得我們對其忠誠。

但我們須留意，在一個不民主政體中，因為其整體政治正當性較弱，公民的忠誠度自然跟著降低，一旦當權者對抗命行動暴力鎮壓，激起民憤，公民很可能便認為再沒有守法義務，抗命行動遂很易演變成暴動甚至革命。以史鑑今，要避免這個局面，唯一之途是積極回應人民訴求，推行民主改革，從根本處讓人民覺得沒有公民抗命的必要。

* * *

如果從上述框架出發，我們可以見到雨傘運動實在是一場不折不扣的公民抗命運動。雖然運動最後以清場告終，且暫時無法迫使政府作出任何讓步，但卻已取得很了不起的成就，其中最重要的是得到市民的廣泛支持。雖然政府及不少主流媒體一直將運動標籤定性為一場不得民心且受外國勢力操控的違法活動，並動用各種手段抹黑運動，但根據中大傳播與民意調查中心從2014年9月起所做的四次追蹤式調查顯示，「市民對佔領運動的支持度分別為31.1%、37.8%、33.9%和33.9%」。這意味著，每三個香港人就有一個支持「非常激進、十分危險」的抗命理念。調查進一步告訴我們，「共有兩成（約130萬人）在不同時間曾到佔領現場參與支持。雖然佔領運動由學生主導，支持者卻遍及不同人口群組及社會階層」。[6]

數字說明一切！一個長期崇尚守法且政治相當保守的社會，竟有數以十萬計公民冒著被催淚被拷打被捕的風險，以及承受來自家人、學校和教會的壓力，自發地參與一場為時兩個多月的公民抗命行動，實在是極了不起的事。更難得的是，在整場運動中，參與者展現了極高的公民素養，自發自主自律自重，一直堅持以和平忍讓理性的方式去表達訴求，贏得舉世的關注讚賞。我們有任何理由説，這是一場失敗的運動嗎？我們身為香港人，能不引以為傲嗎？中共罔顧民情，一意孤行，香港權貴指鹿為馬，見利忘義，他們雖然暫時擁有權力，卻在這次運動中失盡民心。2014，絕對是香港歷史的分水嶺。

最後，讓我回應幾點常見批評。第一，有論者謂佔領者長期佔有道路，影響交通，並令到附近商店蒙受損失，無論動機多高尚，都是犧牲了無辜者的利益。這個問題不難處理，只要由政府去補償市民的經濟損失即可，例如寬減受影響商戶的税項。道理很簡單：這次運動的目的，是為所有市民爭取最基本的政治權利，這些權利對我們每個人皆極為重要。由於佔領行動不得已導致某些人利益受損，那理應由所有人共同承擔。政府代表人民，政府税收來自全體納税人，由政府代為補償這些損失，既簡單，也是應有之義。

第二，佔領就是違法，違法就是違反法治，而法治是香港核心價值，故佔領行動十惡不赦。對於這個批評，我們或許可以停下來想想，我們真的在所有情況下，都應該無條件守法嗎？馬丁·路德·金在著名的《伯明翰監獄來鴻》中告訴我們，法律有正義之法和不義之法之別，並引用聖奧古斯丁的觀點：「不義之法根本不是法。」[7]我們有守法的義務，因為法律能夠有效保障我們的生命、安全和權利，並使得我們能夠合理地生活在一起。但如果有某些法律嚴重侵犯我們的基本權利，我們就沒有必然守法的道德義務。相反，盡己所能去矯正不義之法，才應是我們的責任。

第三，公民抗命就像潘朵拉的盒子，只要打開，就會後患無窮，因為任何人都可以公民抗命作為藉口做違法之事。這是過慮。任何基於道德良知和公共利益的抗命行動，抗命者都有責任公開提出道德理由來為自己辯護。更重要的是，抗命者並沒打算逃避自己的法律責任，而法官亦應有能力分辨甚麼是具道德正當性的公民抗命。不加區分地將公民抗命等同一般犯罪行為，是混淆視聽。我也認同羅爾斯在《正義論》中所說，即使在一個接近正義的民主社會，公民抗命仍應被視為穩定憲政體制的工具，法官在處理相關案件時亦應審慎考慮背後的理由。[8]

第四，有人認為這次佔領行動是間接式的公民抗命，而非直接違反所要抗議之法，因此很難得到市民支持。這並非事實。從前述民調可見，由始至終都有逾三成市民支持佔領行動，而他們當然知道，佔領街道本身和爭取真普選，並沒有直接的因果關係。有人或會問，為甚麼不選擇直接公民抗命？原因很簡單：做不到。我們無法直接違反一條和人大 8.31 決議案相關的法律。事實上，首次提出「公民抗命」的美國作家梭羅，當年便是基於反對美國對墨西哥戰爭及奴隸制而拒交人頭稅，最後因此而入獄一天。這是典型的間接公民抗命。[9]

篇幅所限，我的自辯只能在此結束。[10] 公民抗命作為一種非常態的抗爭方式，它在甚麼條件下才有正當性，它的邊界和限制在哪裏，它的社會代價應由誰來承擔，它怎樣才能爭取最多公民的支持等，都沒有現成的答案，而是需要我們在具體的實踐中慢慢探索。在這個學習過程中，我們需要最大的謙遜和開放。社會改革是條艱難的路，我們除了要有勇氣和熱情，還要有理解和對話，並努力尋求更多的人同行。

* * *

那天被捕後，由於第一輛旅遊巴已經開走，我必須在警察監看下，一個人站在夏慤道，等候另一輛車。直到那一刻，我才清醒意識到，我要永遠告別夏慤村了——這個無數香港人用心搭建起來的城市桃花源。傷感，無法言喻的傷感，遂鋪天蓋地而來。我們只是發了一場夢？三個月來發生的一切最後終是鏡花水月？

其後的個多星期，我再也沒有回去過。直到 12 月 20 日晚上，我因事從中環碼頭坐的士過海回家，上了車不久，在完全沒有心理準備下，我驀然發覺，我竟又重回金鐘，並在告士打道天橋上行走。一切回復正常。但我清楚記得，就在這條路上，我們曾擁有過怎樣的自由和夢想。我也記得，在清場前那幾天，也是在這條路上，我們曾有過一條很長的黃色布條，上面寫著「We'll Be Back」。

我們不會忘記。

下——被捕之後

當囚車緩緩從金鐘夏慤道開出時，已近下午六時。我隔著窗往外望，天色灰暗，華燈初上，香港依舊。我們坐的是普通的旅遊巴，而不是俗稱的「豬籠車」。我是第一個上車，坐在最後一排，附近有韓連山、李柱銘、何俊仁、單仲楷、李永達、葉建源、楊森等，前面有梁家傑、余若薇、毛孟靜、何秀蘭、劉慧卿、黎智英等一眾民主派政治人。我和他們幾乎全不相識，照道理也沒太多交集可能，沒料到會在如此境況下同囚一車。

我們沒有被扣上手銬，也可使用手機向家人和朋友報平安。開車前，警察告訴我們，目的地是葵涌警署。我後來知道，當天 209 名抗命者分別被送往葵涌、北角、長沙灣、觀塘及屯門警署。葵涌是第一批，分坐三車，共約 60 人。在車上，何俊仁向我們簡單說明了一下在警局要留意甚麼。他有經驗，因為他在 7 月 2 日及 9 月 28 日已先後被捕兩次。李柱銘顯然是首次，因為這位香港首席資深大律師的被捕常識，似乎和我差不了多少。

車到警署，我們被安置在一個有蓋停車場臨時改建的拘留中心。停車場相當大，但非密封，可遠遠見到出口處傳來的光。最教我寬慰的，是再次見到首批被捕的同學。雖然只是分開個多小時，竟有重逢的喜悅。過不了多久，第三批被捕者也已送到，包括長毛及其他民間團體的朋友。警察用鐵馬將我們三批人分開，然後開始一連串的拘留程序，包括登記個人資料、打手印、拍照和錄口供等。

在整個過程中，警察異常客氣殷勤，令我有時以為自己不是犯人，而是上賓。但在一些細節中，我還是很清楚地知道這只是錯覺。以上廁所為例。我們要先舉手，得到批准後，再由兩位警察「陪同」前往。但我們去的並非警察廁所，而是拘留房裏面的囚犯用廁。拘留房在二樓，有粗厚的鐵門和外面分開；進去，左右兩排，中間是狹小晦暗的通道；每間房有四張水泥床，上面甚麼也沒有；蹲廁近門口，極簡陋，沒廁紙也沒水龍頭；我們如廁時，警察就在門外隔著鐵欄守著；出來後，再帶我們去另一處洗手。到了清晨三時多，我成功「踢保」準備離開時，我對身邊警察說，我想再上一次廁所。他好心對我說，用外面那個吧，就是接待處那個供普通人用的。我一入去，遂馬上明白，這就是自由人和犯人之別。

* * *

說起來，這是很平常也很不平常的一夜。所謂平常，是因為這夜之前和這夜之後，一定會有無數犯人經歷同樣的事情，而且因為種種我們知道或不知道的原因，我們確實沒有受到甚麼不合理對待。所謂不平常，是說香港有三位大律師公會前主席、兩位前特首參選人、十多位立法會議員和政黨領袖、領導這次雨傘運動的學聯和學民思潮的同學，還有一位在這場運動中走在最前線且影響力如日中天的歌者，在同一夜被捕並囚於一室，確是香港未曾有過的事。

這些人為甚麼要走到這一步？他們所做的，外面的人能夠理解嗎？那夜我坐在他們中間，平凡如我，看著身邊那些自我少年時代起便已領導香港民主運動的前輩，以及許多在政治領域默默耕耘的年輕朋友，既有一種歷史就在當下的切身感，也有一份香港未來我也有責的沉重。

不少香港人喜歡稱所有從政的人做政客。這種稱呼，往往預設了這樣一種態度：凡從政者，必為私利；而政治本身，必是權力鬥爭的污穢之地，毫無道德可言。既如此，我們必須遠離政治。不僅要遠離，且必須對那些積極參與公共事務的人抱持戒心，因為世間並無公心 (public spirit) 這回事。政治一如市場，每個參與者的行事，都是為了極大化個人利益，不同只在於市場爭的是錢，政治爭的是權。但就本性而言，人骨子裏是自利者。「人不為己，天誅地滅」遂成醒世名言。

滑落到這一步，那些不加辨識地否定政治道德的人，其實不是對我們生活的世界有更高的道德要求，而是將自身也理解為徹底的自利主義者，同時以極度犬儒的方式去評斷所有參與政治的人。香港的成年人，包括不少「社會賢達」，常常就是用這種「價值觀」去「言傳身教」下一代。「政治」遂成一個污穢詞，「政客」更是人人得而藐之。

但這樣的「價值觀」到底有多大的解釋力和說服力？讓我們嘗試用心聆聽一下，在這次雨傘運動中，年青一代到底在爭取甚麼。年青人說，他們要香港有真普選，使得每個公民享有平等權利去決定誰可以做特首；他們不要官商勾結，不要跨代貧窮，不要為一個小小蝸居耗盡他們的青春年華；他們還希望政府廉潔和公平，並好好捍衛我們的公民和政治自由。他們不是價值虛無，更非自私自利，而是站在道德的觀點，要求我們的城市變得更加公正，讓人活得更像人。他們如此相信，故如此行動，同時如此要求那些擁有權力的人必須以政治道德為念。

只有在這樣的背景下，我們才能理解他們的義憤，明白他們的感受，體會他們對這個城市的愛。雨傘一代，不僅在這次民主運動中充分了解到自己是有自主意識的道德人，同時也在用他們的信念和行動，努力再啟蒙那些世故的成年人，希望他們看到另一個香港和另一種更好的公共生活。我們甚至可以說，正因為香港的年青人堅信政治必須講道德，所以才有雨傘運動。它所代表的，的確是一種不認命的精神：不願意相信奴役就是必然，權力就是公理，剝削就是公平。他們不僅希望用撐起的雨傘去挑戰不公的制度，更要去挑戰長期支配港人的自利犬儒心態。

* * *

既然我們活在政治之中，同時對政治有所期許，那麼我們就沒有理由輕省地將所有積極參與政治的人標籤為政客或政棍，然後以一種事不關己卻又彷似洞悉世情的犬儒姿態去嘲笑他們。理由有三。第一，這種說法極不公道。遠的不說，即以當晚坐在我身邊的李柱銘先生和長毛為例，他們實在是為香港民主運動付出了一生心血。長毛不知進出警署和監獄多少回，更在這次運動中慨然向群眾下跪；李柱銘先生地位尊崇，但在 76 歲高齡仍然願意為了香港的未來而從容被捕。他們所做的一切，難道真的只是為了一己私利？我們難道不應對他們心存敬重和感激？

第二，政治的好壞，直接影響我們每一個人及我們的下一代。如果我們一早認定所有從政者皆用心不善，然後站在外面冷嘲熱諷看熱鬧，那麼我們也就等於承認政治沒有是非對錯可言，並以自證預言的方式導致政治的崩壞，而不是一起努力去共謀改善。

第三，也是最重要的一點，我們以自利的虛無的心態看世界，最終腐敗的是自己的靈魂，因為在我們的眼裏再看不到善和正義，在我們的心裏再感受不到愛。我們生活的世界本身並非沒有愛和正義，或至少不是沒有愛和正義的可能，只是我們自己放棄了這樣的信念，遂令我們的生命失去愛和正義。

儘管如此，但這並不表示我要否定政治裏面有著形形色色的權爭。事實上，權爭內在於政治，因為政治必然牽涉到權力和資源的分配。一如我們追求民主，就要接受政黨政治；接受政黨政治，就要接受不同政黨代表不同階層的利益，同時接受他們必須要通過選舉贏得權力，因而難免有各種各樣的策略考慮，甚至要作出極為艱難的政治取捨。儘管如此，我依然認為，權爭本身不應是政治的最高目的，也不應是政治人行動的最高原則。政治的最高目的，是追求正義；政治人不墮落為政客而上升為政治家的最重要標準，也正在於能否踐行正義。

韋伯（Max Weber）或會不同意我的觀點。他認為以政治為志業的政治家，必須具備三種素質：熱情、責任感和判斷力，但追求正義不在其中，因為「何謂正義」並沒客觀標準，而且很易陷入他所說的「心志倫理」而忽略「責任倫理」；簡單點說，就是會為了堅持道德理想而妄顧政治現實。我無法在此詳細回應韋伯，但正如韋伯自己所言，政治實踐的最高境界，不是這兩種倫理觀互相對立，而是互補相成。[11]這次雨傘運動最為激動人心之處，也許正是讓我們看到新一代年青人，如何既有對心志的堅持，也有對責任的承擔，並在變動不居和強弱懸殊的政治現實中去努力協調這兩種政治倫理。這才是真正意義上的政治成熟。

* * *

讀者或會好奇，漫漫長夜，除了應付警方各種指定要求，我們這群人在裏面到底還做了甚麼。由於不准使用電話上網，我們遂只有兩件事可做：閉目養神或聊天。我因為不累，所以大部份時間是和何俊仁及楊森先生聊天。聊甚麼呢？政治哲學。這是我意料不到的。兩位前輩很友善也很健談，我們從羅爾斯(John Rawls)的正義理論、德沃金(Ronald Dworkin)的法律哲學，談到哈耶克(Friedrich Hayek)的《到奴役之路》和波柏(Karl Popper)的《開放社會及其敵人》，甚至還扯到馬庫塞(Herbert Marcuse)的《單向度的人》、法蘭克福學派的文化批判及當代中國知識界種種。在被警察環伺和隨時被叫出去辦理手續的環境中，雖然討論時斷時續，但這樣的哲學交流還是極為愉快，以至後來離開警署時，我和楊森先生不禁以擁抱來道別。

我後來知道，當天在警署討論政治哲學的，並不止我們，還有我的一位學生。他叫Max，從10月起便在金鐘紮營佔領。他本來計劃和我們一起靜坐被捕，誰不知中午出去吃飯後再也進不來，因為警察已將佔領區所有出入口封鎖。在幾經掙扎下，他決定自行前往灣仔警察總部自首，並在交代「罪行」的過程中，將他的公民抗命理念完完整整地向警察交代了一次。據他事後回憶，警察聽得津津有味。他從灣仔警署出來後，便過來葵涌警署門口等我，站足一夜。

作出同樣選擇的，還有我初識的劉志雄牧師。他在7月2日預演佔中時已被捕過一次，這次同樣是因為中午外出而回不來，但最後仍然決定自首以明志。據他自述：「十一點幾，沒有傳媒鎂光燈，孤身的我，走入葵涌警署自首。結果，我的號碼是59，而58就是長毛。」我到現在仍然不太能理解，像劉牧師和Max這些人，做決定那一刻，到底需要多大的道德勇氣，而勇氣背後又承載了多少對這個城市的愛。但我知道，我應該用心去理解，否則有負他們。

* * *

大約去到十二時，警方告訴我們可以自簽保釋，不用交保釋金，但要1月回來警署報到。學生和社運團體的朋友，開始陸續離開。何芝君、何韻詩、何俊仁和我等商量過後，建議餘下的人選擇集體「踢保」，迫使警方要麼無條件釋放（但仍然保留日後起訴權），要麼正式起訴。我們認為「踢保」雖然有風險，例如隨時要被拘留多十幾個小時，但這也是一種政治抗議。我們也同意，既然一起進來，也要一起出去，表達一種團結精神。

在接著下來幾小時，我們一個一個被警員單獨叫去，詢問是否願意自簽離開，然後我們一個一個回答：「不願意。」在此過程中，我親眼目睹何韻詩非常勇敢和擔當的一面。她後來在面書上有細緻描述，容我在此詳引：

> 順序上我是學生後的第一個，呼喝我過去的警員大概看我是個無知歌星仔，不必對我客氣多禮，沒想到他們叫我選續保的日子時，我竟提出不接受保釋，該名威武警員當下呆了一下，回過神來，再擺官威地說了一句：「好，那放她到最後處理。」結

果，所有人一致不接受保釋。警方大概也知道再拘留這群人對他們也沒甚麼好處，隔沒多久，我又被呼喝過去，同一位招待我的警員遞出一張無條件釋放的紙，警方屈服了。我提出等眾人一起離開，他們拒絕，要我立刻簽，我要求徵詢律師意見，警員再次面露不悅。見律師後，他們把我單獨調配到跟眾人隔離的另一區，大概是要「懲罰」我，但真對不起，找錯對象了，嚇唬誰？眾人陸續離開，結果我是葵涌警署61名被捕者內，最後一個被釋放。

去到凌晨三時半，警察告訴我，可以帶齊隨身物品離開。我站起來，離開待了一夜的拘留中心，並在接待處等齊其他朋友，然後一起步出警署。出來，我第一眼見到的，是在寒風中候我整整一夜的十多位學生和朋友，裏面有杜婷、小珊、黎恩灝、張秀賢、Benny、Joel、John、Max和Steve等，還有早我幾小時出來的Napo和Eason。師生情誼，山高水長。謝謝你們。

注釋

1 Jean-Jacques Rousseau, *The Social Contract and the Discourses*, trans. G. D. H. Cole (London: Everyman's Library, 1993), p. 184.

2 鄭煒、袁瑋熙，〈後雨傘運動：告別政治冷感的年代〉，《明報》(2014年11月29日)。

3 Christine Korsgaard, *The Sources of Normativity* (Cambridge: Cambridge University Press, 1996).

4 鍾玲玲，《愛蓮說》(香港：天地圖書，1991)。

5 "The loves that may hurt the least are not the best loves. When we love, we accept the dangers of injury and loss." John Rawls, *A Theory of Justice* (Cambridge, Mass.: Harvard University Press, revised edition, 1999), p. 502.

6 〈「香港民意與政治發展」調查結果〉，由香港中文大學傳播與民意調查中心負責，並於 2014 年 12 月 18 日公佈。詳細結果見：http://www.com.cuhk.edu.hk/ccpos/images/news/TaskForce_PressRelease_141218_Chinese.pdf.

7 Martin Luther King, Jr., "Letter from Birmingham City Jail," in *Civil Disobedience in Focus*, ed. Hugo Adam Bedau (London & New York: Routledge, 1991), p. 73.

8 Rawls, *A Theory of Justice*, p. 339.

9 Henry David Thoreau, "Civil Disobedience," in *Civil Disobedience in Focus*, pp. 28–48.

10 我在這裏沒有討論的，是民主的道德重要性以及人大常委會的決議為何嚴重違反了普及而平等的公平選舉精神。不過這方面的討論已有不少，亦可參考本書第 27 章〈個人自主與民主實踐〉。

11 韋伯，《學術與政治》，錢永祥編譯（台北：遠流，1991），頁 237。

結語
自由主義左翼的理念[1]

一、自由左翼浮出水面

2014年8月，我在香港中文大學中國研究服務中心籌辦了一個學術會議，主題是「左翼自由主義與中國：理論與實踐」。參加會議的，有石元康、慈繼偉、錢永祥、陳宜中和劉擎等知名政治哲學學者，也有不少年青學人。會議討論熱烈，同時由於大陸網上媒體《澎湃新聞》的現場深入報導，在大陸知識界也引起廣泛關注。[2]這是中國思想界第一次以「左翼自由主義」為主題的學術研討會（我在後來的文章中，已將名稱改為「自由主義左翼」，以便更準確地表達它是「自由主義傳統中的左翼」這一意思）。[3]在這之前，陳冠中先生在《共識網》發表了〈新左翼思潮的圖景〉長篇訪談，一方面對中國新左派的國家主義轉向作出批評，另一方面也正面提出新左翼的四點主張，包括平等的自由人、建立公平正義的社會、重視環境保育和尊重差異多元。他在訪談中明確指出，他的「新左翼」和我提出的「自由左翼」有許多理念相通相近之處。[4]與此同時，錢永祥、陳宜中和我也先後出版了以自由主義為主題的專著，從不同角度闡釋和論證了自由左翼的基本理念。[5]可以說，2014年是自由主義左翼較為顯著地受到中國思想界關注的一年。[6]更教我意外的，是我最近在「臉書」(Facebook) 上一段關於自由主義左翼和馬克思主義的評論，竟在香港引發一場甚為少見的關於自由左翼的大辯論，迄今方興未艾。[7]

為甚麼自由主義左翼這個理念會在中國引起那麼大的爭議？驟眼看來，這確實有點教人費解。因為過去數十年，以羅爾斯 (John Rawls)、德沃金 (Ronald Dworkin)、哈貝瑪斯 (Jürgen Habermas)、森 (Amartya Sen) 等為代表的自由主義左翼哲學家在西方學術界是主流，社會主義或自由右翼反而是少數。而在現實世界，大部份自由民主國家都在不同程度上接受福利國家模式，一方面是憲政民主和競爭性市場制度，一方面是由政府通過二次分配為公民提供廣泛的社會福利，於是所謂的左右翼政黨之爭，其實甚少是社會主義和市場原教旨主義之爭，而是在福利國家這個大框架下，稅收高低和福利多寡的程度之爭。就此而言，自由主義是相當中道且得到普遍認可的一種政治道德觀。

中國的情況卻很不一樣。首先，中國的左派，主要是指同情和支持社會主義現政權的人。而社會主義制度有兩大特點：政治上一黨專政，經濟上計劃經濟和公有制。對自由主義者來說，這兩者皆難以接受，因為它們是導致政治壓迫和經濟貧窮的主因，而歷史經驗似乎也證明了這點。於是，左派在中國完全沒有西方左派那種進步、批判及反建制的意味。中國的自由派，遂不得不界定自己為右派。和左派針鋒相對的右派也有兩項基本主張：政治上自由民主，經濟上擁護市場經濟和私有財產。而自由派的理論資源，主要從哈耶克 (F. A. Hayek)、芝加哥經濟學派和奧地利經濟學派等而來，也就是主張「小政府大市場、低稅收低福利」的放任自由主義為主流的觀點。[8]

伴隨著中國市場經濟改革的深化及取得的成就，這種市場自由主義的影響力和正當性也就愈來愈大。這裏面有許多原因，例如大家相信市場經濟和企業私有化能有效促進經濟發展，經濟發展除了改善人民生活，也能培養出中產階層，而中產階層的壯大則對維護權利和促進民主化大有幫助等等。基於此，任何要求由政府去約束和限制市場以及進行財富再分配的主張，即使有其必要性和合理性，也往往被視之為對自由主義的背離，因為這既侵犯了人民的消極自由，也會阻礙憲政民主化的步伐。在這個背景下，自由左翼兩面不討好，自不待言。[9]

但中國經過三十多年的經濟自由化及融入全球資本主義體系後，愈來愈多人在生活中感受到，市場不是解決所有問題的靈丹妙藥。在沒有政府的合理介入下，工人的工作環境惡劣，工作待遇受到各種壓榨；在義務教育不足下，農民子女難有機會接受教育，或只能接受很差的教育；在沒有完善的公立醫療體系下，窮人有病難醫，更可能將整個家庭拖進深淵；在欠缺失業及退休保障下，下崗工人和退休老人徬徨無依，境況淒涼。而日益嚴重的貧富差距，更使得階級分化嚴重，教育和就業機會不均，社會流動緩慢，低下階層在各種社會關係中備受歧視和傷害，因而產生種種怨恨情緒。

這些都是今天中國社會的實況。我想不需讀甚麼政治理論，老百姓都會説，這樣的世界很不公道。市場自由主義者可以如何回應這種情況？難道他們會説，這些問題都是政府管得太多所致，只要政府甚麼也不理，交給市場這個看不見的手，問題自可解決？當然不可能。市場只是一個交易和競爭體制，絕對不會考慮要照顧競爭中的弱者。將一切交給市場，結果必然是弱者被淘汰，財富和權力愈來愈集中在小部份人手上。既然這樣，萬萬千千在這個制度之下受到不公平對待的弱勢者就會問：自由主義為甚麼仍然值得我們支持？自由主義不是向我們許諾，人人生而自由平等，國家有責任令所有人活得自由、安全和有尊嚴的嗎？這是合理之問。這裏絕不是說，今天中國的種種社會不公都是由過度市場化所導致，而是說完全市場化並非解決這些問題的最好或唯一出路。而我們應該見到，一黨專政會壓迫人，叢林式的市場同樣會壓迫人，而我們不必二選其一，而應該尋找第三條路。

我是在這樣的大背景下開始思考：我們有沒有可能建立這樣一種制度，既能充分保障我們的自由和權利，又能實行憲政民主，還能令每個公民在社會生活中受到平等的尊重和肯認（recognition），並在經濟合作得到公平的份額？我們有沒有可能突破傳統那種「左派重視平等，右派重視自由」和「左派要國家，右派要市場」的二元思維，並思考如何為自由平等的公民建立一個正義的政治共同體？我認為，自由主義在今天要有批判性和吸引力，就必須認真對待這些問題，並提出一套有說服力的回應。以下我將作這樣的嘗試。[10]

二、自由主義的正當性原則

政治的基本關懷，是人們應該怎樣才能好好活在一起。要實現這個目標，我們需要建立一個政治秩序。要建立這樣的秩序，我們需要一組規則。這組規則確定社會的基本制度，界定公民的合作方式，包括應享的權利、義務以及資源的合理分配等。在現代社會，這樣的政治秩序往往以國家的形式出現，而那組規則及基本制度則體現在國家最高的憲法之中。現在的問題是：怎樣的政治秩序才具有正當性（legitimacy），並因此值得我們追求？這是所有政治理論必須回答的問題。

自由主義的回答是：一個政治秩序具有充分的正當性，僅當這個秩序的基本制度能夠得到自由平等的公民的合理接受。換言之，它必須在公共領域得到合理的道德證成。羅爾斯晚年對此有清楚論述。他認為，在自由主義想像的政治秩序中，主權在民，國家權力由政治共同體中自由平等的公民共同擁有，因此政治權力的行使必須「符合憲法的要求，而憲法的核心部份則預期能夠得到自由平等公民的合理接受——基於從他們共同的人類理性的觀點出發而能夠接受的原則和理想。」[11] 羅爾斯稱此為自由主義的正當性原則（liberal principle of legitimacy）。

這條正當性原則反映了從洛克（John Locke）、盧梭（Jean-Jacques Rousseau）和康德（Immanuel Kant）以降自由主義傳統一個高遠的政治理想：我們活在國家之中，但國家統治的基礎並非來自某些外在權威或源於某種自然秩序，而是自由平等的個體共同接受的結果。如果真能做到這樣，我們就庶幾活在一個自由聯合體：我們雖然受到制度的種種約束，但因為這種約束得到我們自由的認可，因此我們仍然是自主的，我們承擔的政治義務在此意義上也是自己加諸自己的。[12] 當代著名政治哲學家沃爾德倫便認為，自由主義與其他政治理論最根本的分別，在於它相信：「一個社會政治秩序是沒有正當性的，除非它能夠得到活在其下的人的同意。人民的同意或協議，是國家道德上被容許（morally permissible）強制維持這個秩序的必要條件。」[13]

自由主義為何如此重視正當性原則？我認為，這關乎自由主義怎樣看待國家和怎樣看待人，以及怎樣看待人與國家之間的關係。簡單點說，就是自由主義意識到，國家的強制性和人的自主性之間存在極大張力。只有通過平等個體的集體同意，才有可能化解這重張力。

甚麼是國家？洛克認為，國家是有權制定法律及使用武力去執行這些法律的政治實體。[14]韋伯則認為，國家最重要的特徵，是在某個特定領土內唯一具正當性使用武力的機構。[15]換言之，國家可以強制性地要求我們服從它的命令。如果我們不服從，就會受到懲罰，失去自由。用盧梭那句有名的說話：我們生而自由，卻無往不在枷鎖之中。[16]既然如此，作為平等的自由人，為甚麼我們仍然願意接受國家的統治？這裏所說的自由與平等，主要是指在先於國家的自然狀態中，每個人都享有同樣的行動的自由，沒有任何人有正當的權利要求他人服從。[17]盧梭因此說：「既然任何人對於自己的同類都沒有任何天然的權威，既然強力並不能產生任何權利，於是便只剩下來約定才可以成為人間一切合法（具正當性的）權威的基礎。」[18]那麼，甚麼樣的約定才有可能把「強力轉化為權利，把服從轉化為義務」？[19]盧梭的答案是：通過社會契約，使得國家成為平等自由人一致同意之物：

> 「要尋找出一種結合的形式，使它能以全部共同的力量來衛護和保障每個結合者的人身和財富，並且由於這一結合而使每一個與全體相聯合的個人又只不過是在服從自己本人，並且仍然像以往一樣地自由。」這就是社會契約所要解決的根本問題。[20]

由此可見，盧梭的「社會契約論」最大的目的，就是要處理權力的正當性問題。而正當性問題之所以出現，則是因為國家的強制和個體的自由之間存在很大張力，而這種張力已是傳統的奴隸制、貴族制或君主制等無法解決的。有人或會馬上質疑，如果國家根本就沒有存在的必要，又或個體自由根本沒有那麼大的重要性，盧梭的問題也就消解了。前者的質疑來自無政府主義，後者則來自反對將個人自由放在最高位置的各種理論。[21]

自由主義有許多理由反對無政府主義，例如在沒有任何政治權威和法律的狀態下，個人權利和自由無法得到有效保障；由於缺乏信任及欠缺有效的守諾機制，因而難以避免合作上的「囚徒困境」；當彼此發生衝突時，沒有公正的仲裁及懲罰機制，因此難免弱肉強食等等。簡言之，沒有政治秩序，我們的生命、自由、財產和福祉將難以得到有效保障，我們也無從進行公平穩定的社會合作。同樣重要的是，人是政治的動物，因此有許多和政治相關的價值就只能在政治社群裏才能有機會實現，例如政治參與及其相關的種種公民德性。所以，對自由主義來說，問題不是要不要國家，而是怎樣的國家才有正當性。

至於自由主義為甚麼如此重視自由，問題看似簡單，其實卻極為複雜。從洛克以降，歷經盧梭、康德、貢斯當(Benjamin Constant)、穆勒(J. S. Mill)再到當代的伯林(Isaiah Berlin)、羅爾斯和拉茲(Joseph Raz)，整個自由主義傳統從未停止過對自由的思考。[22]由於篇幅所限，不能在這裏逐一探討，但我認為，要理解和證成自由的價值，就必須扣緊人作為「自主的道德主體」(autonomous moral agent)這一觀念來談。簡言之，就是視人為有能力做理性反思及道德判斷、能夠建構和規劃自己的人生、能夠做選擇且對自己選擇負責的能動者。這樣的主體，是能夠為自己生命作主的人。

這種對人的理解，不僅是在經驗上描述人的潛質和可能性，同時也是從規範性的角度去肯定個人自主的重要，因為發展及實現人的自主性，將直接影響人的福祉和尊嚴。一個自主的人，會充分意識到自己是自己生命的主人，渴望在生活的不同領域能夠自我支配，從而活出屬於自己完整的人生。我稱此為「道德自我的完整性」。正因為有這種對自我的理解，我們才會如此重視選擇的自由，包括宗教自由和政治自由，也包括職業自由和生活方式上的自由；也正因為此，當我們被迫屈從於他人意志及個人意願完全不受尊重的時候，我們的自尊常會受到傷害。[23] 我因此認為，自由的價值，離不開一種基於個人自主的自我觀。[24]

但是必須強調，這種自我觀並非自有永有，而是人在歷史經驗和道德實踐中逐步發展而形成的一種反思性自我意識（reflective self-consciousness）。就此而言，盧梭所說的「人生而自由」並非自然事實，而是規範事實（normative fact）：它是經過我們反思並作出道德評價後的事實，即人作為自由人，沒有先天服從他人的義務。一旦這種自我意識在社會普及和生根，自然會對政治秩序產生一種「正當性壓力」：當愈來愈多人意識到自己是自由人，舊有的不自由的政治秩序便無從維持，因為它愈來愈難得到人民的「反思性認可」（reflective endorsement）。[25]

由此我們可觀察到「正當性」有個很重要的特點：政治秩序是否具正當性，很視乎生活在裏面的人怎麼看待這個秩序。它如果不能得到人民普遍的反思性認可，其統治權威便會大大減弱。認可需要理由，而這些理由不可能是隨意的，而必須是在公共領域獲得廣泛的認受性。因此，當人生而自由、獨立及平等被視為現代社會廣泛接受的價值時，自由主義的正當性原則就不僅僅是哲學家想像出來的理想，而會對現實政治構成實實在在的正當性壓力。我們看看美國的《獨立宣言》（*Declaration of Independence*, 1776）和法國大革命的《人權和公民權宣言》（*Declaration of the Rights of Man and of the Citizen*, 1789）對整個現代世界的影響，便可清楚見到「觀念的力量」。[26]

從以上討論可見，自由主義的正當性原則，其實體現了自由主義一個極為根本的道德信念：國家必須給予每個自由個體平等的尊重。尊重的方式，就是承認每個人都是獨立自主的個體，並在此基礎上建立一個所有人都能合理接受的政治共同體。自由與平等在這裏絕非兩種對立的價值，恰恰相反，自由界定了我們的道德身份，平等界定了我們的道德關係，然後兩者共同構成國家正當性的基礎。[27]

三、契約作為一種理念

對於以上說法，有人或會馬上質疑，既然個體的同意是國家正當性的必要條件，那麼如果歷史上從來沒有出現過這樣或明確(express)或默示(tacit)的「同意」(consent)，整個契約論豈非馬上失效？因為只有真實明確的同意，才能產生真正的政治義務。這是休謨(David Hume)最早提出來的批評。他認為，現實中的絕大部份國家，都是通過篡奪和征服而取得政權，而不是通過甚麼公平的同意。而我們之所以願意服從國家，是因為我們清楚知道，如果沒有法律和權威，社會合作將難以存在，因而令所有人的利益(general interests)受損。[28]休謨的批評看似簡單卻極為尖鋭，因為他動搖了契約論中最重要也最鼓舞人心的部份。

康德清楚意識到這個批評，因此在建構他的契約論時，雖然視規範國家的憲章(「基本法」)為自由、平等和獨立的公民之間訂立的「原始契約」(original contract)，體現了公民普遍的集體意志，但他卻明白告訴我們，千萬不要視這個契約為一項歷史事實，並以此作為政治權利和義務的根據。既然如此，所謂的原始契約的性質是甚麼？康德說：

> 它的確只是純理性的一項純理念(an idea of reason)，但它卻有著無容置疑的(實踐的)實在性，亦即，它能夠束縛每一位立法者，以致他的立法就正有如是從全體人民的聯合意志裏面產生

> 出來的，並把每一個願意成為公民的臣民都看作就彷彿 (as if) 他已然同意了這樣一種意志那樣。因為這是每一種公開法律之合權利性 (rightfulness) 的試金石。[29]

康德這個觀點，可以說在社會契約傳統中做了一個範式轉移。第一，他清楚說明，這個契約只是一種理念，並非歷史事實。換言之，「同意」在這裏不能產生任何道德約束力和政治義務。第二，契約的目的，不是要論證為甚麼要離開自然狀態而進入國家，而是作為判斷法律是否合乎正義的一個測試，而這才是康德的根本關懷所在。第三，測試的方法，是立法者將自己代入所有公民的位置並想像他們是否願意接受這些法律的束縛，這體現了一種公正無偏 (impartial) 的精神。

問題是，即使這個契約真的能夠達到康德所期望的目的，即為憲法找到正義的基礎，但這畢竟不是真實的同意，那麼合格地通過這個測試的，為甚麼就具有正當性？法律得到充分證成和法律具有正當性，是同一回事嗎？康德的答案是肯定的。例如他說：「**只要有可能**整個人民予以同意的話，那麼認為法律是正義的便是義務了，哪怕在目前人民處於這樣一種狀況或思想情況，即假如徵詢他們對它的意見的話，他們或許是會拒絕同意它的。」[30]但這種想法有個危險：誰有權威來決定甚麼時候可以達到這種想像的同意？如果這種想像的同意和人們真實的意願有衝突，為甚麼前者可以淩駕後者？這樣做豈非正正不尊重人是自主的道德主體？

我認為這是康德(也是之前的盧梭和後來的羅爾斯)面對的一個理論兩難：如果我們尊重個體真實的意願，那麼我們幾乎不可能達成一致同意；就算真的可以，我們也無法保證得出的結果就是正義的，因為每個人在契約中的議價能力並不一樣。為避免這個困難，我們只好訴諸一種在理想狀態下，憑我們的實踐理性建構出來的一致同意或共同意志。這種做法的好處，是能保證得出的結果是哲學家本人認為道德上最合理的結果，但尊重個體的意願這個元素卻沒有了。「證成性」(justifiability) 和「正當性」(legitimacy) 在這裏似乎存在難以調和的矛盾。

我認為，如果我們堅持真實的同意是正當性的必要條件，這個兩難將難以解決。但如果我們將「真實的同意」改為尊重「人作為平等自主的道德主體」的話，康德和羅爾斯的契約論就可以克服這個難題，而且較「真實的同意」更有道德吸引力，理由是「真實的同意」並不能保證主體所做的決定就能最好地彰顯人的道德主體性，因為真實個體會受到各種外在和內在條件的限制，這些限制很可能導致他們不能做出保障其作為道德主體的利益的最佳決定。[31]

康德和羅爾斯的契約論，我認為至少嘗試從三個層次來解決這個兩難。第一，參與契約的立法者，一開始就被視為自由平等的道德主體。他們是以這個身份來參與共同建構正義原則和基本憲法。換言之，自由與平等不是契約的結果，而是契約的前提。因為是前提，所以自由及平等從一開始就已限定和約束了契約的內容，例如他們不可能會同意只給予一部份人有自由的特權，另一部份人卻只能做奴隸或臣民。[32]

第二，契約的理念本身就體現了對人的自主性的尊重，因為憲法被視為所有平等公民一致同意的結果，而我們每個人隨時都可以進入契約並站在契約的觀點檢視憲法是否合乎正義，這個運用實踐理性的證成過程本身就尊重了人的自主性。例如如果憲法規定只有極少數的某類人才可以參與民主選舉，我們就很有理由否決這條法律，因為它沒有尊重我們是自由平等的公民。如果訴諸實際的同意，人們很可能就會基於各種利益考慮而接受有篩選的選舉安排，結果「真實的同意」反而背離了平等自由人的基本理念。

第三，因為我們是自由平等的道德主體，同時我們以這個身份去參與契約商討，那麼最後得出來的正義原則，也就必然會尊重及保障我們的主體性，例如在憲法中保障我們享有一系列平等的基本自由，因為這些自由是肯定和發展我們的個人自主的必要條件。沒有這些自由，我們就難以在生活的不同領域體現道德自我的完整性。

契約論經過這三個層次的理論建構，遂非常清楚地彰顯出從康德到羅爾斯這一自由主義傳統的基本精神。在道德證成上，必須滿足自由主義的正當性原則：任何根本的政治主張皆必須在公共領域提出公共理由來做公開論證，並爭取自由平等的公民的接受。在正義原則的內容上，必須以尊重人作為自主平等的道德主體為基礎，並由此出發去建構各種制度安排。由此可見，自由左翼之所以自由與平等並重，甚至因而被稱為「自由平等主義」(liberal egalitarianism)，是因為它的整個理論是建基在平等的自由人這個道德前提上。

接下來，我們開始進入羅爾斯的正義理論，看看他如何從自由與平等出發，論證出他的正義原則及相應的制度安排。

四、公平式的正義

羅爾斯的《正義論》是當代最重要的自由左翼著作，他在書中開宗明義指出，正義是社會制度的首要德性，而他要承繼洛克、盧梭和康德的社會契約傳統來證成一套自由主義的正義論。[33]羅爾斯的問題意識是：如果我們理解社會為自由平等的公民之間為了互惠而進行的公平合作，那麼我們應該接受怎樣一組正義原則來作為社會制度的基礎，並藉此決定公民的權利和義務以及社會資源的合理分配？這是羅爾斯畢生關心的問題。

讀者或會奇怪，羅爾斯為甚麼要以正義作為統攝性價值，而不是自由、平等或權利。這個問題十分重要。我認為，當羅爾斯視正義為制度的首要德性時，其實有以下預設：我們活在制度之中，制度對我們每個人的生命有根本影響，我們因此有充分理由對制度作出道德評價，並要求制度給予每個人公正的對待。就此而言，正義是對社會制度的整體道德評價，裏面可包括自由、平等和權利等價值。一個不正義的制度意味著甚麼？意味著在制度中有人會受到不合理的對待，並因而受到傷害和羞辱。為甚麼要如此重視正義？因為每個人在社會生活中都應享有一項最基本的權利，即受到國家公正對待的權利。我認為，這是羅爾斯整個理論的起點。[34]

羅爾斯認為，所謂正義，就是國家必須給予所有自由平等的公民公平的對待。他因此為他的理論起了一個名字：公平式的正義(justice as fairness)。但怎樣才是公平呢？羅爾斯邀請我們做一個契約實驗：試想像我們進入一個叫「原初狀態」(original position)的環境，立約者被一層厚厚的「無知之幕」(the veil of ignorance)遮去所有關於他們的個人資料，包括家庭背景、自然能力以及各自的人生觀和宗教觀等，然後大家一起理性地選擇一組他們認為最能保障其利益的正義原則。這組原則是政治社群的最高原則，將決定國家的憲法和基本制度。[35]

為甚麼要有無知之幕這樣的設計？因為只有這樣，才能確保每個立約者不會受到先天能力和後天環境這些偶然因素影響到立約者的議價能力，大家才能處於平等的位置去決定社會合作的基本原則。羅爾斯聲稱，經過審慎的理性考量，立約者最後會一致同意以下兩條正義原則：第一，每個公民享有一系列平等的基本自由（basic liberties），包括人身自由、良知和信仰自由、言論和思想自由、集會結社及參與政治的自由等（平等的基本自由原則）。第二，政府有責任通過教育、稅收、社會福利及其他必要的公共政策，確保公民在社會職位的競爭上享有公平的平等機會（2b：公平的平等機會原則），以及在滿足上述條件的前提下，社會及經濟資源的不平等分配必須對社會中最弱勢的人最為有利（2a：差異原則）。[36]

我認為，根據這兩條原則，我們可以推導出自由左翼的五項基本制度：基本權利、憲政民主、文化多元、機會平等和共享發展。這五方面環環相扣，呈現出一幅自由左翼的正義社會圖像，並體現出這樣的信念：一個公平正義的社會，必須給予每個自由的合作者平等的尊重，並提供充分的條件和機會，使得每個公民能夠好好發展他們的自主能力，活出有價值的人生。自由是人的根本利益，平等是公民之間的根本關係，一個能充分體現和實現這兩種價值的公平社會，就是正義的社會。自由左翼追求的，是一種自由人的平等政治。以下我將就每方面稍作解說，藉此突顯它和自由右翼、社會主義、儒家和威權主義等的分別所在。

(1) 基本權利

第一項是基本權利。羅爾斯認為，正義社會的首要條件，是國家必須保障每個個體平等地享有一系列最為基本的公民和政治自由。這些自由被視為人的基本權利，寫於憲法，構成社會的基礎，享有最高的優先性，即使國家也不能隨便以社會整體利益之名侵犯之。羅爾斯在這裏承繼了自由主義傳統最核心的理念：個體擁有一些權利，國家正當性的基礎，在於好好保障和實現這些權利。如果權利受到嚴重侵犯，人民便有公民抗命甚至革命的權利。[37]自由主義是一種以個人權利為本的理論，於此清晰可見。而證成權利的理由，主要是它能夠有效保障人作為自主個體的根本利益。

有些批評者認為這些權利和自由只是形式之物，因為窮人完全沒有實踐這些自由的條件。這是誤解。首先，自由左翼同意，所有基本自由的實踐都需要一定的經濟和社會條件，所以會贊成通過不同的資源分配政策，確保所有公民都有能力和條件去實踐這些自由，例如提供義務教育和各種社會保障。批評者或會繼續說：這不行，因為平等自由的前提是平等的財富分配。不見得是這樣。例如有效實踐人的言論自由和政治自由，的確需要一定的經濟條件，但這並不表示我們非要平均分配不可，更何況均貧富並不一定就是公平（例如有人會問：貢獻較多或付出勞力較多者，為何不能應得多些？）。[38]

其次，又有論者或會像馬克思那樣指出，自由主義在市民社會（civil society）中所保障的「人權」（例如自由權和財產權）其實是將人當作孤立分離的原子式個體，鼓吹的是合法地滿足個人欲望的利己主義，並導致人類無法過上真正的社群生活和達到真正的人的解放。[39]這種批評並不合理。不錯，以個人權利為基礎的制度最大的功能，確是保障個體的根本利益，包括信仰自由和支配個人財產的權利，但個體在乎這些利益並不就等於自私自利，因為這些利益完全可以是人的合理正當的追求。[40]而人享有這些自由並不表示人就不可能有融洽的社群生活，因為人可以通過自由結社來和他人建立不同性質的社團。自由主義絕不反對人的社會屬性，但反對將人強制性地歸屬於某個團體或族群，無論是以文化或宗教之名。

馬克思大概沒有想過，後來出現在中國那種將市民社會和基本人權完全摧毀的集體主義式生活，不僅沒有帶來人的解放，反而帶來更大的壓迫和異化，並導致無數無辜生命的犧牲。[41]不錯，某些人權的確會通過法律在人與人之間設下某些屏障，從而保障個體在屬於自己的領域心安理得和沒有恐懼地做自己想做的事。[42]但對自由主義來說，這不是缺陷，而是為了更好地尊重和保障個體的獨立性，使得每個人能夠自主地過上自己想過的生活。

事實上，自由主義對人權的重視，早已不停留在理念層面，而是得到國際的普遍認可並落實於制度。1948年的《世界人權宣言》是國際人權發展史的里程碑，第一條便開宗明義指出「人人生而自由，在尊嚴和權利上一律平等」。如果我們細看裏面的30項條文，其中不僅包括生命、自由和人身安全的權利，也包括思想、良心和宗教自由的權利，和平集會、結社和民主選舉的權利，更包括「每個人，作為社會的一員，有權享受社會保障，並有權享受他的個人尊嚴和人格的自由發展所必需的經濟、社會和文化方面各種權利的實現」。[43]為了貫徹這些理念，聯合國更在1966年通過《公民及政治權利國際公約》和《經濟、社會、文化權利國際公約》，並於1976年生效，進一步將權利的理念從第一代的公民和政治權利擴展到經濟、社會和文化領域，例如包括工作權、教育權和社會保障權等。[44]可以說，「人人生而自由平等，並享有一系列基本權利」的想法已在世界取得很大共識，並成為推動各國社會政治改革重要的道德資源。[45]相較於自由右翼和社會主義，我認為自由左翼更能為這些權利提供合理的解釋和證成。[46]

(2) 憲政民主

自由主義的第二項制度主張是憲政民主。這項主張其實是直接從第一項強調的每個公民享有平等的政治自由而來，裏面包含幾個重要部份。第一，主權在民，人民是國家的主人，國家權力來自全體公民。第二，國家基本制度由憲法界定，政府權力的行使必須受到憲法約束，且憲法必須保障公民享有一系列基本權利。第三，政府行政及立法機關必須通過定期的、公開的和公平的選舉產生。第四，民主選舉行多數決制，但選出來的政府必須尊重憲法保障的基本權利，避免「多數人的暴政」。

憲政民主制有許多好處，例如避免暴政、通過制度上的制約與平衡減少權力濫用和貪腐的機會、通過選舉使得政權能夠和平轉移及增加政府的統治威信、有效保障公民的自由和權利、政府施政能夠更好地考慮人民意願、增強公民對國家的歸屬感以及提升他們的公共參與意識等等。但民主最重要的精神，是實踐自由及平等的集體自治：自由體現在公民的自主選擇，平等體現在一人一票。民主的基礎，在於它能平等尊重每個公民的政治自由。

平等政治自由的實踐，並不能保證選民就會做出理性明智的決定。為了確保民主制能夠良好運行，我們需要不同制度配合，包括：公平廉潔的選舉法則和政黨制度、完善的集會結社自由和新聞資訊自由、活躍的公民社會、良好的公民素質及積極參與公共事務的政治文化等。民主不僅是一種選舉制度，它還會深遠地改變我們的文化和生活，影響我們對自我和對世界的看法。其中最重要的一點，就是讓我們擁有一種作為主人翁的歸屬感，因為國家屬於我們每一個人，我們有平等的權利去參與和決定她的未來。長期活在專制之下，我們的政治權利無從實踐，我們遂成為政治的異鄉人，因為我們並非活在真正的政治共同體。與此同時，我們也無從將自己發展成為完整的自由人，因為生命中許多重要之門被強行關閉，我們遂無從得窺門外的美好風景。民主不是身外事，它和我們的福祉息息相關。

對於民主政治，有兩種常見批評。第一種認為民主政治雖然在形式上給予公民平等的投票權，但在一個貧富懸殊嚴重的社會，富人較窮人有遠遠大得多的政治影響力，例如富人可以通過政治捐款、控制媒體和成立各種政治遊説組織來影響選舉結果。而窮人則由於經濟條件、教育水平和社會網絡等限制，參與政治的程度和質量都相當有限。羅爾斯充分意識到此問題的嚴重性，故為了確保政治自由的公平價值（fair value of political liberties），他主張政府有必要限制大財團的政治捐款和廣告、政黨運作及選舉經費應由公共資源承擔、成立獨立的公共廣播媒體等等。[47]羅爾斯清楚指出，確保所有公民享有公平的參與政治的機會，是正義原則的內在要求，並應以此作為制度選擇的重要考慮。所以，他在晚年特別強調，他會贊成「財產所有民主制」（property-owning democracy）而非「福利國家資本主義」（welfare-state capitalism），因為後者仍然容許經濟和政治權力過度集中在小部份人手上。[48]

第二種批評則認為，自由主義過於重視國家層面的代議選舉，卻沒有將民主原則應用到社會其他領域，尤其是經濟領域，因此有嚴重缺陷。對此我有兩點回應。第一，自由左翼沒有任何原則性的理由反對直接民主，只要條件許可及得到公民認可，民主社會完全可以用更直接的方式來做出重要的集體決定，例如全民公投。第二，自由左翼也沒有任何原則性的理由反對民主實踐擴展到其他領域，包括學校、小型社區、各種志願性團體以及工廠和企業。當然，如果擴展到工廠和企業，財產權的性質很可能就要做出相應改變，同時也須考慮各種可行性問題。事實上，羅爾斯認為「自由社會主義政體」（liberal socialist regime）是實現他的正義原則的其中一個可能制度，其特點是在社會符合「平等的基本自由」和「公平的平等機會」原則以及確保職業選擇自由後，企業可由工人共同擁有，並通過民主方式做出企業決定和選出管理層。[49]

(3) 文化多元

自由主義重視個人自主，因此主張給予個體在生命不同領域充分的選擇自由，其中包括思想自由、宗教自由、職業自由、婚姻自由和選擇不同生活方式的自由等等。換言之，自由主義主張政教分離，反對家長制，不贊成國家強行宣揚某種宗教或強加某種人生觀於人們身上。而一旦尊重人的選擇自由，加上人本身的多樣性，自由社會必然呈多元紛雜之局。

羅爾斯認為，合理的多元主義是個體實踐自由選擇的必然後果，是現代民主社會的正常現象，不必視之為災難。[50]穆勒更主張在不傷害他人的前提下，社會應該給予個體充分的空間去做不同的「生活實驗」(experiments of living)，即使這些實驗在大多數人眼中是如何的離經叛道。穆勒認為，只有每個個體充分發展自己的個性(individuality)，人才能活得幸福，社會才有創造性和活力，人類才會進步。[51]

讀者或會問，如此多元會否很容易導致社會文化衝突？答案是：會。事實上，自由主義的源起，便和歐洲的宗教戰爭有密切關係，這也解釋了為甚麼寬容(toleration)是自由主義的重要德性。那麼自由主義靠甚麼將不同信仰的人維繫在一起？主要靠共享的正義原則及共享的政治身份。共享的原則，就是平等的自由權；共享的身份，就是公民。在尊重每個公民平等的自由權的前提下，每個人可根據自己的意願做出不同的文化選擇，因而可以有不同的文化身份。也就是說，自由社會的多元是靠尊重公民權利的同一性和優先性來維繫。

對於自由主義這種尊重多元的制度安排，不少人稱之為自由主義的中立性原則（principle of liberal neutrality），但這個說法頗易引起誤會。第一，自由主義其實並非對所有文化和宗教保持中立，它其實有一個條件：必須服從正義原則定下的界限。那些違反平等自由權的宗教和文化實踐，不在自由社會容許之列。也就是說，自由主義的多元是有限度的，不同教派必須尊重自由主義定下的規範。這也就是羅爾斯所談的「正當」（right）優先於「善好」（good）的基本之義。[52] 第二，平等的自由權本身就是一條政治原則，背後有自由主義對個人自主和道德平等的堅持，因此也不可能價值中立。

有了這個背景，我們遂應明白，自由主義不僅和威權主義及宗教原教旨主義不相容，也和政治儒學有很大張力。自由主義的內核，是承認和尊重人的自主性，並在此基礎上建立一個多元共融的社會。儒家倫理的內核，是希望個人、家庭和國家能夠按照它所定義的仁禮規範來修身、齊家和治國。儒家的理想政治，是培養君子和聖人；自由主義的理想政治，是培養能夠自主做決定的自由人。對自由主義來說，儒家作為一種道德哲學和人生哲學，只要它願意尊重平等自由原則，自然可以作為多元社會中的一員與其他學說和平共處。但政治儒學一旦不滿足於此，要以德治原則取代平等自由原則來決定政治權力和社會資源的分配，兩者便會有難以調和的矛盾。就此而言，當代新儒家最大的挑戰，就是回應這種自由人的主體意識興起所帶來的整個從社會制度到倫理規範到自我理解的範式轉移。[53]

有了這個背景，我們也就能明白，為甚麼對不少文化保守主義和精英主義者來說，自由社會不僅不是甚麼成就，反而是現代性的墮落，因為由自由選擇導致的多元世界是個無序的、無好壞對錯標準的、由個人主觀喜好說了算的虛無世界。這種批評很普遍，但並不合理。首先，自由主義尊重人的選擇，但這絕不意味所有選擇都是同樣地好，或沒有高低好壞。選擇很重要是一回事，所做的決定本身是否好是另一回事，後者需要一個獨立的評價標準，而這個標準本身不可能由個人主觀口味來決定，而必須要有合理的支持的理由。[54]其次，社會多元和價值虛無之間沒有任何必然關係，如果人性多元且價值多元，因此不同的人選擇不同的適合自己的價值，那就相當符合事物的本性。最後，自由主義本身是一套政治道德，所有的制度安排都需要道德證成，因此不可能接受價值主觀主義或虛無主義的立場。[55]

(4)機會平等

自由左翼的第四項主張，是必須確保公民在社會及經濟資源的競爭上享有公平的平等機會。機會平等問題的出現，是因為我們處於這樣的環境：社會資源和職位有限，而人人渴望得到更多的資源和更好的位置，競爭遂難以避免，而唯有我們能在公平的情況下進行競爭，所有競爭者才會受到公正對待。[56]

那麼甚麼是機會平等？最基本的想法，是將所有從道德的觀點看來不相干的因素拿走，並留下相關的因素，然後由這些因素決定誰能在競爭中獲勝。例如在一場跑步比賽中，我們不應由於某個人的膚色、種族、宗教和性傾向等而限制他的參賽資格，因為這些因素與比賽的性質並不相干。唯一相干的，是看誰跑得快。同樣道理，在升學考試或職位招聘中，我們也只應考慮一個人的學術成績或工作才能，而不應考慮其他不相關的因素。這是第一層次的機會平等，讓我們稱此為「消除身份歧視的機會平等」。[57]

要滿足這個條件，我們最為需要的，就是促進反歧視立法，確保每個公民在社會及經濟生活中不會受到歧視，包括種族、性別、宗教、階級、年齡、性傾向歧視等。當然，單靠立法並不足夠，觀念的改變同樣重要，因為許多歧視皆來自無知和偏見，也來自對那些與己不同者缺乏足夠的了解和恰當的肯認(recognition)。機會平等的目的，不僅是為了更好的競爭，更是為了在競爭中對他人有更多的尊重。

但我們的討論不能只停在這裏。試想像在上述跑步比賽中，所有選手都沒有受到任何社會歧視，他們的先天體質也幾乎一樣，但他們的家庭背景卻極為不同。有一半選手來自中產家庭，自小便享有最好的專業訓練和得到最好的營養照料，另一半則來自貧窮家庭，不僅得不到任何專業指導，甚至連買一對像樣的跑鞋的條件也沒有。結果呢？他們雖然站在同一條起跑線，但來自中產的選手幾乎在每一場比賽皆勝出。原因很明顯，他們的家庭出身從一開始就影響甚至決定了他們的勝出機會。

真實世界的社會競爭，當然較跑步複雜得多也殘酷得多，競爭中的獎品對每個人的影響也深遠得多。家庭出身和階級背景，從一開始就影響人在所有方面的發展，包括身體和心智成長、理性思維和語言表達能力、人際網絡和個人自信，以及在社會競爭中需要的種種技能。在今天，「贏在起跑線」是許多家長的願望，「跨代貧窮」卻是社會的真實寫照。這讓我們清楚看到，社會背景的差異直接導致嚴重的機會不均。這是第二層次的機會平等，讓我們稱其為「消除社會背景不公的機會平等」。

要實現這種機會平等，在條件許可下，政府有必要採取各種社會政策拉近階級差距，包括為有需要的公民提供完善的社會福利(醫療、房屋、傷殘、失業及退休保障等)，令所有年青人有公平接受教育和培訓的機會，並在文化和社群生活中為低下階層提供足夠支援，同時也有必要徵收資本增值稅、銷售稅和遺產稅等，避免社會財富以滾雪球式方式過度集中在小部份人手上。這些政策的目的，不是政府維持社會穩定的策略性工具，也不是富人對窮人的慈善和施捨，而是政府對於正義的承擔，因為這些機會不平等使得無數貧窮家庭的小朋友從出生起就處於極不公平的境地。[58]

自由右翼或會馬上質疑：有人生於富貴之家，有人活在貧窮之室，這是運氣使然，沒人需要為此負責，政府沒有任何正當理由去干預這個自然事實。更為重要的是，如果富人獲取的財富是正當的，那麼他們自然有自由去為自己的子女提供最好的教育和爭取最大的競爭優勢，政府以正義之名強行抽稅，恰恰是不正義，既限制了富人的自由，也傷害了他們的私有財產權。

羅爾斯會有如下回應。第一，生在哪個家庭的確是運氣，也沒人需要為此負責，但由於這些運氣而在一個特定制度中獲得的優勢，包括物質財富和社會地位，卻會直接對他人帶來影響，因此就有是否正義的問題。我們並非活在孤島，也沒有所謂中立的制度，無論政府干預或不干預，都預設了一種立場。是故問題不在於是否有立場，而在於這個立場能否得到合理證成。

第二，自由右翼預設了在市場中獲取的財富都是正當的，因此人們有支配這些財富的絕對自由，而這卻正是自由左翼要質疑的：如果不受任何約束的市場制度導致極大的機會不平等，而機會平等是社會正義的必要條件，那麼政府就有正當的理由通過稅收及其他政策來改變這種情況。市場是制度的一部份，而正義是社會制度的首要價值，所以市場必須受到正義原則的約束。亦因此故，羅爾斯不認為有先於制度的（pre-institutional）私有產權，也不視生產資料的私有財產權為公民的基本自由。

(5)共享發展

問題到這裏尚未結束。再回到前面的故事。設想參加賽跑的人，既沒有受到任何身份歧視，大家的家庭出身也幾乎一樣，但他們的先天能力卻極為不同，有人天生就是跑步的材料，有人卻自小體弱多病，那麼這兩人也很難說得上享有真正的機會平等。而從道德的觀點看，這些自然能力的分佈純是運氣使然，沒有人說得上應得由這些能力差異而獲得的競爭優勢。[59]這是第三層次的機會平等，讓我們稱之為「消除天賦差異的機會平等」。[60]

難題於是來了。身份歧視可以通過立法來解決，社會背景不公可以通過資源分配來處理，但天賦能力內在於每個個體，可以有甚麼方法消除這些差異？羅爾斯認為，我們不能也不必強行平均化人們的自然能力，而可以用另一種方式處理，這就是他有名的「差異原則」(difference principle)：天賦能力高的人可以賺取更多財富，前提是要對社會最弱勢的人最為有利。不少論者認為，差異原則的目的，是要以一種間接的方式去實現羅爾斯心目中最為徹底的機會平等的理想。當這個理想也實現後，人們在社會競爭中的所得就是完全公正的，因為它反映的就純是人們憑努力和選擇而得到的成果，也就是他真正所應得的。[61]這是相當主流的一種詮釋，並影響了後來自由左翼中的「機運平等主義」(luck egalitarianism)的發展。[62]

不過，我不認為這是羅爾斯的原意。不錯，羅爾斯的確認為天賦能力的分佈是任意偶然的結果，利用這些偶然優勢獲得更多社會資源同樣需要道德證成，但證成的理由不再只是為了更公平的競爭，而是認為社群成員應該有權共享社會發展的成果。例如羅爾斯說過，差異原則其實體現了一種博愛精神：只有在運氣較差的人也能獲益的時候，運氣較好的人才願意取得更多，就像彼此是一家人那樣。[63]家人的關係不是競爭，而是互相關懷。羅爾斯又說過，差異原則其實代表了社會合作成員的一種默契：自然能力的分佈其實是社群的共同資產，每個人的能力雖然各有不同，但可以透過彼此能力的互補(complementarities)而共享社會經濟發展的成果。就此而言，社會成員之間不再是工具性的競爭關係，而是一起合作的夥伴。因此：

> 如果我們希望建立一個社會體系，使得任何人都不會因為其在自然資質分配中的偶然位置，又或社會中的最初地位得益或受損，而不同時給出或收到某些補償利益，我們就被引導到差異原則。[64]

如果我的理解合理，我們就可以說，差異原則背後的精神既不是利益博弈，也不是彼此相欠，而是一種互相扶持和共享社會發展成果的合作關係。支持這種合作關係的不僅有正義感，還有社群成員彼此之間的關懷和互助。如果是這樣，差異原則其實超越了機會平等的要求，因為後者預設了人與人之間存在著一種競爭的關係，而競爭又預設了競爭者是彼此分離的。要實現差異原則所期許的那種共享發展，我們就不能視社會為市場，而必須視之為有高度信任且紐帶相當強的政治共同體。維繫這個共同體的，不能單靠人的正義感，還需要有一種「願意分擔彼此命運」(share one another's fate)的社群感(sense of community)。[65]

「共享發展」如何落實於制度，需要許多政治經濟學的具體討論，但羅爾斯說得很清楚，就是今天的福利國家並非他心目中的理想制度，因為福利國家只是在不改變資本主義產權制度的前提下，通過二次分配及有限度社會補助為低下階層提供基本需要，但卻容許巨大的經濟不平等，因此離共同富裕的目標甚遠。正是在此背景下，羅爾斯才認為「財產所有民主制」是個可能出路，即讓所有人一開始便擁有資本和生產工具，並盡可能打破財富過度壟斷之局。[66]

五、未完成的現代性規劃

經過上述討論，我們可以見到自由左翼的基本理念：建構一個正義社會，給予自由平等的公民公正的對待，並使得每個人能夠有條件過上自主而有價值的生活。這個理念背後有這樣的一種思路。一，我們是有理性能力和道德能力的價值主體。因為擁有這些能力，我們是自由平等的存有。二，國家有存在的必要，但國家必須公正對待所有公民。只有這樣，國家才有正當性；而要滿足這個條件，國家的基本制度必須得到自由平等的個體的合理認可。三，因為個人自主是人的共同的根本利益，因此一個合理的社會制度安排，必須保障每個個體的自主性能夠在生命的不同領域得到充分發展。四，基於此，我們要有平等的基本自由和權利，要有民主選舉和憲政法治，要有多元的文化環境，要有公平的機會平等，要有合理的財富分配以及共享社會發展的各種好處；這些制度形成一個體系，共同實現一種自由人的平等政治。五，當每個人的自主能力都能得到全面發展，當每個人都能按照自己的真實意願活出自己認可的價值人生，我們就庶幾達到人的解放。這是自由左翼的理想。[67]

這樣的自由主義，不僅反對政治上的極權專制以及對人權自由的侵犯，也反對在社會關係中種種源於種族、階級、性別、宗教和文化霸權而導致的對人的歧視、宰制、羞辱和壓迫，同時也反對經濟生活中對人的異化和剝削以及不合理的財富分配帶來的各種流弊。自由主義不是也不應是只局限於狹義的政治領域的理論。原因很簡單，如果自由主義的目標是使所有人都能過上自由自主的生活，那麼它就必須致力減低和消除在所有領域中對人的壓迫，包括政治和經濟領域、宗教和文化領域、家庭和兩性關係領域等等。自由的人，是一個完整的人。完整的自由人的實現，需要一個完整的自由的環境。而人既然是社會存有，那麼一個重視正義的理論，就必須致力使得社會每個環節都能給予所有個體公正的對待。就此而言，自由主義是一個遠未完成的「現代性規劃」（modernity project），並且能夠為今天的維權和民主運動、教育公平運動、女權主義運動、文化多元主義運動、社會財富公平分配及爭取工人和農民的合理權益運動等等，提供豐富的道德資源。[68]

我認為，這樣的自由主義左翼，無論在理論上還是實踐上，都具批判性和進步性，都是今天的香港和中國極為需要的一種政治道德觀。我們因此實在有必要跳出傳統的「左」、「右」框框，以自由及平等為基礎，建構出一個公平正義的社會。

注釋

1 本文初刊於《二十一世紀》，2015年6月號，總第149期，頁36–54；初稿蒙錢永祥、陳宜中、謝世民、鄧偉生、陳日東、郭志、周漢杰等給予許多寶貴意見，謹此致謝。我也多謝錢永祥、陳宜中、陳冠中、慈繼偉、劉擎、周濂、謝世民等師友長期就自由主義的思想交流。我也藉此感謝過去幾年在微博和臉書上和我有過各種思想辯論的朋友，尤其是我的批評者。這些批評給我不少啟發，並促使我再三反思自己的立場。最後，李敏剛先生和我曾就文章每一部份有過深入討論，並給我許多鼓勵和建議，對此我銘感於心。

2 會議開了兩天，共有八場討論，主要以近兩年出版的四本著作作為討論的起點，包括：錢永祥，《動情的理性：政治哲學作為道德實踐》（台北：聯經，2014)；陳宜中，《當代正義論辯》(台北：聯經，2013)；曾瑞明，《參與對等與全球正義》(台北：聯經，2014)；以及周保松，《政治的道德：從自由主義的觀點看》(香港：中文大學出版社，2014)，同時也在晚上辦了一場沙龍，由劉擎主講「左翼自由主義與當代中國思想論爭」。《澎湃新聞》的報導文章，參見李丹，〈中國左翼自由主義的「香港共識」：一次不亮旗的亮旗〉，《共識網》，2014年8月8日：http://www.21ccom.net/articles/sxwh/shsc/article_20140808110721.html。

3 在當代英美政治哲學討論中，liberalism其實就是我所指的「自由左翼」，「自由平等主義」(liberal egalitarianism)也經常被用來更具體地指涉「自由左翼」的內涵，在歐洲則較多人稱為社會民主主義(social democracy)。至於libertarianism或laissez-faire liberalism，我則譯為自由右翼或放任自由主義。

4 例如他在訪問中談及的「平等的自由人」的觀點，參見〈新左翼思潮的圖景——共識網獨家專訪陳冠中〉，《共識網》，2013年12月26日：http://www.21ccom.net/articles/sxwh/shsc/article_2013122697740.html。陳冠中和周濂其後在《東方早報．上海書評》又做了一次對談，參見〈周濂、陳冠中對談新左翼思潮〉，《共識網》，2014年4月8日：http://www.21ccom.net/articles/sxwh/shsc/article_20140408103954.html。

5 錢永祥，《動情的理性：政治哲學作為道德實踐》；陳宜中，《當代正義論辯》；周保松，《政治的道德：從自由主義的觀點看》(本書)。拙著主要收錄了過去幾年發表在《南風窗》的文章，這些文章在最初發表時已引起相當多的討論，尤其是來自自由右翼的批評，例如王建勛，〈市場是自由與公正的天然盟友〉，《東方早報．上海經濟評論》，2012年10月16日。此外，近年有兩篇關於自由主義的文章亦值得留意，參見劉擎，〈中國語境下的自由主義：潛力與困境〉，《開放時代》(2013)，第4期，頁106–123；周濂，〈哈耶克與羅爾斯論社會正義〉，《哲學研究》(2014)，第10期，頁89–99。

6 據我所知，在中國思想界最早提出「自由左派」這一名稱，並將之和「自由放任的自由主義」或「自由右派」作出區別的，是甘陽於2000年10月1–2日發表在香港《明報》的一篇文章〈中國自由左派的由來〉。甘陽在文中指出，當時許多人視之為「新左派」的人物，包括王紹光、崔之元、汪暉和他本人，實際上是自由左派，而且對羅爾斯的理論有很大認同。教人意外的是，在短短三年後，甘陽基本上放棄了這個立場，並對羅爾斯提出極為尖銳的批評。參見甘陽，《政治哲人施特勞斯》(香港：牛津大學出版社，2003)。至於其他三位，以我所知，則似乎由始至終沒有認同過「自由左派」這個立場。甘陽在文章中指出，自由左派必然會重視所有公民享有平等的自由和爭取憲政民主，但中國的新左派似乎不曾將自由人權和憲政民主作為其核心主張。又，如果我們將時間往前推，早在1949年前，中國思想界已十分關注重視經濟平等及社會公正的社會民主主義和新自由主義思潮。參見許紀霖，〈尋求自由與公道的社會秩序：現代中國自由主義的一個考察〉，《開放時代》，2000年第1期，頁48–57；〈現代中國的自由主義傳統〉，《二十一世紀》，1997年8月號，總第42期，頁27–35。

7 我在該評論中提及：「將馬克思主義傳統的左翼和自由主義左翼混為一談，是目前論爭的一個概念大混亂。而將liberalism (自由左翼) 和libertarianism (自由右翼或放任自由主義) 混為一談，並使得許多人不願意承認自己是liberal，則又是更大的混亂。」(參見〈對本土論的一點反思〉，《獨立媒體》，2015年4月10日：http://www.inmediahk.net/node/1033212) 說這是一場大辯論，一點也不為過，因為在短短數星期內，已出現逾20篇回應我或彼此回應的文章。更為難得的，是參與者大都能謹守公共討論規範，沒有絲毫今天網上討論常見的戾氣，共同成就了一場有規模有水平的思想辯論。這些文章大部份可在《獨立媒體》網頁 (http://www.inmediahk.net) 上找到。

8 這裏必須強調，在中國當代自由主義發展史中，這種放任自由主義的右派觀點雖然相當盛行，但並不表示這就是唯一的自由主義論述。事實上，從上世紀九十年代新左派和自由派辯論以降，一直有不少自由主義者不接受這個立場，並將社會正義放在相當重要的位置。所以，我這裏的討論並非要做一種整體性描述，而更多是作為一種代表性的觀點來探討。

9 在香港，自由左翼面對的是另一種困境。由於香港長期受放任自由主義的意識形態支配，所以任何要求加稅和增加公共福利開支的訴求，都會受到政府、資本家和媒體的打壓和抹黑，導致即使是極為基本的工人權益訴求，例如最低工資、最高工時、全民退休保障等，也會遇到極大阻力。因此，自由左翼在這些人眼中遂成為洪水猛獸。但與此同時，那些反感市場資本主義的，則認定支撐這種制度的意識形態就是自由主義，因此遂不加分辨地拒斥所有「自由主義」的主張，而不會進一步思考liberalism和libertarianism的分別。那麼這些批評者基於甚麼理由來反對放任市場呢？我相信從社會主義觀點出發的為數不多。這些批評者大部份既希望捍衛人權法治和民主普選，也支持政府加稅及增加公共開支，但卻不一定接受公有制和計劃經濟，又或從階級鬥爭的角度去理解社會矛盾。我估計，他們當中大部份其實是接受一種溫和自由左翼的立場，只是由於「自由主義」在香港長期被視為「小政府大市場」的同義詞，所以自由左翼根本難以發聲，造成的結果是這些為數不少的團體和個人長期處於一種理論失語的境地，例如他們常常自許或被人稱為「左翼」，但卻常常不是很確切地知道自己的「左翼」的理論根源到底在哪裏。正是在此背景下，自由左翼的討論在香港就有和中國大陸雖有不同、但卻同樣迫切的意義。

10 在這個大問題意識之下，我認為不僅自由主義內部可以有不同的理論嘗試，同時也可以和社會主義傳統發展出來的民主社會主義或社會民主主義展開對話。也就是說，在肯定自由權利和憲政民主的前提下，在經濟制度及社會資源分配問題上，不同理論可以有極大討論空間。關於民主社會主義在中國的討論，可參見謝韜，〈民主社會主義模式與中國前途〉，《炎黃春秋》，2007年第2期，頁1–8。

11 John Rawls, *Political Liberalism* (New York: Columbia University Press, expanded edition, 2005), p. 137.

12 Rawls, *A Theory of Justice* (Cambridge, Mass.: Harvard University Press, revised edition, 1999), p. 12.

13 Jeremy Waldron, "Theoretical Foundations of Liberalism," in *Liberal Rights: Collected Papers 1981–1991* (Cambridge: Cambridge University Press, 1993), p. 50.

14 John Locke, *Two Treatises of Government*, ed. Peter Laslett (Cambridge: Cambridge University Press, 1988), p. 168.

15 Max Weber, "Politics as a Vocation," in *From Max Weber: Essays in Sociology*, ed. H.

H. Gerth and C. Wright Mills (London: Routledge, 1991), p. 78. 韋伯這個對國家的定義，基本上被學術界廣泛接受。

16 盧梭，《社會契約論》，何兆武譯(台北：唐山出版社，1987)，頁5。英文版參見Jean-Jacques Rousseau, *The Social Contract and the Discourses*, trans. G. D. H. Cole (London: Everyman's Library, 1993), p. 181. 其後只直接引用中文版。

17 這裏的「自由」，不是指人們可以為所欲為。因為即使在自然狀態中，人們仍然需要遵守自然律，不能侵犯他人的自然權利。這點洛克說得特別清楚。Locke, *Two Treatises of Government*, pp. 169–171.

18 盧梭，《社會契約論》，頁15。何兆武先生在此將legitimate譯為「合法」，我改為「正當性」，一來免得和legality一詞混淆，二來legitimate在這裏明確地有道德上正當之意。

19 盧梭，《社會契約論》，頁12。

20 同上註，頁24。

21 為無政府主義辯護最好的一本著作，可參考Robert Paul Wolff, *In Defense of Anarchism* (Berkeley and Los Angeles: University of California Press, 1998; first published in 1970)。這本書將國家和自主之間的張力刻畫得入木三分。

22 Immanuel Kant, *Political Writings*, ed. Hans Reiss, trans. H. B. Nisbet (Cambridge: Cambridge University Press, 1991); Benjamin Constant, "Liberty of the Ancients Compared with that of the Moderns" (1819), in *Political Writings*, trans. and ed. Biancamaria Fontana (Camrbidge: Cambridge University Press, 1988); J. S. Mill, *On Liberty and Other Writings*, ed. Stefan Collini (Cambridge: Cambridge University Press, 1989); Isaiah Berlin, "Two Concepts of Liberty," in *Liberty*, ed. Henry Hardy (New York: Oxford University Press, 2002), pp. 166–217; Joseph Raz, *The Morality of Freedom* (Oxford: Oxford University Press, 1986).

23 更詳細的討論，可參考本書第二部份。

24 這點在羅爾斯和拉茲的自由理論中表現得最為徹底，伯林對此卻持不同的意見，因為他極不願意將消極自由的基礎放在個人自主(或他所稱的「積極自由」)之上。他認為，價值多元論才是支持消極自由最強的理由。對伯林的批評，參見本書第6章〈消極自由的基礎〉。

25 關於「反思性認可」，參見本書第3章〈反思性認可與國家正當性〉。

26 這個詞來自 Berlin, "Two Concepts of Liberty," p. 167.

27 對於契約論與正當性的關係，可參見 Patrick Riley, *Will and Political Legitimacy* (Cambridge, Mass.: Harvard University Press, 1982).

28 David Hume, "Of Social Contract," in *Essays: Moral, Political and Literary* (Indianapolis: Liberty Fund, 1985), pp. 465–487.

29 康德，〈論通常的說法：這在理論上可能是正確的，但在實踐上是行不通的〉，收在《歷史理性批判文集》，何兆武譯（北京：商務印書館，1990），頁190；英文參見Kant, *Political Writings*, p. 79，原文有著重號。康德在這裏說的rightfulness指的應是道德上正當之意，何兆武先生將其譯為「合權利性」，略有不妥。

30 康德，〈論通常的說法〉，頁190–191。原文有著重號。

31 例如為了確保在訂立契約的過程中每個立法者都是自身的主人，康德要求參與者必須在財政上能夠獨立。參見〈論通常的說法〉，頁188。這種思路去到羅爾斯那裏，就更為清楚，例如他對「無知之幕」的設計以及他對其整個理論的「康德式詮釋」(Kantian interpretation) 都充分反映這種理念。參見Rawls, *A Theory of Justice*, pp. 15–19, 221–227.

32 雖然是前提，但並不表示自由及平等就是先驗的真理或純粹的假設，因此不需要道德證成。我認為不是這樣。事實上，個人自主和人人平等都需要實質的理由支持，否則自由主義就有無根之虞。

33 讀者須留意，雖然洛克、盧梭和康德屬於自由主義傳統的奠基式人物，並對當代自由主義的發展有很大影響，但我這裏並不是說他們在許多具體問題上持一種自由左翼的立場。

34 對於這點，參見本書第4章〈要求正義的權利〉。

35 Rawls, *A Theory of Justice*, pp. 10–19.

36 Ibid., p. 266.

37 美國的《獨立宣言》(1776) 和法國大革命的《人權和公民權宣言》(1789) 便很好地體現這種理想。《獨立宣言》主要由傑佛遜 (Thomas Jefferson) 起草，而傑佛遜的觀點深受洛克影響。

38 有效地 (effectively) 實踐一項自由，往往需要不同條件的配合，例如言論自由需要一個公共平台、一些大家都能接受的討論規則以及參與者要具備相當的理性能力等。一個人的經濟能力在這裏雖然重要，但不是唯一的條件。我們也不會說，只有在財富分配相當平等的情況下，言論自由才對窮人有價值。不少社會主義者常常用這類理由批評自由主義，甚至否定這類他們視之為布爾喬亞式的自由權，但他們往往沒有意識到，在法律上保障這些權利對窮人極為重要，否則富人就可以更為肆無忌憚地用金錢來購買更多特權。

39 馬克思對權利的批判，主要是針對市民社會（即市場）中的「人權」（rights of man），但他是相當肯定政治領域中的公民權（rights of citizen）的，包括民主參與權。所以，他並非徹底拒斥權利這一概念本身。參見Karl Marx, "On the Jewish Question," in *Selected Writings*, ed. David McLellan (New York: Oxford University Press, 1977), pp. 52–54. 亦可參見Jeremy Waldron (ed.), *Nonsense Upon Stilts* (London: Methuen, 1987), pp. 119–136.

40 羅爾斯對於馬克思的批評更為完整的回應，參見*Justice as Fairness: A Restatement*, ed. Erin Kelly (Cambridge, Mass.: Harvard University Press, 2001), pp. 176–178.

41 這當然不是馬克思的原意，甚至有人可能認為中國這些慘痛經驗根本和真正的科學社會主義無關。這裏帶出一個「歷史責任」的問題：馬克思到底在多大程度上，需要對後來以他的思想為名所做的社會主義大實驗負責。這方面的反思已很多，此處不贅。但從自由民主國家過去二百多年的人權實踐可見，自由主義的人權觀往往給予弱勢群體很大的法律保障，並為各種社會抗爭提供有力支持。種族平等及兩性平權運動，就是最好的例子。

42 我這裏特別強調「某些」，因為有些權利的目的其實是保障公民能夠和其他公民一起參與政治共同體的公共生活，例如組黨結社和參與公會的權利。

43 聯合國，《世界人權宣言》：http://www.un.org/zh/documents/udhr/index.shtml。讀者在這裏須留意，羅爾斯第一條原則的「基本自由權」並沒有涵蓋這裏所說的社會權和文化權。這並不表示他反對這些權利，而是因為對他來說，由於基本自由有絕對的優先性，所以必須將範圍收得很窄。

44 中國政府先後在1997、1998年加入簽訂這兩個公約。

45 如欲對世界不同的人權公約有更多了解，可參考 Ian Brownlie (ed.), *Basic Documents on Human Rights* (Oxford: Clarendon Press, third edition, 1992).

46 放任自由主義的代表諾齊克雖然也十分重視權利，但他的權利觀相當單薄和形式化，只局限於自我擁有權和私有財產權，而不會涵蓋社會權和文化權，對於政治權利的討論也甚少。至於文化保守主義和政治威權主義，則往往對人權抱不信任、甚至敵視的態度。參見Robert Nozick, *Anarchy, State, and Utopia* (New York: Basic Books, 1974).

47 Rawls, *A Theory of Justice*, pp. 197–199; *Justice as Fairness: A Restatement*, pp. 148–150.

48 Rawls, *Justice as Fairness: A Restatement*, pp. 135–140. 亦可參見Martin O'Neill and Thad Williamson (eds.), *Property-Owning Democracy: Rawls and Beyond* (Oxford: Wiley-Blackwell, 2012)；周濂，〈正義第一原則與財產所有權的民主制〉，《中國人民大學學報》，2015年第1期，頁66–78。

49 Rawls, *Justice as Fairness: a Restatement*, p. 138. 亦可參見Martin O'Neill, "Three Rawlsian Routes towards Economic Democracy," *Revue de Philosophie Économique*, vol. 9, no. 1 (2008), pp. 29–55.

50 Rawls, *Political Liberalism*, p. xxvi.

51 Mill, *On Liberty and Other Writings*, pp. 56–74.

52 Rawls, *A Theory of Justice*, pp. 27–28.

53 這方面的討論，可參見石元康，《從中國文化到現代性：典範轉移？》(台北：東大圖書，1998)。當代新儒家對自由主義及現代性一個最有代表性的回應，參見牟宗三、徐復觀、張君勱、唐君毅，〈為中國文化敬告世界人士宣言：我們對中國學術研究及中國文化與世界文化前途之共同認識〉，《民主評論》，1958年元旦號，頁2–21。如何調和儒家倫理和自由民主，一直是當代儒學極為關心的問題，參見Joseph Chan, *Confucian Perfectionism: A Political Philosophy for Modern Times* (Princeton: Princeton University Press, 2014).

54 更詳細的討論，參見本書第7章〈選擇的重要〉。

55 對這個問題更詳細的討論，參見拙著《自由人的平等政治》(北京：三聯，增訂版，2013；香港：中文大學出版社，新版，2015)，第4章。

56 讀者宜留意，我在這裏是將機會平等扣緊羅爾斯所稱的「正義的環境」(circumstances of justice)來談，所以特別強調如何確立一個公平競爭的制度環境。但一旦我們接受人在經濟領域處於競爭關係，人的自利心和正義感之間便會產生不易化解的張力：前者要求人在競爭中為自己謀求最大利益，後者要求人為了競爭公平而將本有的優勢擱置。這遂帶出一個問題：個體如何才能在競爭中給予正義感優先性？這是所有正義理論必須面對的問題，而羅爾斯在《正義論》第三部份花了很大力氣來回應這個挑戰。相關討論可參見《自由人的平等政治》，第5、6章。關於正義的環境，參見*A Theory of Justice*, pp. 109–112.

57 這是我的用法。羅爾斯稱這個層次為形式的機會平等（formal equality of opportunity），但我認為消除身份歧視的機會平等，絕對不僅僅是法律上的形式規定而已，而是在實質上促進社會平等，這對那些在生活中受到身份歧視的人有極重要的意義。參見Rawls, *A Theory of Justice*, pp. 62–63.

58 讀者宜留意，機會平等只是支持社會福利的其中一個理由，而非唯一理由。事實上，羅爾斯兩條正義原則的每一部份，都可以推出資源和財富在公民之間合理分配的意涵。

59 Rawls, *A Theory of Justice*, p. 64.

60 柯亨（G. A. Cohen）將我所說的這三種機會平等觀分別稱為「布爾喬亞」、「自由左翼」和「社會主義」。但我認為這種定義意識形態味道太強，且沒有甚麼道理。G. A. Cohen, *Why Not Socialism?* (Princeton: Princeton University Press, 2009), pp. 12–45.

61 例如參見Will Kymlicka, *Contemporary Political Philosophy: An Introduction* (New York: Oxford University Press, second edition, 2002), pp. 58–59.

62 這方面的文獻很多，例如可參見Elizabeth Anderson, "What is the Point of Equality," *Ethics*, vol. 109 (1999), pp. 287–337. 作為其中一個代表人物，柯亨認為即從社會主義的觀點看，如果能夠滿足這三個機會平等的條件，那麼也就是分配正義的極致，如果在此之外要求更平等的分配，就只能訴諸社群的價值。Cohen, *Why Not Socialism?*, pp. 34–40.

63 Rawls, *A Theory of Justice*, p. 90.

64 Rawls, *A Theory of Justice*, p. 87.

65 這句說話出自《正義論》初版，但在修訂版時被刪走了。參見Rawls, *A Theory of Justice* (Cambridge, Mass.: Harvard University Press, 1971), p. 102.

66 Rawls, *A Theory of Justice*, p. xv. 篇幅所限，我在這裏只能點出「差異原則」背後體現的共享精神，具體論證要留待另文再作深入探討。

67 馬克思認為人的解放是社會發展最高的目標。我認為，自由主義事實上也有這個理想，儘管對於甚麼是人的解放以及如何實現這種解放，自由主義和馬克思有極為不同的見解。筆者在這裏要特別多謝錢永祥先生就此問題的討論。馬克思的觀點，參見"On the Jewish Question," p. 57.

68 「現代性作為一個未完成的規劃」的提法，借用自Jürgen Habermas, "Modernity: An Unfinished Project," in *Habermas: An Unfinished Project and Modernity*, ed. Maurizio Passerin d'Entrèves and Seyla Benhabib (Cambridge, Mass.: MIT Press, 1997), pp. 38–55.

參考書目

Anderson, Elizabeth (1993). *Value in Ethics and Economics* (Cambridge, Mass.: Harvard University Press).

——— (1999). "What is the Point of Equality," *Ethics*, vol. 109, pp. 287–337.

Aristotle (1998). *Nicomachean Ethics*, trans. Terence Irwin (New York: Dover Publications).

Bentham, Jeremy (2007). *An Introduction to the Principles of Morals and Legislation* (New York: Dover Publications).

Berlin, Isaiah (2002). "Two Concepts of Liberty," in *Liberty*, ed. Henry Hardy (New York: Oxford University Press), pp. 166–217.

Brownlie, Ian (ed.). (1992). *Basic Documents on Human Rights* (Oxford: Clarendon Press, third edition).

Carter, Ian (2011). "Respect and the Basis of Equality," *Ethics*, vol. 121, pp. 538–571.

Chan, Joseph (2014). *Confucian Perfectionism: A Political Philosophy for Modern Times* (Princeton: Princeton University Press).

Charvet, John (2013). *The Nature and Limits of Human Equality* (Palgrave Macmillan, 2013).

Chomsky, Noam (1970). *Government in the Future* (New York: Seven Stories Press).

Cohen, G. A. (1995). *Self-Ownership, Freedom and Equality* (Cambridge: Cambridge University Press).

——— (2009). *Why Not Socialism?* (Princeton: Princeton University Press).

——— (2011). *On the Currency of Egalitarian Justice, and Other Essays in Political Philosophy* (Princeton: Princeton University Press).

Constant, Benjamin ([1819] 1988). "Liberty of the Ancients Compared with that of the Moderns," in *Political Writings*, trans. and ed. Biancamaria Fontana (Camrbidge: Cambridge University Press).

Dahl, Robert (1998). *On Democracy* (New Haven & London: Yale University Press).

Dworkin, Ronald (1977). *Taking Rights Seriously* (Cambridge, Mass.: Harvard University Press).

——— (2000). *Sovereign Virtue: The Theory and Practice of Equality* (Cambridge, Mass.: Harvard University Press).

Finley, M. I. (1996). *Democracy: Ancient and Modern* (New Brunswick: Rutgers University Press).

Galeottik, Anna (1993). "Citizenship and Equality: The Place for Toleration," *Political Theory, 21*, no. 4, pp. 585–605.

Habermas, Jürgen (1997). "Modernity: An Unfinished Project," in *Habermas: An Unfinished Project and Modernity*, ed. Maurizio Passerin d'Entrèves and Seyla Benhabib (Cambridge, Mass.: MIT Press), pp. 38–55.

Harrison, Ross (1993). *Democracy* (London & New York: Routledge).

Hayek, F. A. (1944). *The Road to Serfdom* (London: The University of Chicago Press).

Held, David (1996). *Models of Democracy* (Cambridge: Polity Press).

Hobbes, Thomas (1991) *Leviathan*, ed. Richard Tuck (Cambridge: Cambridge University Press).

Hume, David (1985). "Of Social Contract," in *Essays: Moral, Political and Literary* (Indianapolis: Liberty Fund), pp. 465–487.

Kant, Immanuel (1991). *Political Writings*, ed. Hans Reiss, trans. H. B. Nisbet (Cambridge: Cambridge University Press).

King, Jr., Martin Luther (1991). "Letter from Birmingham City Jail," in *Civil Disobedience in Focus*, ed. Hugo Adam Bedau (London & New York: Routledge), p. 73.

Korsgaard, Christine (1996). *The Sources of Normativity* (Cambridge: Cambridge

University Press).

Kymlicka, Will (1989). *Liberalism, Community and Culture* (Oxford: Clarendon Press).

——— (1995). *Multicultural Citizenship: A Liberal Theory of Minority Rights* (Oxford: Clarendon Press).

——— (ed.). (1995). *The Rights of Minority Culture* (Oxford: Oxford University Press).

——— (2002). *Contemporary Political Philosophy: An Introduction* (New York: Oxford University Press, second edition).

Locke, John (1988). *Two Treatises of Government*, ed. Peter Laslett (Cambridge: Cambridge University Press).

MacCallum, Jr., Gerald C. (2006). "Negative and Positive Freedom," in *The Liberty Reader*, ed. David Miller (Boulder: Paradigm Publishers), pp. 100–122.

Marion Young, Iris (1990). *Justice and the Politics of Difference* (Princeton: Princeton University Press).

Marx, Karl (1977). "On the Jewish Question," in *Selected Writings*, ed. David McLellan (New York: Oxford University Press), pp. 52–54.

Mendus, Susan (1989). *Toleration and the Limits of Liberalism* (London: Macmillan).

Merton, Robert K. (1968). *Social Theory and Social Structure* (New York: Free Press, 1968).

Mill, John Stuart (1989). *On Liberty and Other Writings*, ed. Stefan Collini (Cambridge: Cambridge University Press), pp. 1–116.

Nagel, Thomas (1991). *Equality and Partiality* (Oxford: Oxford University Press).

Nozick, Robert (1974). *Anarchy, State, and Utopia* (New York: Basic Books).

Nussbaum, Martha C. (2006). *Frontiers of Justice* (Cambridge, Mass.: Harvard University Press).

O'Neill, Martin (2008). "Three Rawlsian Routes towards Economic Democracy," *Revue de Philosophie Économique*, vol. 9, no. 1, pp. 29–55.

O'Neill, Martin, and Thad Williamson (eds.). (2012). *Property-Owning Democracy: Rawls and Beyond* (Oxford: Wiley-Blackwell).

Pascal, Blaise (1995). *Pensées*, trans. W. F. Trotter (London: Penguin).

Piketty, Thomas (2014). *Capital in the Twenty-First Century*, trans. Arthur Goldhammer (Cambridge, Mass.: Harvard University Press).

Plato (1968). *The Republic of Plato*, trans. Allan Bloom (New York: Basic Books).

Rawls, John (1999). *A Theory of Justice* (Cambridge, Mass.: Harvard University Press, revised edition).

——— (1999). *John Rawls: Collected Papers*, ed. Samuel Freeman (Cambridge, Mass.: Harvard University Press).

——— (2001). *Justice as Fairness: A Restatement*, ed. Erin Kelly (Cambridge, Mass.: Harvard University Press).

——— (2005). *Political Liberalism* (New York: Columbia University Press, expanded edition).

Raz, Joseph (1984). "Right-Based Moralities," in *Theories of Rights*, ed. Jeremy Waldron (New York: Oxford University Press), pp. 182–200.

——— (1986). *The Morality of Freedom* (Oxford: Oxford University Press).

Riley, Patrick (1982). *Will and Political Legitimacy* (Cambridge, Mass.: Harvard University Press).

Rousseau, Jean-Jacques (1993). *The Social Contract and the Discourses*, trans. G. D. H. Cole (London: Everyman's Library).

Sandel, Michael (2012). *What Money Can't Buy: The Moral Limits of Markets* (London: Allen Lane).

Scanlon, T. M. (2003). *The Difficulty of Tolerance: Essays in Political Philosophy* (Cambridge: Cambridge University Press).

Scheffler, Samuel (1992). *Human Morality* (New York: Oxford University Press).

Sen, Amartya (2009). *The Idea of Justice* (Cambridge, Mass.: Harvard University Press).

Swift, Adam (2006). *Political Philosophy: A Beginner's Guide for Students and Politicians* (Cambridge: Polity Press, second edition).

Taylor, Charles (1985). *Philosophy and the Human Sciences: Philosophical Papers 2* (Cambridge: Cambridge University Press).

——— (1985). "What's Wrong with Negative Liberty," in *Philosophy and the Human Sciences: Philosophical Papers 2* (Cambridge: Cambridge University Press), pp. 220–222.

——— (1994). "The Politics of Recognition," in *Multiculturalism: Examining the Politics of Recognition*, ed. Amy Gutmann (Princeton: Princeton University Press), pp. 25–74.

——— (2007). *A Secular Age* (Cambridge, Mass.: Belknap Press of Harvard University Press).

Thoreau, Henry David (1991). "Civil Disobedience," in *Civil Disobedience in Focus*, ed. Hugo Adam Bedau (London & New York: Routledge), pp. 28–48.

Tocqueville, Alexis de (2011). *Democracy in America* (London: The University of Chicago Press).

Waldron, Jeremy (ed.). (1984). *Theories of Rights* (New York: Oxford University Press).

——— (ed.). (1987). *Nonsense Upon Stilts* (London: Methuen).

——— (1993). "Theoretical Foundations of Liberalism," in *Liberal Rights: Collected Papers 1981–1991* (Cambridge: Cambridge University Press).

——— (1995). "Minority Culture and the Cosmopolitan Alternative," in *The Rights of Minority Culture*, ed. Will Kymlicka (Oxford: Oxford University Press), pp. 93–119.

Weber, Max (1991). *From Max Weber: Essays in Sociology*, ed. H. H. Gerth and C. Wright Mills (London: Routledge).

Wilkinson, Richard G. (2006). *The Impact of Inequality* (New York: The New Press).

Williams, Bernard (1976). *Problems of the Self* (Cambridge: Cambridge University Press).

——— (1996). "Toleration: An Impossible Virtue?," in *Toleration: An Elusive Virtue*, ed. David Heyd (Princeton, New Jersey: Princeton University Press).

Wolff, Robert Paul ([1970] 1988). *In Defense of Anarchism* (Berkeley and Los Angeles: University of California Press).

陳冠中（2013年12月26日），〈新左翼思潮的圖景〉，《共識網》，http://www.21ccom.net/articles/sxwh/shsc/article_2013122697740.html。

陳冠中、周濂（2014年4月8日），〈周濂、陳冠中對談新左翼思潮〉，《東方早報‧上海書評》，http://www.21ccom.net/articles/sxwh/shsc/article_20140408103954.html。

陳宜中(2013),《當代正義論辯》(台北:聯經)。

———(2013),〈社會經濟公正與中國的憲政民主〉,《二十一世紀》,第138期,頁16–24。

甘陽(2000年10月1–2日),〈中國自由左派的由來〉,《明報》。

———(2003),《政治哲人施特勞斯》(香港:牛津大學出版社)。

哈維爾,〈論《七‧七憲章》的意義〉,《哈維爾文集》,崔衛平譯。

康德(1990),〈論通常的說法:這在理論上可能是正確的,但在實踐上是行不通的〉,《歷史理性批判文集》,何兆武譯(北京:商務印書館)。

李丹(2014年8月8日),〈中國左翼自由主義的「香港共識」:一次不亮旗的亮旗〉,《澎湃新聞》,http://www.21ccom.net/articles/sxwh/shsc/article_20140808110721.html。

聯合國,《公民及政治權利國際公約》,http://www.un.org/chinese/hr/issue/ccpr.htm。

———,《經濟、社會、文化權利國際公約》,http://www.un.org/chinese/hr/issue/esc.htm。

———,《人類發展報告》,http://hdr.undp.org/en。

———,《世界人權宣言》,http://www.un.org/zh/documents/udhr/index.shtml。

劉擎(2013),〈中國語境下的自由主義:潛力與困境〉,《開放時代》,第4期,頁106–123。

盧梭(1987),《社會契約論》,何兆武譯(台北:唐山出版社)。

魯迅(1981),《魯迅全集》,第一卷(北京:人民文學出版社)。

洛克(1996),《論宗教寬容》,吳雲貴譯(北京:商務印書館)。

馬克思、恩格斯(2002),〈論猶太人問題〉,《馬克思恩格斯全集》,第三卷(北京:人民出版社),頁163–198。

美國傳統基金會,http://www.heritage.org/index/。

牟宗三、徐復觀、張君勱、唐君毅(1958),〈為中國文化敬告世界人士宣言:我們對中國學術研究及中國文化與世界文化前途之共同認識〉,《民主評論》,1958年元旦號,頁2–21。

穆勒(2011),《論自由》,孟繁禮譯(桂林:廣西師範大學出版社)。

錢永祥(2014),《動情的理性:政治哲學作為道德實踐》(台北:聯經)。

石元康(1998),《從中國文化到現代性:典範轉移?》(台北:東大圖書)。

唐德剛(1980),《胡適雜憶》(台北:傳記文學出版社)。

托克維爾(2000),《民主在美國》,秦修明等譯(台北:貓頭鷹出版社)。

王建勛(2012),〈市場制度有利於每個人的自由〉,http://blog.ifeng.com/article/19407095.html,檢視日期:2012年8月16日。

———(2012年10月16日),〈市場是自由與公正的天然盟友〉,《東方早報·上海經濟評論》。

韋伯(1991),《學術與政治》,錢永祥編譯(台北:遠流)。

香港特別行政區政府(2012),《2012年香港貧窮情況報告》,http://www.povertyrelief.gov.hk/pdf/2012_Poverty_Situation_Chi.pdf。

謝韜(2007),〈民主社會主義模式與中國前途〉,《炎黃春秋》,第2期,頁1–8。

許紀霖(1997),〈現代中國的自由主義傳統〉,《二十一世紀》,總第42期,頁27–35。

———(2000),〈尋求自由與公道的社會秩序:現代中國自由主義的一個考察〉,《開放時代》,第1期,頁48–57。

徐友漁等編(1999),《遇羅克遺作與回憶》(北京:中國文聯)。

曾瑞明(2014),《參與對等與全球正義》(台北:聯經)。

張忠棟等編(1999),《甚麼是自由主義》(台北:唐山出版社)。

鄭煒、袁瑋熙(2014年11月29日),〈後雨傘運動:告別政治冷感的年代〉,《明報》。

鍾玲玲(1991),《愛蓮説》(香港:天地圖書)。

周保松(2013 / 2015),《自由人的平等政治》(北京:三聯,增訂版;香港:中文大學出版社,新版)。

———(2015年4月10日),〈對本土論的一點反思〉,《獨立媒體》,http://www.inmediahk.net/node/1033212。

周濂(2014),〈哈耶克與羅爾斯論社會正義〉,《哲學研究》,第10期,頁89–99。

———(2015),〈正義第一原則與財產所有權的民主制〉,《中國人民大學學報》,第1期,頁66–78。

索 引

F

G

H

J

P

Q

R

S

T

W

X

Y

Z